**Kohlhammer
Urban**
-Taschenbücher

Band 677

Grundriss der Pädagogik/ Erziehungswissenschaft

Band 17

Herausgegeben von
Werner Helsper, Jochen Kade,
Christian Lüders, Frank-Olaf Radtke
und Werner Thole

Franz Hamburger

Einführung in die Sozialpädagogik

2., überarbeitete Auflage

Verlag W. Kohlhammer

2., überarbeitete Auflage 2008

Alle Rechte vorbehalten
© 2003 W. Kohlhammer GmbH Stuttgart
Umschlag: Data Images GmbH
Gesamtherstellung:
W. Kohlhammer Druckerei GmbH + Co. Stuttgart
Printed in Germany

ISBN 978-3-17-019895-1

Grundriss der Pädagogik/ Erziehungswissenschaft

Die einzelnen Bände der Reihe »Grundriss der Pädagogik/Erziehungswissenschaft« präsentieren jeweils grundlegende, wissenschafts- und berufsorientierte Einführungen in erziehungswissenschaftliche Teilgebiete und Themenfelder. Die Reihe wendet sich insbesondere an Studierende, aber auch an BerufspraktikerInnen in den verschiedenen pädagogischen Handlungsfeldern, an Lehrende in der akademischen Erstausbildung sowie in der Fort- und Weiterbildung. Die Systematik der Reihe ist orientiert an dem gewachsenen Ausdifferenzierungsprozess erziehungswissenschaftlicher Frage- und Problemstellungen. Sie greift die damit verknüpften Herausforderungen auch aus dem Umfeld der pädagogischen Arbeits- und Handlungsfelder systematisch auf und reflektiert die damit korrespondierenden Handlungsprobleme, neuen Unsicherheiten und sich wandelnden Aufgabenstellungen.

Mit den einzelnen Bänden der Reihe »Grundriss der Pädagogik/ Erziehungswissenschaft« soll der Blick für neuere Entwicklungen in den pädagogischen Handlungsfeldern, der erziehungswissenschaftlichen Forschung und der Theoriebildung geöffnet werden. Im Mittelpunkt stehen die pädagogischen Handlungsformen und Methoden im Spannungsfeld von Profession und Disziplin sowie das Verhältnis von Erziehung und Bildung zu wissenschaftlichen Diskursen und gesellschaftlichen Entwicklungen.

Die Autorinnen und Autoren der Reihe sind Erziehungswissenschaftler, die die verschiedenen Fachrichtungen repräsentieren. Damit gewährleisten die einzelnen Bände der Reihe »Grundriss der Pädagogik/Erziehungswissenschaft« einen theoretisch fundierten, berufsfeldorientierten und empirisch abgesicherten Einblick in aktuelle Fragestellungen und Entwicklungen der Erziehungswissenschaft.

Herausgeber
Prof. Dr. Werner Helsper (Universität Halle-Wittenberg)
Prof. Dr. Jochen Kade (Universität Frankfurt am Main)
Dr. Christian Lüders (Deutsches Jugendinstitut München)
Prof. Dr. Frank-Olaf Radtke (Universität Frankfurt am Main)
Professor Dr. Werner Thole (Universität Kassel)

Inhaltsverzeichnis

Vorbemerkung

Dieses Buch konnte nur mit vielfältiger Unterstützung entstehen. Die Kolleginnen und Kollegen, deren Gedanken ich verwendet habe, sind im Text genannt. Etwas Neues war da kaum zu erfinden. Die anderen Mitwirkenden sind noch nicht erwähnt. Die verschiedenen Fassungen dieses Textes hat Karin Lauenroth geschrieben. Ich weiß nicht, welche ihrer Künste ich mehr loben soll: ihre Kunst, meine Handschrift zu entziffern, oder ihre Kunst, ein tadelloses Manuskript zu schreiben. Die Tabellen, Abbildungen, viele genaue Nachweise und das Literaturverzeichnis hat meine studentische Hilfskraft Christiane Waldeck erstellt. Ihre Sorgfalt und ihr Geschmack haben mich restlos überzeugt. Wenn ich ihr herzlich danke, dann auch stellvertretend für die »Hiwis«, die mir in 25 Jahren an der Mainzer Universität so vieles kopiert, recherchiert, dokumentiert und manche Vorlagen für Lehrveranstaltungen erstellt haben, die in dieses Buch eingegangen sind.

Vor allem aber möchte ich meiner Frau Mechthild danken, die manche unverständliche Passage des Entwurfs transformiert hat in einen leserlichen Text. Ihr widme ich dieses Buch.

1 Der Begriff Sozialpädagogik

1.1 Problemstellung

Die Sozialpädagogik hat es schwer mit sich selbst und kann die Frage, was sie sei, nicht beantworten. Sie existiert als schriftlich fixiertes Gedankengebäude oder als gesellschaftliche Realität in vielfältigen Formen, doch scheint es unmöglich, sie als ganze von innen her darzustellen oder von außen her zu beschreiben. Die Klage über diesen Zustand bildet einen unerschütterlichen Topos in Praxis und Theorie. Klaus Mollenhauer begann seine »Einführung in die Sozialpädagogik« im Jahr 1964 mit den Sätzen: »Eine Einführung setzt voraus, dass es dasjenige gebe, in das in solchem Falle eingeführt werden soll. (…) Mit dieser Einführung in die Sozialpädagogik ist es indessen, selbst an so eingeschränktem Maß gemessen, nicht zum Besten bestellt. Zwar gibt es die ›Sache‹ Sozialpädagogik als Praxis; von einer bereits vorhandenen Theorie zu sprechen oder gar einem systematischen Zusammenhang lehrbarer Forschungsergebnisse, wäre eine arge Übertreibung.« (Mollenhauer 2001, S. 13) Möglicherweise kann man diese Bemerkung für die 1960er Jahre nachvollziehen, wird aber überrascht sein, auch im Jahr 2002 noch den einleitenden Text zu finden: »Die Identität der Sozialpädagogik scheint bis zum heutigen Tag ihre Nicht-Identität zu sein: Sie hat keinen eindeutigen, klar zu benennenden Ort in der Praxis, kein einheitliches Profil der Ausbildung, keine stabilen theoretischen, wissenschaftlichen und professionellen Grundannahmen.« (Thole 2002, S. 26) Solche und ähnliche Feststellungen haben nicht nur die rhetorische Bedeutung, die Vorläufigkeit der je eigenen Strukturierungen hervorzuheben. Sie werden durchaus auch belegt und es gibt entsprechende Merkmale im Fremdbild der Sozialpädagogik. Sie wird auch von außen als unübersichtlich und ohne disziplinären »Kern« wahrgenommen.

Bevor – sogar mit einer gewissen Verstärkung der beschriebenen Feststellungen – auf die *Notwendigkeit* einer begrifflichen Offenheit eingegangen wird, sollen die referierten Eindrücke relativiert werden. Zum einen erweisen sich bei genauerer Betrachtung auch andere Disziplinen – zumal solche, die ähnlich wie die Sozialpädagogik noch jung sind und sich in enger Beziehung zur Herausbildung einer neuen gesellschaftlichen Praxis entwickeln – als ebenso unterstrukturiert, wie es möglicherweise die Sozialpädagogik ist. Zum anderen zeichnen sich Disziplinen mit langer Tradition, eingespielter Begriffsbildung und anerkanntem Methodenkanon auch durch Hang zum Dogmatismus, Ausschließungspraktiken gegenüber Außenseitern und Kritikern und durch Nähe und Übereinstimmung mit gesellschaftlichen und politischen Machtzentren aus. Wenn »das Soziale«, um das es der Sozialpädagogik geht, tatsächlich die gesellschaftliche Vielfalt darstellt, als die sich die gegenwärtige Gesellschaft versteht, dann ist die Offenheit nicht erstaunlich. Diskussionen über den Kern der jeweiligen Disziplin sind deshalb generell ein Merkmal der Sozial- und Geisteswissenschaften.

Andererseits darf das Plädoyer für Vielfalt und Offenheit nicht als Aufforderung zur Beliebigkeit missverstanden werden. Denn auch das Wort des Wissenschaftstheoretikers Paul Feyerabend, »anything goes«, bezog sich auf den Weg, wie man zu wahren Erkenntnissen kommen kann, und eben nicht auf die Kriterien, die für einen solchen Wahrheitsanspruch gelten sollen.

Was kann aber, um zur Ausgangsfrage zurückzugehen, der Begriff der Sozialpädagogik meinen?

Wie im Hinblick auf viele andere Disziplinen auch scheint der abgewandelte Satz begründet: Sozialpädagogik ist das, was Sozialpädagoginnen tun und Sozialpädagogen sich ausdenken.

Mit der geschlechterspezifischen Zuordnung von Tätigkeiten, die hier zum Ausdruck kommt und die im Hinblick auf die Verteilung von Personen auf Theorie und Praxis als empirisch gesicherter Sachverhalt gelten kann, wird ein Problem zur Sprache gebracht – und mit dieser Benennung eines Problems beginnt die Sozialpädagogik. Dass bei den theorieproduzierenden und -vermittelnden Funktionen die Männer und in den Praxiseinrichtungen die Frauen überrepräsentiert sind, mag als empirische Tatsache festgestellt sein, aber die Frage ist: Wie hat sie sich ergeben und warum kann sie nicht als fraglos gültig, also zu Recht bestehend anerkannt werden?

Die Ungleichheit der Chancen von Männern und Frauen, die mit
Prestige, Handlungsautonomie und gutem Einkommen ausgestatte-
ten Positionen zu erreichen, wird zum sozialen Problem, wenn
diese Ungleichheit als nicht legitimiert erscheint. Die Differenz
zwischen einem bestehenden Sachverhalt und seiner sozialen Ak-
zeptanz/Ablehnung bildet ja die Grundlage eines sozialen Problems. Insoweit es die Sozialpädagogik in Theorie und Praxis mit
solchen Sachverhalten zu tun hat, beruht auch die Existenz der Disziplin auf sozialen Tatsachen und deren Bewertungen gleichzeitig.
Diese doppelte Bedingung lässt sich nicht mehr abschütteln, sie
stellt sich als Aufgabe für Theorie und Praxis. Sozialpädagogik hat
– Zustände zu analysieren,
– Bewertungen zu rekonstruieren und
– Möglichkeiten der Veränderung zu explorieren.
Solche Veränderungen sind häufig nicht pädagogischer Natur und
sollen es auch nicht sein. Im hier herangezogenen Beispiel der geschlechterspezifischen Ungleichheit war beispielsweise die Einführung des Frauenwahlrechts ein politischer Schritt zur Aufhebung
von Ungleichheit mit rechtlichen Mitteln. Die notwendige Veränderung bezog sich auf den Rechtsstatus einer Personengruppe. Um
aber von einem *sozialpädagogischen Problem* sprechen zu können,
muss eine weitere Bedingung hinzukommen: Personen *setzen sich*
mit der in einem sozialen Problem erscheinenden Differenz *auseinander* und die auf diese individuelle Auseinandersetzung bezogene Intervention muss begründet werden können. Um bei dem genannten Beispiel zu bleiben: Beim Hineinwachsen in eine
Gesellschaft setzen sich Kinder und Jugendliche mit dem Erwerb
einer Geschlechterrolle auseinander, für den Erwachsenen ist die
Ausgestaltung dieser Rolle und ihre Weiterentwicklung eine le-
benslange Aufgabe. Somit kann das individuelle Verhältnis zur Gesellschaft, insoweit es sich als Auseinandersetzung darstellt, vorläufig als sozialpädagogisches Problem bestimmt werden. Diese
Auseinandersetzung kann sowohl durch eine gesellschaftliche Pro-
blemstruktur hervorgebracht werden als auch individuell motiviert
sein. Wie die Erziehung generell ist praktische Sozialpädagogik
Teil des umfassenden und lebenslangen Sozialisationsprozesses.
Dabei drängen sich schon erste Unterscheidungen auf: Als praktisches Handeln bezieht sich Sozialpädagogik auf die Auseinandersetzung bestimmter Personen in einer bestimmten Situation mit den
geschlechtsspezifischen Anforderungen und hat sich (beispiels-

weise) als Mädchen- oder Jungenarbeit konkret institutionalisiert.
Als Theorie bezieht sich Sozialpädagogik auf diesen Institutionalisierungsprozess des praktischen Handelns und hat zugleich die ihm
zugrunde liegenden Unterscheidungen von Differenz und Ungleichheit, Anerkanntem und Zurückgewiesenem zu analysieren.

1.2 Arbeitsdefinition »Sozialpädagogik«

Die am Beispiel der Geschlechterverhältnisse ganz vorläufig entwickelte Vorstellung von Sozialpädagogik soll nun zu einer »Arbeitsdefinition« entfaltet werden. Sie muss nicht neu formuliert werden;
die Definition von Lothar Böhnisch bietet sich zur Übernahme an:
      »Sozialpädagogik ist nicht nur eine sozial- und erziehungswissenschaftliche Disziplin im allgemeinen Sinne, sondern gleichzeitig auch eine Theorie besonderer Praxisinstitutionen – vor allem
der Jugendhilfe und Sozialarbeit. Als erziehungswissenschaftliche
Disziplin beschäftigt sich die Sozialpädagogik mit jenen sozialstrukturell und institutionell bedingten Konflikten, welche im Verlauf der Sozialisation von Kindern und Jugendlichen auftreten:
Konflikte zwischen subjektiven Antrieben und Vermögen der Kinder und Jugendlichen und gesellschaftlichen und institutionellen
Anforderungen, wie sie in Familie, Schule, Arbeitswelt und Gemeinwesen vermittelt sind. Sie versucht, diese Konflikte aufzuklären, ihre Folgeprobleme zu prognostizieren und in diesem Kontext
die Grundlagen für erzieherische Hilfen zu entwickeln«. (Böhnisch
1979, S. 22)
      Mit dieser Bestimmung wird als spezifischer Ansatz der Sozialpädagogik hervorgehoben:
(1) Sie bezieht sich auf das Verhältnis von Individuum und Gesellschaft;
(2) dieses Verhältnis wird als Konflikt bzw. im Hinblick auf die in
     ihm enthaltenen Konflikte betrachtet;
(3) die Sozialpädagogik leistet eine Analyse der Konfliktkonstellation,
(4) sie entwickelt Konzepte der Konfliktbearbeitung.
Die Weite und gleichzeitige Strukturiertheit dieses Begriffs erfasst
gleichermaßen die Sozialpädagogik als Wissenschaft wie als praktische Tätigkeit. Diese Differenz wird später aufgegriffen werden;

an dieser Stelle soll nur darauf hingewiesen werden, dass nicht nur die Praxis mit Problemlösungen zu tun hat, sondern auch der Wissenschaft solche Aufgaben zugewiesen werden. Weil aber Wissenschaft ein von unmittelbaren Handlungsnotwendigkeiten und damit verbundenen Entscheidungen entlastetes System darstellt, kann das Verhältnis nicht als eine unmittelbare Handlungsanweisung gedacht werden. Theorie und Praxis haben je eigene Sinnwelten ausgebildet, so dass sie nicht unmittelbar aufeinander bezogen werden können.

Ungeachtet dessen hat der Definitionsvorschlag von Böhnisch folgende Vorzüge:

(1) Er enthält eine thematische Eingrenzung, indem das Verhältnis des Individuums zur sozialen Welt in den Vordergrund gerückt wird. Die Position des Individuums in der Gesellschaft steht im Mittelpunkt, wobei unter Gesellschaft nicht nur eine abstrakte Totalität gemeint ist, sondern auch konkretere Gemeinschaften (z. B. Familie, Freunde), Organisationen (z. B. Schule, Betrieb) und Zugehörigkeiten zu allgemeineren Kategorien (soziale Schichten und Milieus, Generationen und ihre Kulturen, Subkulturen und Bewegungen). Gleichzeitig wird eine Abgrenzung vorgenommen zu den pädagogischen Aufgaben, bei denen es um die Aneignung der objektivierten Kultur geht (schulisches Lernen, Berufsbildung, Weiterbildung). Auch das Verhältnis des Individuums zu sich selbst im engeren Sinne wird ausgeklammert; es kann der Psychologie zugeordnet werden und in praktischer Hinsicht den therapeutischen Konzepten. Eine Grenze gezogen wird auch zur Dimension der physischen Existenz (leibliche Entwicklung, Gesundheit). Diese Abgrenzung rückt allerdings auch Überschneidungsbereiche in den Blick,
   – weil das Verhältnis des Individuums zu kulturellen Objektivationen von seiner gesellschaftlichen Position beeinflusst wird,
   – weil das Verhältnis des Individuums zu sich selbst integriert ist in sein Verhältnis zu den anderen Menschen und wesentlich aus diesem entsteht,
   – weil die leibliche Gesundheit wesentlich beeinflusst wird von den sozial erworbenen Handlungsmustern und den materiell bedingten Chancen einer gesunden Lebensführung.

(2) Das Verhältnis von Individuum und Gesellschaft steht der Sozialpädagogik nicht prinzipiell zur Disposition. Sie ist gerade
hierin nicht identisch mit der Soziologie oder der Sozialisationstheorie, auch wenn sie auf deren Erkenntnisse zurückgreift.
Insoweit Kompetenzen von Individuen und Anforderungen der
Gesellschaft nicht zusammenpassen, kann eine Intervention
(»Dazwischentreten«) erforderlich sein. Je nach den Anforderungen der Gesellschaft und dem Vermögen der Individuen
können sozialpädagogische Aktivitäten oder Institutionen geschaffen werden, die regelmäßig den Konflikt bearbeiten bzw.
präventiv das Entstehen eines Konflikts verhindern sollen.
Eine solche Situation kann dann vorliegen, wenn in strukturell
isolierten Kleinfamilien die Kinder nicht generell die Kompetenzen für die Bewältigung des Lebens und Lernens in der
Schule erwerben können. Die sozialpädagogische Regelein-
richtung der Kindertagesstätte ist ein Beispiel für die Institutionalisierung einer Intervention.
Weil der Konflikt von der einen wie von der anderen Seite her
angegangen werden kann, insbesondere sowohl im Interesse
des Individuums als auch dem der Gesellschaft als auch beider
bearbeitet bzw. gelöst werden kann, wird die Doppelfunktion
von Hilfe und Kontrolle als »Berufsschicksal der Sozialarbeit«
(Böhnisch/Lösch 1973) bezeichnet. Ein doppeltes Mandat ergibt sich für die sozialpädagogische Tätigkeit aus dem Umstand, dass sie auf die Realisierung der Interessen und Bedürfnisse des Individuums abzielt, Unterstützung und Hilfe sollen
ihm dienen – dass andererseits aber auch die Interessen des
Helfenden, Unterstützenden selbst und der ihn beauftragenden
Gesellschaft bzw. des Staates wirksam sind.
Bei beruflichen Handlungsvollzügen ist diese Gegensätzlich-
keit besonders ausgeprägt, weil Staat und Gesellschaft mit der
Bezahlung der Sozialpädagogin besondere Erwartungen verbinden. Diese Erwartungen stehen den im Sozialstaat als soziale Rechte abgesicherten Bedürfnissen und Ansprüchen des
Individuums gegenüber. Der sozialpädagogische Rollenkon-
flikt ist grundlegend. Doch auch dann, wenn eine Unterstützung nicht organisiert und beruflich erbracht wird, haben die
Unterstützenden ein eigenes Interesse bzw. ihre Konformitäts-
oder Dankeserwartungen, weil altruistisches Handeln in reiner
Form selten ist. Das jeweilige Mischungsverhältnis von Hilfe

und Kontrolle in den jeweiligen Handlungssituationen und Institutionen zu reflektieren und zu analysieren, wird deshalb zu
einer theoretischen und praktischen Aufgabe.

(3) Als Theorie des Konflikts grenzt sich das Erkenntnisinteresse
der Sozialpädagogik ein. Sie konzentriert sich auf die Differenzen, die zwischen dem individuellen Wollen und Können
einerseits, dem sozialen Rahmen der Möglichkeiten und Grenzen andererseits bestehen. Weil individuelle Probleme in soziale Probleme integriert sind, richtet sich das sozialpädagogische Interesse auf die Differenz von Realität und fehlender
Anerkennung dieser Realität, also auf soziale Probleme. Weil
in die Bewertung von real bestehenden Zuständen Normalitätsvorstellungen und Wertorientierungen einfließen, analysiert die Sozialpädagogik Homogenitätsvorstellungen und Dif-
ferenzbedürfnisse, Ungleichheitszustände und Modelle sozialer Gerechtigkeit. Schließlich zwingt die Orientierung am
Konflikt zur komplementären Orientierung an sozialer Integration, sei es des Individuums, sei es von Gruppen.

(4) Die Erarbeitung von Konfliktlösungen ist eine praktische Aufgabe. Dabei kann auf theoretisches Wissen zurückgegriffen
werden, aber die praktische Problemlösung wie die Erarbeitung von Wissen sind zwei verschiedene Aktivitäten. Die Rationalität von Praxis kann erweitert werden, wenn dem praktisch Handelnden in erweitertem Umfang zutreffende Begründungen für die von ihm getroffenen, praktisch bindenden
Entscheidungen zur Verfügung stehen oder gestellt werden. Insoweit ist seine wissenschaftliche Ausbildung und Beratung/
Begleitung zweckmäßig. Die Entwicklung von »Grundlagen«
für die Bearbeitung von Konfliktlagen wird analytisch umso
zutreffender und damit auch praktisch hilfreich, je genauer die
Handlungslogik von Individuum, Gesellschaft und intervenie-
rendem Akteur rekonstruiert werden kann.

1.3 Sozialarbeit, Sozialpädagogik, Soziale Arbeit

In der zitierten Definition von Lothar Böhnisch steckt ein noch
nicht angesprochenes Problem. Er begreift Sozialpädagogik als
eine wissenschaftliche Disziplin, die gleichzeitig den Sozial- und

den Erziehungswissenschaften zugehörig sein soll und die darüber
hinaus zugleich Praxisinstitutionen theoretisch umfasst. Sozialpädagogik als Bezeichnung für eine wissenschaftliche Disziplin ist
von Anfang an unterschiedlich verstanden worden (vgl. 1.4), der
Terminus wurde jedoch überwiegend als Bezeichnung für eine besondere *pädagogische Praxis* zur Lösung bestimmter sozialer Probleme verwendet. Diese »enge« Verwendung des Begriffs stand im
Zusammenhang der erzieherischen Probleme der »sozialen Frage«
des 19. Jahrhunderts, von Massenarmut und -elend. In der ersten
Hälfte des 20. Jahrhunderts wurde der Begriff mit einer eher institutionell orientierten Perspektive verwendet und meinte »alles, was
Erziehung, aber nicht Schule und nicht Familie ist« (Bäumer 1929,
S. 3): Die Disziplin Sozialpädagogik befasste sich im Wesentlichen
mit der Praxis der Jugendfürsorge und Jugendpflege, die durch das
Reichsjugendwohlfahrtsgesetz von 1924 in einschneidender Weise
institutionalisiert worden war.

Doch die institutionsorientierte und methodische (»Erziehung«)
Festlegung hat sich in mehrfacher Hinsicht als zu eng erwiesen. Der
Handlungsmodus der »Erziehung« wird eingeschränkt auf einen
kleinen Bereich des Umgangs mit Kindern, der nicht die Bildungs-
und Aktivierungsaufgaben der Jugendhilfe angemessen erfasste.
Deshalb wird der Gegenstandsbereich der Sozialpädagogik ausgeweitet auf Handlungen wie Unterstützung, Beratung, Begleitung,
geplantes und strukturiertes Zusammenleben, Vermittlung von Informationen, sozialen Ressourcen und materiellen Hilfen, Reflexion und Bildung, Planung und Öffentlichkeitsarbeit.

Auch eine institutionelle Zuordnung außerhalb von Familie und
Schule ist problematisch geworden, weil wichtige Aufgaben der Jugendhilfe beispielsweise in der Familie wahrgenommen werden
(sozialpädagogische Familienhilfe) und weil auch die Schule nicht
frei von sozialpädagogischen Aufgaben gedacht werden kann
(Schulsozialarbeit). Schließlich erweisen sich disziplinäre Zuordnungen als schwierig, weil sozialpädagogische Aufgaben in Einrichtungen für Behinderte, in Angeboten der Erwachsenenbildung
und Berufsausbildung, in der Freizeit- und Medienpädagogik gestellt und bearbeitet werden.

Schließlich erwies sich auch die Konzentration auf die Alters-
gruppe der Kinder und Jugendlichen als nicht mehr begründet.
Schon in der Erziehungsberatung, die am Anfang des 20. Jahrhunderts sich zu entwickeln begann, richtete sich die »einflussneh-

mende Intervention« nicht nur auf die Kinder, sondern auch auf die Eltern und andere Erwachsene. Diese Ausweitung des Adressatenkreises lässt sich beobachten bis hin zur Altenarbeit, in der sich neben der Pflege das gesamte sozialpädagogische Tätigkeitsspektrum entfaltet hat.

In durchaus vergleichbarer Weise hat sich der Praxisbegriff von *Sozialarbeit* entwickelt. Er schließt an verschiedene Traditionen an, namentlich

– die mittelalterliche Armenpflege,
– die kommunale und konfessionelle Armenfürsorge des 19. Jahrhunderts, die im Rahmen der Herausbildung des Sozialstaats komplementär zur Sozialpolitik für Arbeiter entstand,
– die »soziale Fürsorge« der Wende vom 19. zum 20. Jahrhundert, die sich fachlicher orientierte und mit den Bestrebungen zur Erziehung der Armen (Hygiene, Säuglingsversorgung, sparsame Haushaltsführung) pädagogisiert wurde, und
– die Verberuflichung der Wohlfahrtspflege in der ersten Hälfte des 20. Jahrhunderts, insbesondere durch die Impulse der bürgerlichen Frauenbewegung (vgl. Hammerschmidt/Tennstadt 2002).

Neben der Verfachlichung und Verberuflichung des Praxiskonzepts von Sozialarbeit wird das Funktionsverständnis durch Wissensbestände aus Medizin und Volkswirtschaftslehre, Psychologie und Soziologie, Pädagogik und Rechtswissenschaft angereichert und ausgeweitet. Die Herausbildung einer zur *Sozialarbeit* komplementären wissenschaftlichen Disziplin ging im Vergleich zur Sozialpädagogik langsamer voran, die »Wissenschaft des Fürsorgewesens« wurde nur punktuell etabliert. Erst in den 1990er Jahren beginnt in Deutschland die Diskussion um eine Sozialarbeitswissenschaft, die sich als Leitdisziplin für die Ausbildung und den Beruf der Sozialarbeit versteht. Im internationalen Vergleich lässt sich dies als »späte« Entwicklung diagnostizieren, denn *social work* hat sich in den Vereinigten Staaten und weit darüber hinaus nicht nur als Profession, sondern auch als wissenschaftliche Disziplin etabliert.

Mit der Herausbildung einer Sozialarbeitswissenschaft setzte eine Gegenbewegung ein zu der in Westdeutschland seit dem 2. Weltkrieg zu konstatierenden Entwicklung. Eine Reihe von Faktoren, wie

– die jeweilige Ausdehnung des Adressatenkreises von Sozialpädagogik und Sozialarbeit mit Überschneidungen,

- die Aufnahme von sozialwissenschaftlichen Konzepten in beiden Praxisfeldern,
- die Annäherung der Ausbildungen mit gemeinsamen Grundlagen,
- die Erweiterung und komplementäre Übernahme des Methodenrepertoires,
- die Entwicklung allgemeiner Theorien, deren Aussagen für das gesamte Feld gelten sollten,
- das Entstehen einer sozialen Bewegung, die mit ihrer Kritik die Unterschiede zwischen den Feldern vernachlässigte, und schließlich
- die begriffliche Vereinheitlichung im Konzept der »personenbezogenen sozialen Dienstleistung«

haben eine *Konvergenz* in Theorie und Praxis hervorgerufen. Studiengänge wurden als »Bindestrichdisziplin« Sozialarbeit/Sozialpädagogik bezeichnet, und mit dem Begriff der »Sozialen Arbeit« (Hans Thiersch) wurde die Konvergenz abgeschlossen. Die ihr zugeordnete wissenschaftliche Disziplin wurde – etwas umständlich – »Wissenschaft der Sozialen Arbeit« genannt.

Eine weitere Ausdifferenzierung ist die Entstehung der Pflegewissenschaft, der Gesundheitswissenschaft oder der Rehabilitationswissenschaft. Diese Prozesse folgen der Ausdifferenzierung einer beruflichen Praxis, die begleitet wird durch die Herausbildung neuer Politikbereiche (Behindertenpolitik, Altenpolitik usw.) und eigenständiger, rechtlich normierter Institutionen (beispielsweise Pflegeversicherung, Rehabilitationseinrichtungen). Die Professionalisierung des jeweiligen Tätigkeitsfeldes und die Eigendynamik und -interessen der Ausbildungsinstitutionen bestärken den Trend zu einer je eigenen »Leitwissenschaft«.

Im Hinblick auf die Sozialpädagogik ergibt sich der folgende »Zwischenstand« (zum Stand der Diskussion vgl. Scherr 2002 c) in Theorie und Praxis:

1. Konvergenz: Sozialarbeit und Sozialpädagogik werden als (weitgehend) identisch angesehen, bisher getrennte Fachbereiche an Fachhochschulen werden zusammengelegt unter der Bezeichnung »Sozialwesen«, die Tätigkeit wird als »Soziale Arbeit« bezeichnet, die Disziplin als »Wissenschaft der Sozialen Arbeit«.
2. Divergenz: Sozialpädagogik und Sozialarbeit verstehen sich, in der Tradition bis zu den 1950er Jahren, als sich wechselseitig abgrenzend und bilden ihre »Leitdisziplinen« in erziehungswissen-

schaftlicher Sozialpädagogik und von ihr sich absetzender Sozialarbeitswissenschaft aus.
3. Disziplinärer Konflikt: Die divergenten Disziplinen entwickeln das Selbstverständnis, mit ihren Kategorien das gesamte Feld der Sozialen Arbeit zu erfassen, und bestreiten die Legitimation der jeweils anderen Disziplin.

Einen vierten Weg hat Lothar Böhnisch mit seiner hier verwendeten Definition angedeutet, indem er die Sozialpädagogik sowohl als Erziehungs- als auch als Sozialwissenschaft versteht und ihr durch diese Doppelanbindung eine Position verschafft, alle im Gesamtfeld auftauchenden sachlichen, begrifflichen und methodischen Fragen zu klären. Ob sich diese Position in Relation zu anderen Wissenschaften und zu den Ausdifferenzierungen der Praxisfelder halten lässt, ist ungewiss. Eine Klärung erwarte ich mir von der Weiterentwicklung der Erziehungswissenschaft, die den ganzen Lebenslauf von Menschen im Auge hat und die auf den Lebenslauf bezogenen Aktivitäten insgesamt als ihren Gegenstand bestimmt und reflektiert (vgl. Kapitel 5).

1.4 Weites oder enges Begriffsverständnis?

Bei Sozialarbeit und Sozialpädagogik als praktischen Handlungsfeldern lässt sich das Problem des *Begriffsumfangs* gleichermaßen beobachten. Die Frage der Spezifizität, Begrenzbarkeit, Definierbarkeit der Praxis und eines ihr entsprechenden Begriffs hat eine lange Geschichte.

Die frühe Verwendung des Begriffs »Sozialpädagogik« wird Friedrich Adolph Diesterweg zugeschrieben, der in einem »Wegweiser zur Bildung für deutsche Lehrer« 1850 den Begriff aufnahm, um seine Literaturzusammenstellung zu pädagogischen Fragen neu zu gliedern. Dabei werden vor allem Schriften zum »Pauperismus«, also zur Entstehung des Arbeiterproletariats, mit dieser Überschrift gekennzeichnet, so dass der Begriff Folgendes meint: »Ansatz und Schwerpunkt liegt bei der ›Sozialen Frage‹; den unteren Schichten der Gesellschaft soll materielle und geistige Hilfe geboten werden, ›Hilfe an Leib und Seele‹.« (Kronen 1986, S. 127) Der Begriff wird bei Diesterweg nicht weiter diskutiert oder systematisch begründet, doch entspricht diese Verwendung einer bis heute beobachtbaren Praxis: Die mit der sozialen Frage des 19. Jahrhunderts, also mit der Arbeiterfrage und der Armut zusammenhängenden erzieherischen Praktiken und Vorstellungen werden als Sozialpädagogik bezeichnet. Später erweitert sich diese Begriffsverwendung und bezieht alle »Sozialen Probleme« mit ein (z.B. Drogenabhängigkeit, abweichendes Verhalten). Sozialpädagogik wird definiert über ihre »Klienten«, ihre Adressaten und die Besonderheit der Zuwendung, in der Voraussetzungen und Folgen der Sozialen Probleme, insoweit sie im Handeln von Personengruppen zum Ausdruck kommen, bearbeitet werden. Dieses Verständnis der Sozialpädagogik liegt im thematischen Umkreis von Fürsorge und Sozialarbeit und wird in der Jugendhilfe institutionalisiert. Am Anfang des 20. Jahrhunderts war in der Jugendhilfe die Bezeichnung »Jugendfürsorge« vorherrschend, die allmählich um die »Jugendpflege« erweitert wurde. Am Ende dieses Jahrhunderts entwickelt das Kinder- und Jugendhilfegesetz ein Verständnis von Jugendhilfe, das die Definition über die Zuordnung zu *bestimmten Adressaten* zu überwinden versucht, insofern ihre Leistungen *allen* Kindern und Jugendlichen zugutekommen sollen.

Die Ausdehnung des Bedeutungsgehalts im Begriff der Sozialpädagogik nähert ihn einer Vorstellung von Sozialpädagogik an, wie sie zeitgleich mit Diesterweg von Karl Mager ausgearbeitet wurde. Er unterscheidet eine »allgemeine« Ebene der Pädagogik, auf der es um die allgemeine Geltung beanspruchenden Grundlagen der Erziehung gehe, von einer relativen Ebene, auf der die historisch-konkrete Gesamtheit der Erziehungswirklichkeit abgebildet wird. Diese letztere Pädagogik wird von Mager verstanden als »Theorie und Praxis (›Wissenschaft, Geschichte und Kunst‹) der Gesellschaftserziehung, oder: Sozialpädagogik« (Kronen 1986, S. 134). Der Begriff bezieht sich hier auf die Gesamtheit der Praktiken der Erziehung durch und zu Gemeinschaften und Gesellschaft.

Von Beginn der Theoriebildung in der Sozialpädagogik an gibt es also diese Differenz in der Begriffsbildung. Ein engerer Begriff bezieht das »Sozial-» auf Armut, Abweichung und andere soziale Probleme, ein weiterer Begriff erfasst mit »Sozialpädagogik« die Gesamtheit der Gesellschaftserziehung oder die gesamte soziale Wirklichkeit der Erziehung (vgl. auch Sünker 1995). Einige Auseinandersetzungen heute lassen sich damit erklären, dass »Sozialarbeit« und »Soziale Arbeit« als engere Begriffe verstanden werden, die sich auf den Handlungsmodus der »organisierten Hilfe« (Bommes/Scherr 2000) beziehen. Der Terminus Sozialpädagogik wird dagegen auf Handlungsmodi bezogen, die nicht nur Hilfe, sondern auch Erziehung, Begleitung, Betreuung, Unterstützung, Beratung, Aktivierung usw. umfassen.

Auch im Hinblick auf die Akteure lassen sich ein weiter und ein enger Begriff unterscheiden. In einer engen Begriffsverwendung wird der Begriff nur oder paradigmatisch auf berufliches Handeln von Sozialarbeitern und Sozialpädagoginnen bezogen. Doch ist diese Begrenzung nicht unbedingt zweckmäßig. Sie erfasst zwar den besonders gut sichtbaren, organisierten und institutionalisierten Teil dieser Tätigkeiten, aber nicht den der – der gleichen Handlungslogik folgenden – Aktivitäten von Ehrenamtlichkeit, Freiwilligenaktivität und Selbsthilfe. Gute Gründe sprechen dafür, den Begriff noch weiter zu dehnen, wenn es um den *Handlungstypus* und die gedankliche Figur sozialpädagogischer Argumentation als solche geht. Dann wird sichtbar, dass heute insbesondere in den Medien transportierte Handlungs- und Argumentationsmodelle inhaltlich als sozialpädagogisch bezeichnet werden können (Winkler 1995; Winkler 1999). In vielen Fernsehsendungen werden Modelle vermittelt, wie die Konflikte zwischen Individuen, zwischen Einzelnen und Gruppen und zwischen Gruppen und der Gesellschaft beschaffen seien und wie sie bearbeitet bzw. gelöst werden können. Ein erheblicher Teil von Unterhaltungssendungen dient vor allem dieser Funktion. Hinzu kommen die explizit nach dem Modell der Beratung konzipierten Sendungen.

Wie so oft scheint der Streit um die enge oder weite Definition wenig ergiebig; vielmehr kommt es darauf an, die Verwendungsweisen zu begründen im Hinblick auf das Definierte und den Kontext der Begriffsverwendung. In einer durch Medien gesteuerten Gesellschaft lässt sich ein neues »Format« des sozialpädagogischen Argumentierens und Handelns feststellen. »Sozialpädagogik begegnet sich selbst in einer Medienpraxis der Worte und Bilder.« (Winkler 1999, S. 63) Unter Sozialpädagogik wird hier nicht ein bestimmtes berufliches Handlungsmodell verstanden, sondern ein Typus des Modellierens von Individuum-Gesellschaft-Beziehungen. Die Variationsbreite dieses Typus ist dem Pluralitätsanspruch der modernisierten Gesellschaft folgend hoch, gleichzeitig produziert jeder Typus Normalität und Normativität.

Die in Abschnitt 1.2 vorgestellte Arbeitsdefinition ist zweifellos eine »weite« Bestimmung, die sich nicht auf beruflich organisierte Tätigkeiten begrenzt. Mit der Orientierung an einem allgemeinen Begriff wie dem des »Konflikts« geht sie über die beschreibende Definition eines Praxisfeldes hinaus und konstituiert ihren Gegenstandsbereich durch eine theoretisch gehaltvolle Bestimmung. Damit stellt sie den Übergang zwischen einer engen, den beruflichen Sektor erfassenden Definition und einer weiten, an allgemeinen Kategorien orientierten Bestimmung dar.

Eine wissenschaftliche Definition kann nicht einfach dem Selbstverständnis von »Praxis« oder »gesellschaftlicher Realität« folgen und dieses abzubilden versuchen. Sie müsste dabei einem ständigen Wandel folgen und könnte diesen nicht aus einer eigenen Perspektive heraus begreifen. Zum »Begreifen« entwickelt sie deshalb allgemeinere Begriffe, die als ihre Instrumente bei der Betrachtung der Wirklichkeit eine Erkenntnis vermitteln, die als »wissenschaftliche« begründet werden kann und muss. Ob die Begriffe eine besondere Erkenntnis vermitteln oder nicht, hängt wiederum davon ab, ob sie innerhalb des wissenschaftlichen Systems mit anderen Begriffen und Regeln zusammen einen sinnhaften Zusammenhang stiften *und* ob sie sich bei der Beschreibung und Erklärung der sozialen Wirklichkeit bewähren. In Theorien der Sozialpädagogik sind deshalb immer bestimmte Begriffe zentral, wie beispielsweise »Hilfe und Kontrolle«, »Integration«, »System und Lebenswelt« usw.

Mit den durch Definitionen gewonnenen Begriffen konstituiert, erschließt die Theorie die Wirklichkeit *in der Perspektive dieser Theorie.* Dabei kommt es weniger auf eine »klare« Abgrenzung als vielmehr auf die Formulierung einer Logik des inneren Funktionierens des gewählten Ausschnitts von Wirklichkeit an.

Ob etwas (Neues zum Beispiel) zu diesem Ausschnitt dazugehört oder nicht, ist dann weniger wichtig als die Prüfung der Frage, nach welcher Logik dieser Bereich begriffen werden kann, beispielsweise ob neue Aktivitäten in einem Altenheim zum Pflegemanagement oder zum sozialpädagogischen Handeln in Organisationen gehören. Doch auch dieses Beispiel zeigt: Die vorgenommene Unterscheidung und Zuordnung wird auf den zweiten Blick hin revidiert, weil die Voraussetzungen und Folgen des Pflegemanagements im Rahmen einer sozialpädagogischen »Theorie der Organisation« thematisiert und untersucht werden können – und müssen (vgl. beispielsweise Bauer/Gröning 1995).

Aus diesen Gründen ist es möglich, von der Klage über fehlende »klare« Abgrenzungen Abstand zu nehmen. Begriffe müssen offen sein, weil sie sich auf eine historisch herausgebildete Wirklichkeit beziehen und für deren Wandel offen sein sollen. Sie sollen auch nicht die legitimatorisch wirkenden, praktisch interessierten Ab- und Ausgrenzungen nachvollziehen, sondern kritisch analysieren. Deshalb können auch Berufsbezeichnungen oder in Gesetzen enthaltene Definitionen nicht als theoretisch bindende Festlegungen verstanden werden.

Weil wissenschaftliche Disziplinen mit ihren Begriffen stets nur einen bestimmten Teil der Wirklichkeit erfassen, insoweit immer sehr selektiv sind, können sie der Profession, also dem organisierten System beruflicher Handlungen auf wissenschaftlicher Grundlage, keine definitiven Grenzen vorgeben. Die Praxis bestimmt ihre Handlungslogik und Zuständigkeit selbst. Andererseits kann auch die Profession nicht die Reichweite des theoretischen Begriffs vorgeben. Diesbezügliche Orientierungsbedürfnisse (»klare Abgrenzungen«) müssen enttäuscht werden.

Das Plädoyer für allgemeine und abstrakte Begriffe und Definitionen kann durch drei Argumente erweitert werden:
- Die früher verwendeten Begriffe (z. B. Fürsorge, Wohlfahrtspflege, Volkserziehung) waren stark mit normativen Implikationen verbunden, insoweit sie sich mit den angesprochenen Zielen und Idealen oder auch Ideologien (»Volk«) verknüpften. Durch Abstraktheit ist die Lösung von diesen Implikationen und ihre Kritik möglich.
- Begriffe sind mit einer bestimmten Art und Weise, wie in einem Bereich gehandelt wird (»Modus«), verbunden (z. B. Erziehung, materielle Hilfe). In der Entwicklung der Praxis lässt sich aber feststellen, dass methodische/modale Abgrenzungen fließend werden und der »Methodenmix« die Normalität darstellt. Deshalb können – wie auch das »Veralten« des Erziehungsbegriffs als Abgrenzungskriterium der Erziehungswissenschaft generell zeigt – solche modalen Bestimmungen weder disziplin- noch professionsgenerierend sein.
- Die Situationen, in denen sozialpädagogisch gedacht oder gehandelt wird, werden mit dem Fortschritt der Sozialwissenschaften immer komplexer analysiert, genauer: die Modelle zur Analyse dieser Situationen nehmen »immer mehr« Gesichtspunkte auf, werden also multidimensional und multidisziplinär konzi-

piert. Begrenzungen aus dem Bedürfnis heraus, auf überschau-
bare Weise handeln zu wollen, sind plausibel, aber »nur« pragmatisch begründet.

Deshalb sind solche Definitionen von Sozialpädagogik zweckmäßig, die allgemeine Kategorien und – bezogen auf den Gegenstand – summarische Bezeichnungen enthalten.

Paul Natorp (1854–1924), der als Philosoph der Marburger
Schule des Neukantianismus zugerechnet wird, hat eine solche
»weite« Definition entwickelt.

Die der Sozialpädagogik zugewiesene Aufgabe ist nach seiner
Auffassung die pädagogische Aufgabe überhaupt. Paul Natorp entwickelt deshalb seine Bestimmung der Sozialpädagogik von der
Entfaltung des menschlichen individuellen Willens ausgehend.
Dieser lässt sich ja zunächst begreifen als Inbegriff des Subjektiven, des der Gesellschaft Entgegengesetzten. Wenn er sich aber
nicht inhaltsleer entwickeln soll, sondern das individuelle Wollen
sich mit etwas Bestimmtem zum Ausdruck bringt, dann ist es auf
die Übernahme von Perspektiven aus Gesellschaft und Kultur angewiesen, denn der Mensch ist nicht als Naturwesen, sondern als
Kulturwesen und Mitglied einer Gesellschaft zum Menschen geworden.

Natorp orientiert seine Definition an dem Handlungsmodus der
Erziehung. Wenn man dieses Element der Definition erweitert und
es auf alle unterstützenden Formen der Intervention, also des »Dazwischentretens« zwischen Individuum und Gesellschaft ausdehnt,
dann wird die Definition erheblich ausgeweitet. Umso mehr Bedeutung erhält dann die Eingrenzung und genauere Bestimmung des
Handlungsmodus der Intervention.

Neben der an Theorienbildung interessierten Definition Natorps
soll abschließend eine auf sozialpädagogische Arbeits- oder Handlungsfelder bezogene Bestimmung von Werner Thole vorgestellt
werden. Eine solche Praxis ist dann gegeben, »wenn hier öffentlich
organisierte, soziale, unterstützende beziehungsweise pädagogische Hilfen und Dienste zur sozialen Lebensbewältigung oder Bildung angeboten oder organisiert werden« (Thole 2002, S. 21).

Es genügt, die beiden Definitionen pointiert gegeneinander zu
stellen, um noch einmal deutlich zu machen, wie wichtig der jeweilige Verwendungszusammenhang ist: Während die Natorpsche
Definition an der erziehungswissenschaftlichen Theorie interessiert ist, versteht sich die Definition von Thole als Grundlage einer

sozialwissenschaftlichen Analyse. Auf diesem Hintergrund erscheint die Absicht von Böhnisch begründet, mit seiner Definition Sozialpädagogik als Sozial- *und* Erziehungswissenschaft bestimmen zu wollen.

1.5 Praxisbeispiel

Neben der formalen und nominalen Definition gibt es in den Sozialwissenschaften die Möglichkeit einer *Definition durch Beispiele*. Sie ist in systematischer Hinsicht unbefriedigend, ihr Wert liegt in der Veranschaulichung von abstrakt-begrifflichen Bestimmungen.

Das Beispiel soll (1.) die für einen Handlungstyp charakteristischen Elemente enthalten: Im folgenden Fall werden zwei unterschiedliche Gestaltungsformen sichtbar im Spektrum von Hilfe und Kontrolle. Darüber hinaus soll (2.) die Struktur der exemplarischen Problemlage analytische Einsichten vermitteln. Am hier ausgewählten Fall lässt sich die Verschränkung der individuell-lebensgeschichtlichen Dimension mit der Funktionsweise gesellschaftlicher und staatlicher Institutionen deutlich machen. Und schließlich kann (3.) die Mehrdimensionalität und Offenheit des sozialpädagogischen Handelns aufgezeigt werden.

Fallbeispiel

Frau Pirger ist 22 Jahre alt und hat einen Sohn im Alter von vier Jahren. Sie hat keine Berufsausbildung und lebt in Scheidung von ihrem Ehemann, der wegen einer alkoholbedingten Straftat eine mehrjährige Gefängnisstrafe verbüßt. Frau Pirger bleibt nach der Inhaftierung ihres Ehemannes schockiert und hilflos alleine zurück und weiß nicht, wie sie mit ihrem Leben und ihrer Aufgabe als Mutter fertig werden soll; ihre finanzielle Situation ist ungeklärt, die Wohnung wurde ihr gekündigt usw. Sie schildert ihren Zustand folgendermaßen: »Am Anfang hab ich eigentlich die Wohnung total verwahrlost, ich hab keinen Sinn mehr gesehen, für was auch. … Weil ich hab mich andauernd da in die Wohnung gehockt und wollt eigentlich keinen sehen. … Am Anfang war ich total verstockt, wollt mit keinem reden.« Das Jugendamt erhält anonyme Hinweise darauf, dass ihr Sohn allzu häufig weint; sie würde ihn schlagen und vernachlässigen. Frau Pirger weist dieses empört von sich; sie wehrt sich gegen die Einmischung vom Jugendamt. Die Bezirkssozialarbeiterin wird von ihr als Kontrollinstanz wahrgenommen, die ihr keine Unterstützung gibt, sondern sie bevormundet und abwertet. Da die Mitarbeiterin des Jugendamtes um das Wohl des Kindes besorgt ist, das kaum redet und Entwicklungsrückstände aufweist, und die Mutter ihr völlig überfordert, aber nicht ansprechbar erscheint, möchte sie durch das Vormundschaftsgericht einen Sorgerechtsentzug und damit eine Unterbringung des Kindes in einem Heim oder einer Pflegestelle erreichen. Frau Pirger wehrt sich dagegen und verstrickt sich in einen Machtkampf mit der Bezirkssozialarbeiterin: »Da war vorher so eine Ekelhafte da vom Jugendamt, … jeden Tag ist die gekommen. Ja, die (Bezirkssozialarbeiterin) hat gesagt, das Kind, das kann nicht reden. Das kann das nicht, das kann das nicht, das ist unterentwickelt. Und lauter so einen Unsinn hab ich mir von ihr anhören lassen müssen. … Und die hat immer gesagt: ›Das müssen Sie so machen, das müssen Sie so machen.‹ Da hab ich gesagt: ›Das könnt Ihr schon machen, aber dann passiert was‹. Und dann hat sie zu mir gesagt: ›Ja, da werden wir uns dann weiter auf dem Gericht sehen‹. Und dann war die Verhandlung wegen ihm, dem Buben, … weil ich angeblich den Buben vernachlässige und dass er total blass ist und dass er nicht rauskommt und angeblich soll ich den Buben schlagen. Das stimmt ja alles gar nicht, bloß weil er ab und zu plärrt, wenn ihm was nicht rausgeht.« Sie kann sich nicht vorstellen, zu einer Erziehungsberatung zu gehen, was ihr das Jugendamt vorschlägt. »Irgendwohin« zu gehen und etwas erzählen müssen, scheint ihr sehr fremd; davor fürchtet sie sich. »Des (Erziehungsberatung) haben sie (Jugendamt) mir auch angeboten, aber ich hab zu ihnen gesagt: Nein, … bei denen weißt du nicht, ob die das rumerzählen … Nein, das liegt mir nicht, da einfach zu denen reinzugehen und denen die Probleme sagen, nein.« Vor Gericht wird der geplante Sorgerechtsentzug umgebogen in Familienhilfe, die von Frau Pirger angenommen wird und mit der sie positive Erfahrungen macht: »Na ja, und dann war die Verhandlung, und was ist rausgekommen – nichts! … Dann hab ich ganz normal geredet mit dem Richter, da hat er gesagt: ›Jetzt schauen wir uns das einmal ein Jahr lang an und dann krieg ich die Familienhilfe‹, … und dann hab ich sie gekriegt und seitdem ist nichts mehr gekommen. … Die (Familienhelferin) ist reingekommen und hat mit dem Buben gespielt, da hat sich gar nichts gege-

ben … Also die hat mich total unterstützt, schon bald wie meine
richtige Mutter war die (lacht). … Die hat sich total viel Mühe gegeben mit uns, dann hat sie die Schreibsachen mit mir gemacht,
wenn ich was gehabt habe, … weil ich das alles vorher nicht ge-
kannt habe, ich habe ja so was nicht gebraucht. So hat sie mir das
erklärt, wie das gehört … Sie ist mit mir aufs Landratsamt gefahren, wenn ich was gehabt hab, also das war echt super. Schade, dass
ich sie nicht mehr hab. Wir sind auch viel spazieren gegangen, haben mit dem Buben was unternommen. Das war schon schön. …
Sie war eine Ansprechpartnerin … Das hab ich total gut gefunden
von ihr, dass wir uns halt ausgeredet haben, und sie hat auch mit
ihm Spiele gemacht und alles. … Der hab ich das alles klipp und
klar gesagt. Und dann hat sie gesagt: ›ja, red‹ dich nur aus‹, hat sie
gemeint, ›wenn dir das gut tut‹. Und die war ewig dagehockt und
hat mit mir geredet, am Anfang, was so gekommen ist, da gibt's
nix.«
    (Aus: E. Helming/H.Schattner/H.Blüml: Handbuch Sozialpäda-
gogische Familienhilfe, Stuttgart u. a: [3]1999, S. 30 f.)

Dieses komplexe Beispiel wird im Folgenden mehrfach aufgegriffen und auch in einzelnen Elementen genauer betrachtet. Die Analyse kann allerdings nicht die Komplexität des praktisch zu Bewäl-
tigenden erschließen. Notwendig ist an dieser Stelle zunächst ein
methodischer Kommentar.

Methodischer Kommentar

Der Text ist eine Mixtur von wörtlichen Zitaten aus einem Inter-
view und informierenden, kommentierenden und erläuternden Er-
gänzungen des Verfassers. Beide Textelemente stellen eine Auswahl dar. Nach welchen Gesichtspunkten ausgewählt wurde,
wissen wir nicht, weil wir den gesamten Erzähltext nicht kennen.
Die eingefügten Kommentare sind aufschlussreich dafür, was der
Kommentator für relevant hält. In Anlehnung an Reinhard Hörster
(2001, 2002a) kann man diese Ebenen der Falldarstellung folgendermaßen gliedern:
1. Auf der Ebene des alltäglichen Handlungsablaufs haben die beteiligten Personen ein alltagsweltliches Fallverständnis, das bei
   den beteiligten Sozialpädagoginnen die Form eines beruflichen
   Handlungskonzeptes annehmen kann.

2. Rekonstruiert man das Verständnis der Sozialpädagoginnen, das
   etwa in ihren Berichten über den Fall oder den Begründungen ihres Handelns deutlich wird, eröffnet sich eine zweite Ebene der
   Betrachtung, ein »Fall im Fall«. »Die kasuistische Tätigkeit betrachtet also nicht einfach den Fall erster Ordnung, mit dem wir
   im beruflichen Alltagshandeln konfrontiert sind, sondern versucht ihrerseits, das Verständnis dieses Falles zu beobachten.«
   (Hörster 2001, S. 919)
3. Insoweit das Verständnis eines Falls nicht einfach nachvollzogen
   werden, sondern in seiner Logik herausgearbeitet werden soll,
   wird mit diesem Schritt eine dritte Ebene betreten. Diese kann –
   wie beim Hilfeplanverfahren nach den Prinzipien der Jugendhilfe – die Klienten dabei beteiligen und so über Partizipation
   aus den unbewussten Zwängen des Alltagsbewusstseins und der
   Biografie herausführen.

Diese dritte Ebene kann aber auch in der Supervision oder ähn-
lichen Form der beruflichen Selbstreflexion erreicht oder im
Sinne der Kasuistik in der Ausbildung von Sozialpädagogen bearbeitet werden: Dann lässt sich die Reflexion auf dieser Ebene
als Bildungsprozess begreifen. Schließlich können in der Einstellung sozialpädagogischer Forschung Erkenntnisse über die
Konstruktion von sozialarbeiterischen Fallbearbeitungen gewonnen werden.

Von der »Wirklichkeit an sich« erfahren wir bei Falldarstellungen und Beispielen also im strengen Sinne nichts. Was die
Adressaten des sozialpädagogischen Handelns über sich selbst
sagen und wie die Sozialpädagoginnen ihren Fall verstehen und
seine Bearbeitung rechtfertigen, beruht auf komplexen konstruk-
tiven Operationen. Und auch von diesen erfassen wir in theoretischer Einstellung nur die, auf die sich unser durch Begriffe ge-
leitetes Interesse richtet. Es kann sich orientieren an Wissen
(Forschung), Verständigung (partizipativer Arbeitsprozess) und
Bildung (Emanzipation der Adressaten und Selbsterkenntnis der
beruflich Tätigen).

Das Beispiel hat im Kontext der vorliegenden Darstellung eine heuristische Ausbildungsfunktion. Der Fall soll als Anschauungsmate-
rial und als Testfall für die verschiedenen vorgeschlagenen Unterscheidungen dienen: Er wird somit auf der dritten Ebene verwendet.

Von der ersten Ebene werden nur Ausschnitte sichtbar. Wir können eine Konstellation sozialer Deprivation erkennen, in einer Bio-

grafie möglicherweise verfestigt, ohne Zugang zu wichtigen gesellschaftlichen Gütern. Wir erfahren auch einiges über situative Dramatisierung und Verzweiflung und verschiedene Interaktionsprozesse und Auseinandersetzungen.

Diese werden allerdings wiederum nur selektiv dargestellt, was im vorliegenden Fall auf der zweiten Ebene damit zusammenhängt, dass nur Fälle herangezogen werden, an denen die Angemessenheit von sozialpädagogischer Familienhilfe aufgezeigt werden kann. Das Fallbeispiel »krisenhafte Zuspitzung einer Biografie« wird zu einem Fall von Familienhilfe und beide zusammen bilden einen Fall exemplarischer Darstellung zu Ausbildungszwecken. Festzuhalten ist also die Relativität und Selektivität der Darstellung.

2 Vom Umriss und von der inneren Logik

Die Definition der Sozialpädagogik als Bestimmung des Begriffs setzt nicht nur Grenzen und legt damit fest, was dazugehören und was nicht dazugehören soll und welche Überschneidungen und Ambivalenzen dabei entstehen, sie setzt auch eine Ordnung des Binnenbereichs. Diese Ordnung kann unter vielen Gesichtspunkten entworfen werden, seien sie pragmatischer, begrifflich-theoretischer oder historischer Art. Aus diesen Gründen wird hier unterschieden nach Ebenen des Gegenstandsbezugs:

– Die Binnenlogik der Sozialpädagogik kann sich daran festmachen, wie das sozialpädagogische *Problem* definiert wird. Diese Ebene erschließt sich durch die Frage: Auf welches Problem geht die Sozialpädagogik ein und *wie* geht sie darauf ein? Sozialwissenschaftliche Analytik und erziehungswissenschaftliche Prinzipienreflexion können in dieses Modell gleichermaßen einfließen.
– Ein zweites Ordnungsmodell orientiert sich an den *Organisationen* und *institutionellen Strukturen*, die die Sozialpädagogik als gesellschaftlich organisierte, insbesondere sozialstaatlich und deshalb rechtlich kodifizierte Größe kennzeichnen. Dabei spielen die Zuständigkeiten, die die verschiedenen Handlungsfelder pragmatisch definieren, eine besondere Rolle. Die pragmatischen Ordnungen lassen sich vielfach nur in ihrer geschichtlichen Genese verstehen; gesellschaftliche Funktionen und Differenzierungsprozesse, staatliche Regulierung durch Gesetze und Verordnungen und die Interessen von sozialen Berufen sind in die Ausgestaltung dieser Ordnungen eingeflossen.
– Auf einer dritten Ebene können wissenschaftliche Einteilungen und disziplinäre »Zuständigkeiten« betrachtet werden. Die Interdisziplinarität der »Wissenschaft der Sozialen Arbeit« ist außerordentlich hoch, weil der Gegenstand der Sozialpädagogik sich in einem historisch-praktischen Prozess herausgebildet hat und (noch?) nicht ausschließlich in der Definitionsperspektive einer

einzigen Wissenschaft (wie beispielsweise bei der Medizin und Rechtswissenschaft mit den eindeutig dazugehörenden Professionen) wahrgenommen und konstituiert wird.

2.1 Dimensionierung des sozialpädagogischen Konflikts

Die von Lothar Böhnisch übernommene Definition der Sozialpädagogik hebt auf den zu bearbeitenden Konflikt ab. Um diesen überschaubar zu machen, ist es zweckmäßig, die Dimensionen des Konflikts herauszuarbeiten. Eine solche Dimensionierung muss, wenn sie nicht willkürlich oder nur pragmatisch vorgenommen werden soll, auf allgemeine Überlegungen zurückgreifen, in denen das Verhältnis von Individuum und Gesellschaft modelliert wird.

Paul Natorp, so hatten wir gesehen, ließ sich von seinem »Sozialidealismus« dazu leiten, im Übereinstimmen des individuellen Wollens mit dem allgemeinen Willen der Gemeinschaft die Lösung des Konflikts zu sehen. In seiner Sicht war die Dimension des Willens, weil er das subjektive Element des Individuums besonders klar zum Ausdruck bringt, für die Sozialpädagogik zentral.

Wenn die Subjektivität des Individuums für sich eine Geltung beanspruchen will, die auch von anderen anerkannt werden soll, dann wird dieser Anspruch einer Prüfung unterzogen. Dabei sollen die gleichen Kriterien und Prinzipien beachtet werden wie bei der Prüfung von Ansprüchen der Gesellschaft gegenüber den Individuen (»gleiches Gesetz«). Die Grundlage für diese Überlegung bildet der »kategorische Imperativ«, wie ihn Immanuel Kant formuliert hat.

In einer sozialwissenschaftlichen Analyse geht es darum, die Gesellschaft und zugleich die Position des Individuums in ihr grundbegrifflich zu fassen. Dabei kann sich der Kapitalbegriff von Pierre Bourdieu als hilfreich erweisen. Er versteht unter Kapital »akkumulierte Arbeit«, also das Ergebnis der Auseinandersetzung des Menschen mit der äußeren Natur und ihrer Aneignung. In verallgemeinerter Form ist Kapital für Bourdieu »eine Kraft, die den objektiven und subjektiven Strukturen innewohnt« (1983, S. 183) und das Prinzip gesellschaftlicher Regelmäßigkeiten ausmacht. Die

Verwendung des Kapitalbegriffs ausschließlich im ökonomischen
Zusammenhang erscheint in diesem Verständnis von Kapital als
Verengung. Drei Arten des Kapitals sind unterscheidbar: »Das *ökonomische Kapital* ist unmittelbar und direkt in Geld konvertierbar
und eignet sich besonders zur Institutionalisierung in der Form des
Eigentumrechts; das *kulturelle Kapital* ist unter bestimmten Voraussetzungen in ökonomisches Kapital konvertierbar und eignet
sich besonders zur Institutionalisierung in Form von schulischen
Titeln; das *soziale Kapital*, das Kapital an sozialen Verpflichtungen
oder ›Beziehungen‹, ist unter bestimmten Voraussetzungen ebenfalls in ökonomisches Kapital konvertierbar und eignet sich besonders zur Institutionalisierung in Form von Adelstiteln.« (S. 185)

Das ökonomische Kapital nimmt bei dieser Aufteilung eine do-
minierende Stellung ein, weil es den relativen Zugang zu anderen
Kapitalsorten ermöglicht – aber die drei Dimensionen sind eigenständig. Das kulturelle Kapital kann als Bildung verinnerlicht und
subjektiv erworben werden, es ist zugleich in Kulturgütern objektiviert und in schulischen und akademischen Titeln institutionalisiert, die wiederum zentral für den Zugang zu beruflichen Chancen
sind. Das Sozialkapital ist in Beziehungen wechselseitigen Ken-
nens und Anerkennens vorhanden und wird als Zugehörigkeit zu
Gruppen und Gemeinschaften handlungswirksam.

Die Verfügung über diese Kapitalien bestimmt die Position von
Individuen und Gruppen im sozialen Raum. Man kann sich an der
Spitze oder am Boden, am Rand oder im Zentrum der Gesellschaft
befinden. Für die tatsächliche Lebenslage kommt jedoch noch eine
Dimension hinzu, die als »ökologisches Kapital« bezeichnet werden kann. Moderne Gesellschaften bringen Risiken hervor (wie
beispielsweise atomare Strahlung, Umweltverschmutzung), die das
Leben nicht nur auf bestimmten sozialen Positionen, sondern für
alle Mitglieder einer Gesellschaft beeinträchtigen. Auch diese Risiken sind nicht absolut gleich verteilt, mit genügend Geld kann
man ihnen auch ausweichen, aber sie bilden einen eigenständigen
Faktor der Lebensqualität (Beck 1986).

Der Ort, wo man lebt, die Qualität der Umwelt, die Ausstattung
des sozialen Raums und die Zugänglichkeit von lebenswichtigen
und -erleichternden Gütern sowie die ästhetische Ausgestaltung
des Lebensraums stellen eine eigene Qualitätsdimension dar. Auch
die Sicherheit im Alltag, Freiheit von Verbrechensfurcht beispielsweise, spielt eine große Rolle. In Programmen der kommunalen

Kriminalitätsprävention oder zur sozialen Stadtentwicklung werden diese Gesichtspunkte konkret bedeutsam und erhalten vor allem sozialpädagogische Relevanz.

Verwendet man nun diese Dimensionierung, um die Definition von Sozialpädagogik zu konkretisieren (eingegrenzt für das Aufwachsen von Kindern und Jugendlichen), so ergibt sich eine systematische Perspektive.

Die Dimensionen des Aufwachsens stellen jeweils spezifische Anforderungen an das Individuum, die als Entwicklungsaufgaben zu bewältigen sind. Sie enthalten in ihrer jeweiligen Ausprägung bestimmte Chancen bzw. begrenzen sie. Sozialpädagogik bezieht sich auf beide Seiten: die Kompetenzen des Individuums und die Chancenstruktur der Gesellschaft.

Auch wenn mit diesem Modell wesentliche Aspekte erfasst sind, kommt noch eine Dimension hinzu, die für das persönliche Wohlbefinden, für die Realisierung von Chancen in der Gesellschaft und für die pädagogische Arbeit bedeutsam ist: die persönliche Integrität im Sinne von physischer und psychischer Gesundheit oder als generelle Einschränkung, beispielsweise als Behinderung. Mit diesen Fragen haben vor allem medizinische, psychotherapeutische und sonderpädagogische Einrichtungen zu tun. Typischerweise aber finden wir in solchen Einrichtungen immer auch sozialpädagogische Funktionen institutionalisiert, weil in der persönlichen Beeinträchtigung auch ein Problem für das Verhältnis zur umgebenden Sozialwelt mitgesetzt ist, wenn nicht gar die soziale Reaktion auf eine Beeinträchtigung das zentrale Problem ausmacht, so beispielsweise die gesellschaftlichen Reaktionen auf Behinderung.

Die hier ausgewählten Dimensionen werden recht häufig bei der Untersuchung von Lebenslagen herangezogen, wobei zwischen objektiven und subjektiven Ausprägungen zu unterscheiden ist. Das Modell dient auch als Grundlage der Armutsforschung (Hradil 2001) und ist insoweit nicht nur zur Analyse sozialpädagogischer, sondern auch sozialpolitischer Problemlagen geeignet.

Eine in das Sozialkapital eingelagerte Subdimension soll abschließend noch erwähnt werden, weil sie in der Praxis der Sozialarbeit und für die Soziale Ungleichheit in modernen Gesellschaften besondere Bedeutung erhält: die Rechtsposition. Es zeichnet den Sozialstaat prinzipiell aus, dass soziale Rechte dauerhaft als Anspruch definiert sind und die Voraussetzungen der Inanspruchnahme im Konfliktfall rechtsförmig überprüft werden können. Der

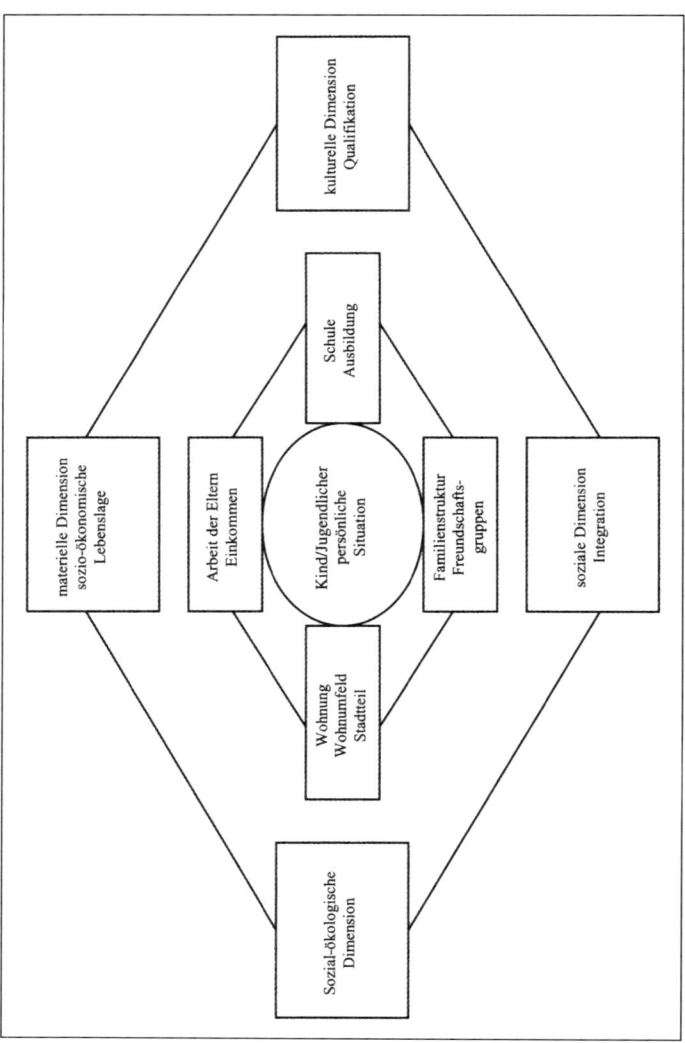

Abb. 1: Dimensionen der sozialpädagogischen Aufgabenstruktur

Staat interveniert in das gesellschaftliche Verhältnis von Lohnarbeit und Kapital und sichert dabei die in diesem Verhältnis unterlegenen sozialen Rechte. Im neoliberalen Modell, das seit den 1980er
Jahren beispielsweise im »Thatcherismus« propagiert und zunehmend in Europa durchgesetzt wird, sichert der Staat dagegen wieder einseitig die Eigentumsrechte des Kapitals und reduziert soziale Rechte. Durch »Aktivierung« soll die »Selbsthilfe« der
lohnabhängig Beschäftigten und vor allem der Nichtbeschäftigten
gestärkt werden. Zur Linderung der verbleibenden Nöte wird der
Willkür der privaten Wohltätigkeit überantwortet, was im Sozialstaat rechtlich garantiert gewesen ist.

Wie wichtig die Rechtsposition ist, lässt sich an einem Beispiel
illustrieren: Migranten, die als Ausländer nicht die sichere Rechtsposition des Staatsbürgers haben, sind auf eine entscheidende
Weise benachteiligt, weil sie nicht über ein »Aufenthaltsbestim-
mungsrecht« verfügen. Als latente Diskriminierungsfolie bestimmt
die fehlende Anerkennung den sozialen Umgang mit ihnen und,
wenn sie nicht ihren gewöhnlichen Aufenthalt in Deutschland haben, auch die sozialrechtliche Position. Das Ausländerrecht
schränkt prinzipiell die sozialen Rechte, also die Einbeziehung in
die Solidarität der Bürger, ein.

Für die sozialpädagogische Analyse sind zwei Fragen im Kontext des hier vorgestellten Modells leitend:
– Welche Bedürfnisse, Wahrnehmungen und Fähigkeiten hat das
  Individuum in den jeweiligen Dimensionen?
– Welche Möglichkeiten und Begrenzungen bringt die Gesellschaft, vermittelt in den je konkreten Bedingungen von Familie
  und weiterer sozialer Umwelt sowie der sozialen Lage, dem Individuum entgegen?
Diese Fragen gilt es in der Bestimmung einer Ausgangssituation
für eine sozialpädagogische Intervention zu stellen. Sie werden immer auch historisch, d. h. für das Individuum biografisch und für
seinen sozialen Raum genealogisch, das heißt in seiner bisherigen
Interaktions- und Beziehungsdynamik, bearbeitet werden müssen.

2.2 Soziale Arbeit im sozialstaatlichen Dienstleistungssystem

Während das an Bourdieu orientierte Klassifikationssystem auf gesellschaftliche Beziehungen und Verhältnisse unmittelbar Bezug nimmt, kann man zur Ordnung des Sozialpädagogischen auch eine andere Bezugsebene wählen: beispielsweise – im Anschluss an Burkhard Müller (1992) – die Ebene der sozialstaatlich regulierten Dienstleistungsgesellschaft.

Mit dem Entstehen der bürgerlich-kapitalistischen Gesellschaft differenzieren sich die Sphären des Privaten mit der Familie, des Öffentlichen der staatlichen Ordnungsfunktionen und des Gesellschaftlichen der Märkte aus. Die staatliche Tätigkeit setzt aber von Anfang an nicht nur formale Rahmenbedingungen, sondern greift regulierend zur Sicherung von Produktion und Reproduktion sowohl in den Bereich der Erziehung als auch den der Produktion ein. Die spezifische Funktion von Sozialarbeit und Sozialpädagogik ist es von Beginn des Sozialstaats an, die Sozialisationsprozesse zu gestalten, »durch die die Individuen zur Teilnahme am gesellschaftlichen Reproduktionsprozess befähigt werden sollen« (Blanke/ Sachße 1998, S. 420). Die Herstellung von Handlungsfähigkeit der Individuen für die verschiedenen Märkte – Arbeitsmarkt, Wohnungsmarkt, die Märkte der angebotenen Waren, Freizeit- und Kultureinrichtungen, der Finanzdienstleistungen und auch der sozialen Dienstleistungen, die in Anspruch genommen werden sollen – wird zu einer staatlichen Aufgabe. Auch wenn der Staat diese Aufgaben nicht selbst übernimmt und sie durch Kommunen, freie Träger und Kirchen, selbstverwaltete Organisationen und öffentlich-rechtliche Einrichtungen bearbeitet werden, sind doch die Voraussetzungen rechtlich geregelt.

Das Sozialgesetzbuch der Bundesrepublik Deutschland enthält heute die in einem über hundertjährigen Prozess entstandenen Regelungen zur sozialen Sicherung. Auch wenn der 1970 eingeleitete systematische Reformprozess mehrfach modifiziert und unabgeschlossen ist, bilden am Ende des »sozialpädagogischen Jahrhunderts« elf Gesetze den Kernbestand des Rechts der Sozialen Sicherung.

Das Sozialgesetzbuch deckt aber nicht den Gesamtbereich der sozialstaatlichen Regulierung ab. Im Arbeitsrecht, Zivilrecht, Steuerrecht oder Verfahrensrecht sind viele Regelungen enthalten, die die Rechtsposition des in gesellschaftlichen Auseinandersetzungen unterlegenen Bürgers oder von Personengruppen schützen und stärken (vgl. Kievel 2002).

Das Sozialgesetzbuch enthält im engeren Sinne das Sozialleistungsrecht und definiert seine Aufgaben in § 1: »Das Recht des Sozialgesetzbuches soll zur Verwirklichung sozialer Gerechtigkeit und sozialer Sicherheit Sozialleistungen einschließlich sozialer und erzieherischer Hilfen gestalten. Es soll dazu beitragen,

– ein menschenwürdiges Dasein zu sichern,
– gleiche Voraussetzungen für die freie Entfaltung der Persönlichkeit, insbesondere auch für junge Menschen zu schaffen,
– die Familie zu schützen und zu fördern,
– den Erwerb des Lebensunterhalts durch eine frei gewählte Tätigkeit zu ermöglichen und
– besondere Belastungen des Lebens, auch durch Hilfe zur Selbsthilfe, abzuwenden oder auszugleichen.«

Die sozialrechtliche Konkretisierung und Differenzierung des Sozialstaatsgebots der Verfassung (Artikel 20 des Grundgesetzes der Bundesrepublik Deutschland) kann angesichts dieses Anspruchs als weitreichend charakterisiert werden. Funktionsbezogen kann das Gesamtsystem unterteilt werden in:

– soziale Vorsorgesysteme
  (Versicherung im Krankheits- und Invaliditätsfall, Arbeitslosigkeit, Alter, Pflegebedürftigkeit, also die Grundrisiken der Lohnerwerbstätigkeit)
– soziale Fördersysteme
  (Arbeits- und Bildungsförderung, Kinder-, Jugend- und Familienhilfe, Wohnungsförderung und Integration Behinderter)
– soziale Entschädigungssysteme
  (Kriegsopferversorgung, Entschädigung der Opfer von Gewalttaten u. Ä.)
– soziale Hilfesysteme
  (Bundessozialhilfegesetz, Unterhaltsvorschussgesetz, auch Asylbewerberleistungsgesetz)
  (vgl. Kievel 2002).

Die Systeme der sozialen Sicherung sind im Sozialgesetzbuch und in gleichgestellten Gesetzen nach einer rechtlichen Ordnungslogik kodifiziert. Die nach sachlichen Aufgaben gegliederten Dienstleistungseinrichtungen orientieren sich daran, unterscheiden sich aber

unter dem Gesichtspunkt geschichtlich-gesellschaftlicher Entwicklungen. Ich greife hier den Vorschlag von Burkhard Müller (1992)
auf, erweitert um den Bezug auf Familie.

Die Familie wird in diesem Kontext – was provozierend wirken
kann – als sozialstaatlich geregelte Dienstleistungsagentur verstanden. In quantitativer Hinsicht ist dies ohnehin evident, erbringt die
Familie doch den überwiegenden Anteil der sozialpädagogischen
und pflegerischen Dienstleistungen (5. Familienbericht der Bundesregierung). Ohne erhebliche sozialstaatliche Leistungen (Kin-
dergeld, steuerrechtlicher Familienlastenausgleich, Wohngeld,
Leistungen nach dem KJHG usw.) scheint die Familie als Institution zudem nicht mehr bestandsfähig. Die moderne Kleinfamilie ist
erst im Prozess der patriarchalischen und kapitalistischen Industrialisierung des 19. Jahrhunderts entstanden und hat sich als funk-
tionales Element dieses Gesamtsystems etabliert. Wie der gesamte
Reproduktionsbereich wurde dieses Element durch ein dichtes
Netz sozialstaatlicher Leistungen konstituiert. Im Bewusstsein der
Mitglieder einer Familie gilt die Familie als privater, nicht dem
staatlichen Zugriff zugänglicher, vielmehr geschützter Bereich per-
sonaler Beziehungen. In dem Maße, wie die Individualisierung von
Biografien und Lebensführungsmustern, die Auflösung von ge-
schlechtertypisch auferlegter Arbeitsteilung und die Verflüssigung
der Formen von Erwerbsarbeit die industriegesellschaftlichen
Grundlagen der Familie entstabilisieren, tritt die sozialstaatliche
Dienstleistungsfunktion der Familie noch deutlicher hervor. Auch
der Ausbau familiennaher Sozialdienstleistungen und die Diskussion über »Hausfrauengehalt« verdeutlichen diesen Prozess.

Im Hinblick auf die übrigen Elemente des Netzwerkes, in das die
Sozialpädagogik involviert ist, lassen sich die sozialpädagogischen
Tätigkeiten folgendermaßen charakterisieren:
– Zur Inanspruchnahme von Versicherungs- und Versorgungsleis-
  tungen ist vielfach eine Sozial- oder Sozialrechtsberatung erforderlich; beispielsweise erschließen die in Kliniken und anderen
  stationären Systemen eingegliederten Sozialdienste durch Beratung solche Leistungen.
– Im Bildungswesen und seinem Umfeld gibt es ein Netz von Einrichtungen, vom Kindergarten über den Hort und Schulsozialarbeit bis hin zur Jugendberufshilfe, deren Aufgabe die Sicherung von Lernfähigkeit und Leistungsbereitschaft ist.

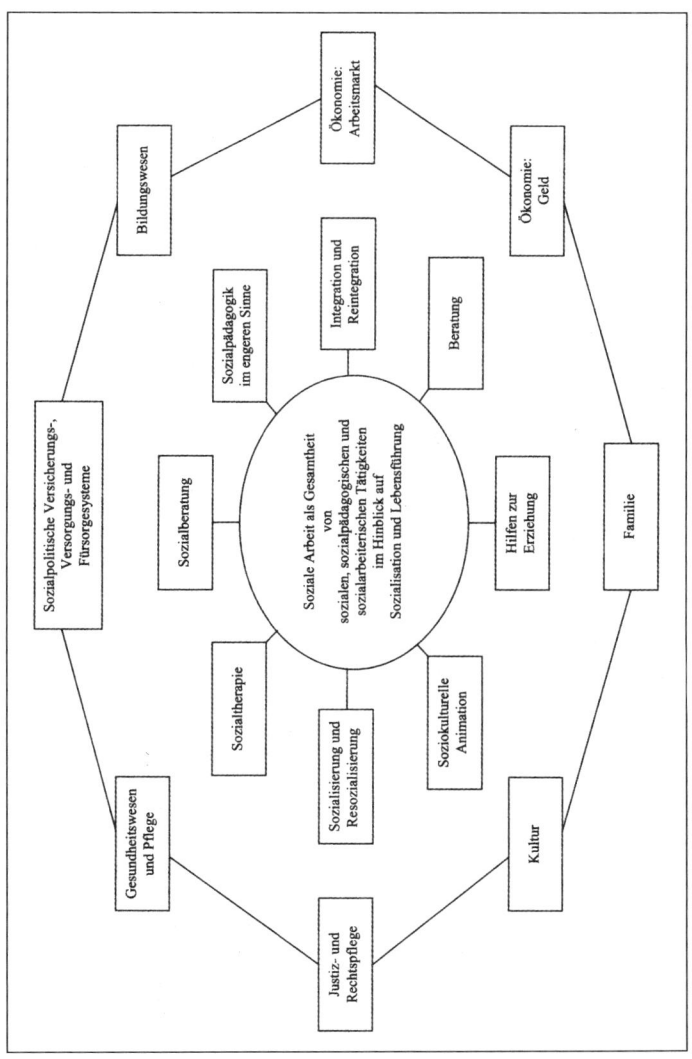

Abb. 2: Der Gegenstandsbereich Sozialer Arbeit und seine Verschränkung mit gesellschaftlichen Teilbereichen

- Für die Sicherung von Arbeitsbereitschaft und -fähigkeit wurde ein System von Hilfen, Kontrollen und Zwangsauflagen (z. B. Hilfe zur Arbeit nach dem Bundessozialhilfegesetz oder Qualifikationsmaßnahmen nach dem Arbeitsförderungsgesetz) aufgebaut.
- Der Ausbau von Finanzdienstleistungen für viele Bereiche des täglichen Lebens erfordert auf der Seite der Menschen eine entsprechende Bewältigungskompetenz; Verbraucher- und Schuldnerberatung haben sich als sozialpädagogische Funktionen etabliert.
- Die Reproduktionsfunktion der Familie kann nicht mehr Traditionsnormen-gesteuert gesichert werden; materielle und psychosoziale Ressourcen werden zwar noch im Nachbarschafts-, Verwandtschafts- und Freundschaftsnetzwerk mobilisiert, hinzu kommen aber notwendigerweise gesellschaftlich und politisch organisierte Hilfen.
- Die Aneignungs- und Nutzungsmöglichkeiten der Freizeit-, Unterhaltungs- und Bildungskultur sind sozialstrukturell ungleich verteilt, Individuen und Personengruppen können von der Nutzung faktisch ausgeschlossen sein. Sozialkulturelle Animation (z. B. Jugendkulturarbeit) versucht, Nutzungszugänge zu eröffnen.
- Das justizielle Straf- und Kontrollsystem zielt schon immer nicht nur auf Strafe ab, sondern auch auf Reintegration, Bewährung, Besserung, Therapie und Erziehung. Deshalb hat es ein System von subsidiären (Jugendgerichts-)Hilfen und Bewährungshilfen entwickelt und als komplementäres Element seinen Kontrollfunktionen angegliedert.
- Dem Gesundheitswesen können die ärztlichen und pflegerischen Dienstleistungen zugeordnet werden, wobei sich die pflegerischen im Bereich der Altenarbeit verselbständigt haben, die rehabilitativen im Behinderten- und Rehabilitationsbereich. Die sozialen Elemente dieser Beziehungsarbeit werden teilweise implizit, teilweise explizit gesichert. Im Bereich der psychosozialen Versorgung sind viele Funktionen und Tätigkeiten der Sozialpädagogik beispielsweise durch die Psychiatriereform entstanden.

Das Verhältnis der sozialstaatlich regulierten Institutionen zur Gesellschaft reproduziert sich auf der Ebene personenbezogener sozialer Dienstleistungen: Sie sind subsidiär, randständig im Hinblick auf die Hauptfunktion eines Leistungssystems. Sozialpädagogische

Tätigkeiten sind an Stellen platziert, wo die Defizite anderer Leistungssysteme Probleme verursachen (z. B. Schulversager, Kreditschuldner, Analphabeten).

Die Aussage, dass Sozialpädagogik in den Konflikten zwischen Individuen und Gesellschaften vermittelnd tätig wird, kann an dieser Stelle wieder aufgegriffen werden. Indem die Sozialpädagogik – wie eine Spinne im Netz – als Knotenpunkt in einem sozialstaatlichen Netzwerk modelliert wird, wird die Art und Weise ihrer Institutionalisierung deutlich. Wenn man unter »Sozialpädagogik« dabei eine bestimmte Handlungsform versteht, dann kann man der Sozialpädagogik tatsächlich eine zentrale und übergreifende Funktion zuweisen. Denn sie begrenzt sich nicht auf einen kleinen Bereich, sondern hat die Folgen und Funktionsweisen mehrerer Systeme im Auge. Insoweit sie aber als berufliches Handlungsfeld konkret institutionalisiert ist, bleibt sie überschaubar subsidiär und hat keine Steuerungsfunktion.

2.3 Ordnung aus Funktionen

Als die Sozialpädagogik noch in Anlehnung oder auf der Grundlage der marxistischen Theorien definiert wurde, war es üblich, zwischen Produktion und Reproduktion zu unterscheiden. Diese Unterscheidung kann man auch aus ihrem spezifischen Entstehungszusammenhang herauslösen und systematisch begründen. Die Aufgabe der Sozialpädagogik im Verhältnis von Individuum und Gesellschaft wird dabei auf die Funktion des Individuums im Lohnarbeitsverhältnis, also der Lebensgrundlage der großen Mehrheit der Bevölkerung, bezogen.

In diesem Kontext fallen der Sozialpädagogik spezifische Aufgaben der *Reproduktionssicherung* zu, und zwar in drei wesentlichen Bereichen:
– bei der Herstellung des Arbeitsvermögens (Qualifikations- und Sozialisationsaufgaben, z. B. in der Vorschulerziehung, der Ehe-, Eltern- und Erziehungsberatung, Jugendberatung, Berufsberatung, Ausländerarbeit, in Erziehungs- und Wohnheimen, sonderpädagogischen Einrichtungen etc.);
– bei der Absicherung gegen temporäre Störungen der Reproduktion (z. B. bei Krankheit, Dequalifikation, Arbeitslosigkeit,

Normverletzungen; also sozialpädagogische Arbeit z. B. im
Krankenhaus, Rehabilitation, Therapien, Gefängnis, Weiterbildung, Umschulung, Wohnbereich, Gewährung von Sozialhilfe
etc.) sowie
- bei der Versorgung derjenigen, die dauerhaft zu einer selbständigen Reproduktion nicht mehr fähig sind (also sozialpädagogische Arbeit in der Altenpflege, Psychiatrie, Behindertenarbeit
etc.) (vgl. Marzahn 1979, S. 28).

Die Konzentration auf Reproduktionsfunktionen erfasst wesentliche, gerade im Blick auf die historische Herausbildung der Sozialen Arbeit zentrale Aufgaben, vernachlässigt aber Funktionen, die
sich auf eine allgemeine »Systemlegitimation« beziehen, auf die
politische Bürgerrolle oder die Konsumentenrolle. Unter den Bedingungen von Individualisierung und Pluralisierung der Lebenslagen und -formen und der Auflösung »naturwüchsiger« Lebenswelten kann man die Sozialpädagogik dann schließlich nicht mehr an
einzelnen Funktionen des Individuums orientieren, sie bezieht sich
vielmehr auf den gesamten Prozess der Ontogenese, der individuellen Sozialisation.

Dennoch erfasst eine Orientierung an Funktionen Wesentliches.

Wolf Wagner hat die Funktionsanalysen im Anschluss an Christian Marzahn und andere aufgegriffen und verfeinert. Er bezieht die
Sozialpädagogik und die Sozialpolitik auf das Thema Armut und
arbeitet deren *Nützlichkeit* heraus. »Armut« wird üblicherweise als
ein zu beseitigendes oder zu reduzierendes Problem angesehen.
Doch finden wir sie in allen Gesellschaften, und vieles wird getan,
sie aufrechtzuerhalten. Ein offensichtliches Faktum im Zusammenhang mit Armut ist, dass fast alle Mitglieder der Gesellschaft Angst
vor ihr haben und alles tun, sie zu vermeiden. Die Angst, in der Hierarchie der sozialen Ungleichheit nach unten zu rutschen, wird zu
einem zentralen Handlungsantrieb: »Armut macht Angst, mehr als
Tod und Teufel und alle Ungeheuer.« (Wagner 1982, S. 8)

Mit der Sicherung der eigenen Arbeitsfähigkeit (früher auch der
Fähigkeit, einen arbeitsfähigen Partner zu finden) kann die Angst
vor Armut – vor allem durch Arbeitslosigkeit – aufgefangen werden. Die sozialpolitischen Sicherungssysteme und die in ihnen ein-
gebaute Sozialpädagogik haben deshalb eine spezifische Abstu-
fung, eine »Treppenstruktur«, entwickelt, um soziale Karrieren
nicht nach einem Alles-oder-nichts-Schema abgleiten zu lassen.
Vielmehr soll auf jeder jeweils erreichten Stufe eine realistische

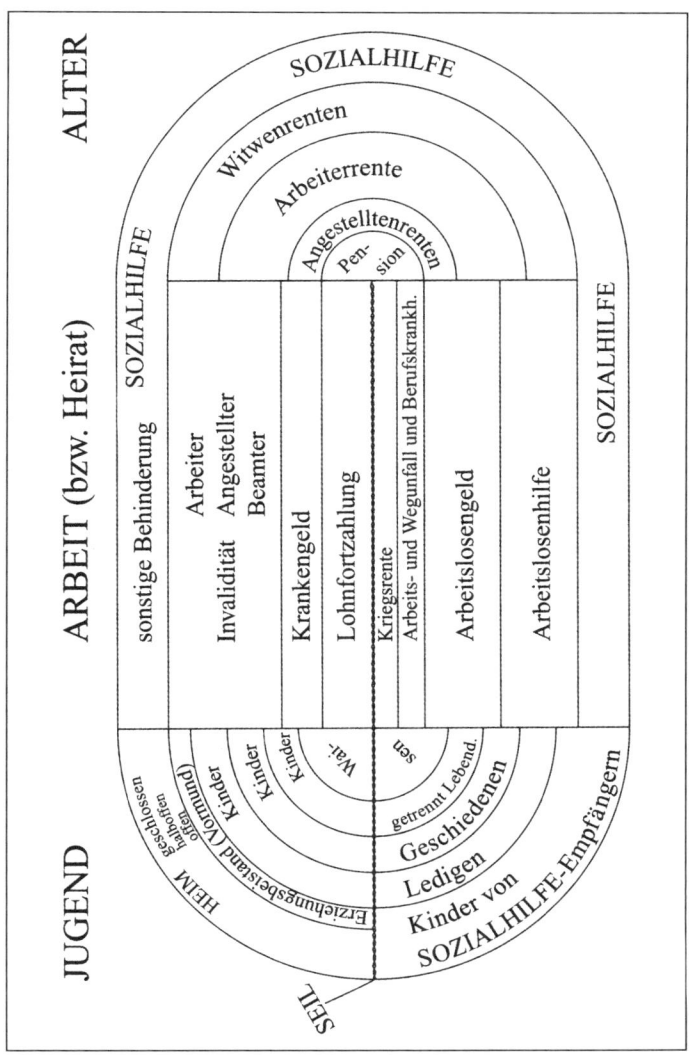

Abb. 3: Der Königsweg der Erwerbstätigkeit und das Soziale
Netz. Quelle: W. Wagner: Die nützliche Armut, S. 133

Chance zum Wiederaufstieg auf die nächste Stufe gegeben sein und deshalb gleichzeitig Anstrengungsverhalten und Vermeidungshandeln motivieren.

Das System sozialer Sicherungen und Dienstleistungen kann also nicht als »Hängematte« konzipiert werden, sondern eher als »Seil«, auf dem man balancieren muss. Man steigt in Kindheit und Jugend auf dieses Seil hinauf, indem man sich qualifiziert, und je nach Ausgangspunkt ist das Seil, das man für die Berufs- und Erwerbstätigkeitskarriere betritt, unterschiedlich hoch ausgespannt. Das Seil selbst kann als Ebene der Erwerbstätigkeit verstanden werden, weil nur durch diese (und in ihrem familiären Zusammenhang) eine selbständige Lebensführung möglich ist. Nach den Seiten hin (um im Bild zu bleiben) sind Sicherungen in einer Stufenleiter nach unten aufgebaut. Nach der Phase der Erwerbstätigkeit gibt es im Alter einen sozialen Abstieg, dessen Ausmaß von der Dauer und dem finanziellen Niveau der Erwerbstätigkeit abhängt.

Für manche Personen bewegt sich der Lebenslauf immer in den Sphären der Armut, doch sind die *sozialstaatlichen Versorgungsklassen* »nicht sehr umfangreich« (Hradil 2001, S. 83). Auch muss man sehen, dass sich die Versorgung für Beamte, bei denen dieses Prinzip in erster Linie gilt, auf andere Weise ausgestaltet als bei Soziahilfeempfängern.

Die Angst vor der Armut kann als negatives Element einer umfassenden sozialisierten Motivation zur individuellen Anstrengung verstanden werden (als positives Element lassen sich angestrebte Ziele wie Wohlstand, Prestige sowie Wertorientierungen definieren). Sie aktiviert ein individuelles Angst-Management, das auch das Akzeptieren von Zumutungen und Belastungen einschließt. Damit verbunden ist dann auch der Umstand, dass sich die Wahrnehmung misstrauisch auf die Mechanismen der Verteilung öffentlicher Güter und sozialer Leistungen richtet. Gegen Personen und Gruppen, denen in der Perspektive dieser Wahrnehmung soziale Leistungen ungerechtfertigterweise zukommen, richtet sich dann Hass. Die Figur des »unwürdigen« Armen, dem Almosen zu Unrecht zukommen könnten, war schon bei der Entstehung der Sozialarbeit ein ausgeprägtes Wahrnehmungs- und Bewertungsmuster. Im Zusammenhang der Schuldnerberatung wird diese Figur im Typus des »unredlichen Schuldners« (Ebli 2002), der von Entschuldungsverfahren ausgeschlossen wird, wieder lebendig, und in öffentlichen Debatten über die Inanspruchnahme von sozialen

Leistungen wird der »Sozialschmarotzer« zum wahlkampftauglichen Sündenbock (Hamburger/Otto 1999). In einer Gesellschaft des »prekären Wohlstands« (Hradil 2001, S. 489 f.) werden solche Prozesse noch bedeutsamer, weil nicht nur die ausgeprägten Reichtums- und Armutsphänomene wachsen, sondern auch die Risiken sozialer Unsicherheit bis in die Mittelschichten hinein.

2.4 Externe und interne Ordnungen der disziplinären Vielfalt

2.4.1 Eine »interne« Struktur

Angesichts der historischen Komplexität, der Vielfalt von begrifflichen und konzeptionellen Ein- und Zuordnungen und schließlich der Breite von sozialpädagogischer Praxis ist auch die Abgrenzung der Disziplin gegenüber anderen und die innere Strukturierung der Denkaufgaben eine Anforderung. Werner Thole unterscheidet in einem ersten Zugriff »vier strukturelle Grundpfeiler der Sozialen Arbeit« (Thole 2002, S. 15):

Sozialpädagogische Wirklichkeitsbereiche

wissenschaftliche Theoriebildung	Forschung
Praxissystem	Qualifikations- landschaft

Die *wissenschaftliche Theoriebildung* kann als die Summe an Aussagen verstanden werden, die nach Kriterien der Wissenschaftlichkeit geordnet und in Texten objektiviert sind (Wissenschaft als »kognitives« System). Diese Texte werden von bestimmten Personen produziert, in konkreten Zusammenhängen (Hochschulen) diskutiert und in der Lehre verwendet (»soziale Identität« der Disziplin). Die geschichtliche Entwicklung einer Disziplin, auf die sie sich selbstbegründend bezieht, kann dann schließlich als ihre »historische Identität« bezeichnet werden (Scherr 2002 c).

Die *Forschung* ist ein organisierter Arbeitszusammenhang, in dem Individuen, Gruppen oder Einrichtungen untersuchungswerte Fragestellungen formulieren und nach Regeln, ebenfalls der disziplinären Wissenschaftlichkeit, mit dem Ziel, Erkenntnisse zu gewinnen, analysieren. Im Vordergrund steht dabei die methodische Sicherung der Art und Weise, wie Erkenntnisse erreicht werden können. Als Sozial- und Erziehungswissenschaft bezieht sich die sozialpädagogische Forschung auf das Gesamt von Theorie und Praxis, Geschichte und sozialer Wirklichkeit der Sozialpädagogik.

Diese Forschung im weiteren Sinn grenzt Werner Schefold ab von »Forschung im engeren Sinne«, die er – adressatenorientiert – als Bereiche der Kinder- und Jugendhilfe, personenbezogene soziale Dienstleistungen für Erwachsene und den Bereich der Altenhilfe bestimmt. Auf dieses weite Feld richtet sich sozialpädagogische Forschung mit einer besonderen Perspektive. »Im Zentrum der sozialpädagogischen Forschung steht (…) ›Praxis‹ als Kommunikation und Transaktion von Hilfen zum Lernen und zur Entwicklung von Personen und sozialen, auch gesellschaftlichen Systemen.« (Schefold 2002, S. 879)

Das Verhältnis von Forschung im weiteren und engeren Sinne orientiert sich hier am Kriterium des Verständnisses von sozialpädagogischer Praxistätigkeit als Hilfe für die Auseinandersetzung des Individuums mit gesellschaftlichen Anforderungen. Man kann diese Eingrenzung als einerseits pragmatisch begründet, andererseits systematisch orientiert bezeichnen, weil die Konzentration auf »Hilfe« die Bedingungen für die Möglichkeit von »Subjektwerdung« im und durch den Hilfeprozess eruieren soll. Damit schließt dieses Forschungsverständnis an eine erziehungswissenschaftliche Tradition an, nach der die spezielle Aufgabe pädagogischer Forschung darin liegt zu klären, welche emanzipatorischen Gehalte mit bestimmten pädagogischen Praktiken oder Institutionalisierungsformen verbunden sind.

Gegenstandsbezogen kann die sozialpädagogische Forschung an »Eckpunkten« festgemacht und eingeteilt werden in die Untersuchung
– der zuständigen Institutionen,
– der beruflich oder ehrenamtlich in ihnen Tätigen und
– der Adressaten und Adressatinnen der Sozialen Arbeit (vgl. Lüders/Rauschenbach 2002).

Die Praxis der Forschung lässt sich gegenstands- und ansatzspezifisch differenzieren (vgl. Schefold 2002):

– Bereichs- und Verbundforschung untersucht ein bestimmtes Feld (z. B. Heimerziehung, Altenhilfe), um seine Entwicklung und Leistungsfähigkeit zu klären,

– Adressatenforschung (z. B. »rechte« Jugendliche, Straßenkinder, Analphabeten) thematisiert die Lebenslage bestimmter Personengruppen,

– lokale und regionale Forschung ist ein in der Sozialpädagogik weit verbreiteter kleinräumiger Untersuchungstyp, der sich aus dem begrenzten Erkenntnisinteresse von Auftraggebern (Kommunen und Landkreise, Bundesländer) oder den begrenzten Mitteln zur Durchführung von Forschungsprojekten bzw. zur Anfertigung von Qualifizierungsarbeiten ergibt.

– Als Qualifikationsforschung kann die Summe von Arbeiten wie Promotionen, Diplom- und Magisterarbeiten bezeichnet werden; besonders im Falle von gemeinsamen Projekten können sie zu wichtigen Erkenntnissen führen.

– Die »Selbstbeobachtung der Praxis« kann aus Evaluation und Qualitätsmanagement, Praxisberatung, Supervision und Material- und Dokumentenanalyse Erkenntnisse gewinnen, die das wissenschaftliche Wissen erweitern.

– Surveys sind in der Sozialpädagogik noch selten, insbesondere als systematisch angelegte Längsschnittuntersuchungen. Allerdings hat sich im Deutschen Jugendinstitut eine Forschungskultur entwickelt, zu der solche Arbeiten regelmäßig dazugehören (vgl. Deutsches Jugendinstitut 2001 und fortlaufend).

– Im Umkreis der Sozialberichterstattung wird wissenschaftlich gesichertes Wissen in Expertisen zusammengefasst oder in Untersuchungen zu solchen Expertisen forschend erarbeitet. Auch die Berichte selbst enthalten Zusammenfassungen des wissenschaftlich gesicherten Wissens. Im Bereich der Sozialpädagogik ist die explizite wechselseitige Beeinflussung von Wissenschaft, Politik und Praxis höher als bei anderen Disziplinen; deshalb haben solche Berichte als Knotenpunkte der Vernetzung zwischen den Bereichen besondere Bedeutung (vgl. Richter/Coelen 1997). Besonders bedeutsam sind die Kinder- und Jugendberichte der Bundesregierung, die Alten-, Sozial- und Familienberichte der Bundesregierung und die Armutsberichterstattung von Ländern, Organisationen wie den Wohlfahrtsverbänden und der Bundesregierung.

(Zum Thema Forschung vgl. das Kapitel »Soziale Arbeit beobachten – Forschung« in Thole 2002; Rauschenbach/Thole 1998; Jakob/ Wensierski 1997 und Schweppe 2003a).

Das *Praxissystem* wird in diesem Kapitel an anderer Stelle abgehandelt, *die Ausbildungslandschaft* in Kapitel 7.

2.4.2 Die Aufgaben der Disziplin

Was im weitesten Sinne als Beitrag zur sozialpädagogischen Theorie und Praxisreflexion insgesamt zu verstehen ist, lässt sich nicht übersehen und kaum definieren. Auch die Ordnungsversuche weisen eine erstaunliche Breite auf. Klaus Mollenhauer beispielsweise diskutiert die Frage, ob die Sozialpädagogik von Merkmalen des Gegenstandsfeldes, vom Verhältnis zwischen Theorie und Praxis oder von methodologischen, forschungsstrategischen Festlegungen her bestimmt werden kann. Er entscheidet sich dafür, eine Theorie der Sozialpädagogik thematisch, d. h. von den *aktuellen* Problemverhältnissen her, zu entwickeln, und wählt dazu aus:

– das Verhältnis der Generationen, das in den brüchig gewordenen Mustern der Biografie zur Disposition steht;
– die Aufgabe von Normalitätsbalancen, weil »Normalität« zu einem so breiten Möglichkeitsraum geworden ist, dass das Individuum nur noch seine Besonderung erkennen kann und seine Zugehörigkeiten rasch wechseln;
– die Armut, weil in den modernen reichen Gesellschaften diese zu einer Zumutung für immer mehr Kinder und Jugendliche geworden ist, und
– die Interkulturalität, weil die Pluralität der Gesellschaft durch Migration erheblich zunimmt und die Frage der normativen Orientierung über die Folgen der Modernisierung hinaus sich zuspitzt (Mollenhauer 1996).

Es liegt auf der Hand, dass die Jugendhilfe, auf deren theoretische Grundlegung Mollenhauer die Reichweite von Sozialpädagogik begrenzt, es vornehmlich mit Lebenslagen und -formen zu tun hat, in denen diese Probleme sich verschränken und kumulieren. Bemerkenswert an diesem Klassifikationsversuch ist aber der Umstand, dass für die Aufgabe der Theoriebildung ausgerechnet zeitdiagnostisch begründete Fokussierungen herangezogen werden sollen. Dahinter steht die Auffassung, dass die Sozialpädagogik ihre eigene Theorie nicht durch Applikation allgemein anerkannter

Begriffe der Erziehungswissenschaft auf ihr besonderes Wirklich-
keitsfeld der Kinder- und Jugendhilfe gewinnen könne, »sondern
dass aus den empirischen Beständen dieses Sektors unseres Erzie-
hungssystems dessen *besondere Thematik* herausgearbeitet wird.
Die Sozialpädagogik sollte also zwischen dem theoretisch-allge-
mein Gebilligten und der schwer überschaubaren Vielfalt des prak-
tisch-institutionell Auferlegten ihre Forschungswege suchen«
(Mollenhauer 1996, S. 884).

Hans Thiersch und Thomas Rauschenbach gehen einen anderen
Weg und rekonstruieren aus der Ideen- und Sozialgeschichte dessen,
was praktisch und theoretisch Sozialpädagogik und Sozialarbeit genannt wurde, den Begriff, zeigen damit zugleich seine Breite auf.
Eine Reduktion dieser Breite scheint ihnen nicht möglich, weil die
Krise von Theorie und Praxis als »Krise der neuzeitlichen Rationalität« (Thiersch/Rauschenbach 1984, S. 1011) verstanden werden
müsse und die Bedeutung einer Sozialen Pädagogik ebenso wie die
einer Sozialen Arbeit erst in der Krisenbearbeitung deutlich werden
könne. Die Sozialpädagogik habe aber die Chance eines eigenständigen Beitrags zur Krisenbearbeitung, weil sie in der Geschichte für
diese Aufgabe entstanden sei und aus ihrer Erfahrung speziell auf
Modernisierungsprozesse angemessen eingehen könne.

Als zentrale Dimensionen der sozialpädagogischen Theoriebildung und Forschung werden
– die Lebenswelt der *Adressaten* sozialpädagogischer und sozial-
  arbeiterischer Bemühungen,
– die gesellschaftliche *Funktion* der Sozialen Arbeit,
– die Herausbildung spezifischer sozialpädagogischer *Institutionen* mit eigener Dynamik,
– die Professionalisierung des sozialpädagogischen *Handelns* und
  schließlich
– das *Wissenschaftskonzept* der Sozialpädagogik
bestimmt. Eine solche Klassifikation trägt besonders dem Umstand
Rechnung, dass die Soziale Arbeit zur Infrastruktur modernisierter
Gesellschaften gehört und über die Bearbeitung von Problemlagen
der Armut und Abweichung hinaus auf systemkonforme Weise deren Konstitutionsfragen mitbearbeitet. Gegen diese Logik der Reproduktion des »Systems« und aus den analysierten Widersprüchen
heraus werden für die Soziale Arbeit systemtranszendierende und
den *Status quo* Sozialer Probleme überwindende Vorstellungen entwickelt.

Wohlgemerkt: Die Darstellung von internen Klassifikationen der Disziplin ist exemplarisch und bleibt natürlich ganz fragmentarisch. Sie soll aber deutlich machen, dass solche Versuche, die weiter oben skizzierte Problembreite und Fragenfülle zu bewältigen, nur durch die Konstruktion anhand gegenläufiger Gesichtspunkte ins Auge gefasst werden können. Mollenhauer entwickelt den Vorschlag für eine »Theorie«, also ein Gedankengebäude mit weitreichendem Geltungsanspruch, ausgerechnet an den ganz aktuellen Problemlagen der Gegenwart, obwohl die Dauer und Tiefe der diagnostizierten Umstände unklar sind. Thiersch und Rauschenbach analysieren die Soziale Arbeit als System und wollen gleichzeitig die Transformationschancen in Systembildungsprozessen freilegen. Spannungsverhältnisse werden also zum Gegenstand und Dialektik zur Methode der Theoriebildung in der Sozialpädagogik.

Dass die Frage der Beziehungen und Verhältnisse zwischen dem durch Definitionen und Kriterien Unterschiedenen besonders interessant ist, zeigt sich auch an anderen Strukturierungen. Bezogen auf die Form des Wissens kann man die Beschäftigung der Disziplin mit

– Wissen über Fakten und Sachverhalte,
– beschreibenden und/oder erklärenden Theorien und mit
– Handlungswissen (»Alltagstheorien«) unterscheiden.

Interessante Forschungsfragen ergeben sich aus der Überschneidung und der Fortentwicklung dieser und weiterer Wissensformen (vgl. beispielsweise Sommerfeld 2000).

Greift man eine Form der sozialpädagogischen Berufstätigkeit heraus, kann man differenzieren zwischen Professionswissen und Disziplinwissen. Allerdings kann Sozialpädagogik nicht vollständig bestimmt werden ohne Alltagswissen (Füssenhäuser/Thiersch 2001).

Das Spektrum der internen Ordnung der Disziplin ist damit nicht vollständig dargestellt; die kognitive Ordnung der Disziplin ist ein theoretisches Problem und soll deshalb im Kapitel 4 weiter behandelt werden.

2.4.3 Die Disziplin im Kontext

Die Situierung der Sozialpädagogik als eines Praxissystems in einem sozialstaatlich konstituierten Rahmen von personenbezogenen Dienstleistungen (2.2) und Interventionsformen dürfte schon deutlich gemacht haben, dass mit einer weitsichtigen Verortung auch

Probleme der Theorie- und Disziplinbildung verbunden sind. Das gesamte Praxisfeld ist nicht mehr umstandslos einer einzelnen wissenschaftlichen Disziplin zuzuordenen bzw. umgekehrt: Nicht eine einzelne Disziplin kann das ganze Feld (als soziale Tatsache, als Praxis, als Begründungszusammenhang) mit ihren Begriffen konstituieren.

Historisch gesehen hat es deshalb recht unterschiedliche Konzepte für die Disziplin gegeben. Paul Natorp und Hermann Nohl haben aus einer erziehungswissenschaftlichen Perspektive und mit den Begriffen ihrer jeweiligen Auffassung von Erziehung und Bildung die Sozialpädagogik definiert. Andere Autoren wie Christian Klumker orientierten sich mehr an ökonomischen Modellen und arbeiteten eine *Fürsorgewissenschaft* heraus. Eine lange Tradition hat die Orientierung an der *Soziologie*, angefangen von Mary Richmonds »Soziale(r) Diagnose« und Jane Addams‹ Soziologie der *Chicago School* (vgl. Eberhart 1995), und an der *Psychologie*, besonders der Psychoanalyse. Die wichtigen Konzepte der Einzelfallhilfe oder der Sozialen Gruppenarbeit lesen sich teilweise wie angewandte Psychoanalyse, dasselbe gilt für die Reflexionen von Siegfried Bernfeld über sozialpädagogische Experimente oder die Begründungen der Heimerziehung bei Bruno Bettelheim oder August Aichhorn (vgl. Rauschenbach/Züchner 2002; Müller 1991; Colla u. a. 1999).

Für die Sozialpädagogik als eine eigenständige wissenschaftliche Disziplin, die nicht als angewandte Psychoanalyse, Soziologie usw. verstanden werden kann, ergeben sich zwei Aufgaben:
– Sie muss Wissen aus den benachbarten oder sie ursprünglich konstituierenden Disziplinen aufnehmen, insofern der Gegenstand, auf den sie sich bezieht, durch Wissen und Begriffe dieser Disziplinen erläutert wird (Interdisziplinarität).
– Sie muss dieses Wissen transformieren in ein »eigenes« Wissen oder in dieses integrieren, also ein disziplinäres Wissenssystem herstellen; indem sie Wissen anderer Disziplinen in sich aufnimmt, entwickelt sie sich zu einer Art »transdisziplinärer Disziplin«.

In Bezug auf die ihr zugeordnete Profession (als den Teil des Berufssegments, der sich in expliziter Weise auf das wissenschaftliche Wissen bezieht) hat die Sozialpädagogik als Disziplin diese Prozesse orientierend darzustellen, wenn sie nicht darauf verzichten will, als »Leitdisziplin« für eine Profession anerkannt zu werden.

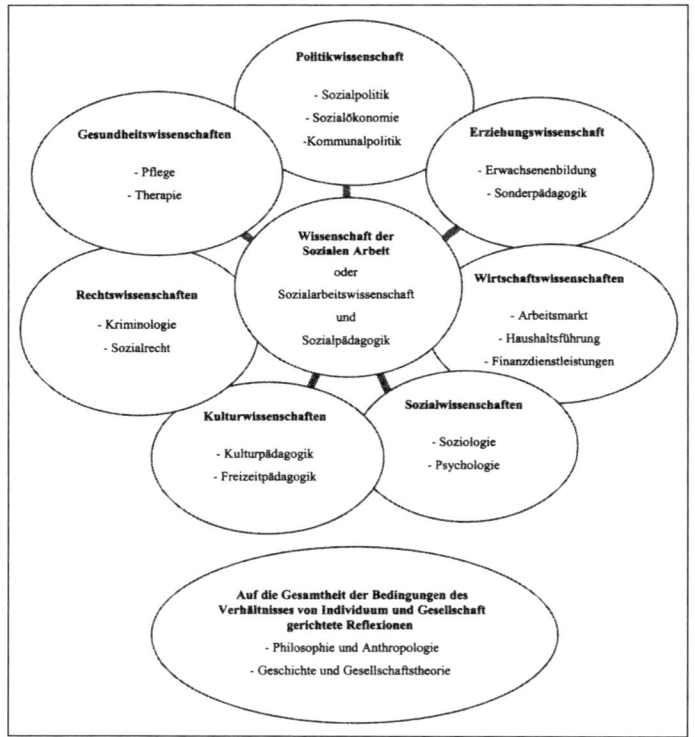

Abb. 4: Wissenschaftliche Disziplinen/fachliche Wissensvermitt-
lung, in und zwischen die das Studium/die Ausbildung der
Sozialpädagogik platziert ist

Mit dem Verweis auf die sieben »wissenschaftlichen Schwestern«
ist der Kontext, und genauer: die wissenschaftliche Grundlage der
Sozialpädagogik noch nicht erschöpfend beschrieben.
– Die Begründungen für die Notwendigkeit der sozialpädagogischen Intervention und Prävention greifen immer auch auf eine
bestimmte Sicht des Menschen zurück. Ohne sie kann Erziehung
und Hilfe nicht hinreichend gerechtfertigt werden. Deshalb müssen die Wissensbestände der Philosophie (Anthropologie, Sozi-

alphilosophie, Ethik) oder aber auch der Theologie (Caritas-
oder Diakoniewissenschaft beispielsweise) erschlossen werden.
– Theorie und Praxis der Sozialpädagogik sind historische Gebilde
und können als solche vor allem im Rahmen der Geschichtswis-
senschaft verstanden werden.
Das systematische Problem einer Sozialpädagogik (ob als Theorie
oder Praxis) ist damit herausgearbeitet: Sie bezieht sich auf eine
Ganzheit von individuellem Leben und zugleich auf eine Totalität
von Gesellschaft und auf das zwischen beiden bestehende Verhältnis. Handelnd und analysierend ist eine fachlich gesteuerte Selektivität erforderlich – will Sozialpädagogik sich pragmatisch nicht in
der Fülle der Möglichkeiten und theoretisch in der Grenzenlosig-
keit des wissenschaftlichen Wissens auflösen. Doch auch wenn be-
rufspraktische Identitäten und begriffsspezifische Theorien ausgebildet werden, müssen sie den hier skizzierten Rahmen latent
verfügbar halten. Einfacher, so scheint es, sind gute Theorien und
richtige Praktiken nicht zu haben.

3 Ein analytisches Modell

Die bisher vorgestellten Unterscheidungen, Definitionen und Modelle haben sich zunächst auf die Grenzen der Sozialpädagogik und dann ihre interne Ordnung bezogen. Dabei orientierten sich gerade die Ordnungsmodelle an der sozialen Wirklichkeit im Sinne der Dimensionen des Sozialen, der sozialpädagogischen Praxis oder der Sozialpolitik. Die gegenstands- und praxisgebundenen Sortierungsversuche sind hilfreich und weisen auch analytische Qualitäten auf. Dies bedeutet, dass die Betrachtung der Wirklichkeit sich allgemeiner Kategorien bedient und sie so anwendet, dass Erkenntnisse gewonnen werden, die Fragestellungen beantworten. Für die Theoriebildung ist es ein Qualitätsmerkmal von Begriffen, wenn sie allgemein gehalten sind und in vielerlei Kontexten für unterschiedliche Gegenstände und Fragestellungen verwendet werden können. Denn Theorien sind umso ergiebiger, je größer ihre Reichweite, d. h. Allgemeinheit ist.

Es gibt innerhalb von wissenschaftlichen Disziplinen immer das Bemühen, mit »einheimischen Begriffen« die Differenz der eigenen Disziplin von anderen Disziplinen zu markieren. Andererseits spricht vieles dafür, Begriffen den Vorzug zu geben, die die »Anschlussfähigkeit« zu anderen Disziplinen sichern. Wenn die Sozialpädagogik als Erziehungs- und Sozialwissenschaft verstanden wird, dann hat dies Folgen für die grundlegende Begriffswahl. Ihre Begriffe sollten zumindest teilweise dieser Doppelidentität Rechnung tragen.

3.1 Vorstellung des Modells

Sozialpädagogik als Theorie bezieht sich auf eine soziale Wirklichkeit, die als sozialpädagogische Praxis organisiert ist (später kommt noch der Diskurs als Gegenstand der Theorie hinzu). Sie untersucht diese Praxis auf der Ebene der Interaktion als eines beruflichen Handelns, der Ebene sozialpädagogischer Organisationen und auf der Ebene eines allgemeinen Rahmens gesellschaftlicher und politischer Verfasstheiten.

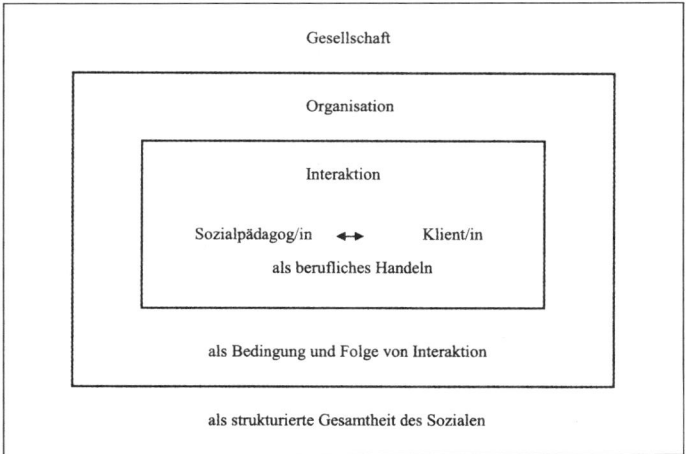

Abb. 5: Modell des sozialpädagogischen Handelns
und seines Rahmens

Dieses Modell ist so angelegt, dass beliebige sozialpädagogische Situationen und ihre Kontexte untersucht werden können. Dabei wird die Aufmerksamkeit kanalisiert auf bestimmte Aspekte:

(1) Das Modell geht aus von beruflich organisiertem Handeln und berücksichtigt nicht die spontanen Hilfstätigkeiten oder Aktivitäten selbstorganisierter Gruppen und von Freiwilligen. Das Modell kann aber für solche Fälle leicht modifiziert werden, wenn als Ausgangsdyade nicht die von Sozialpädagoge und Klient, sondern beispielsweise die Interaktionen zwischen den Mitgliedern von Selbsthilfegruppen gewählt werden.

(2) Das Modell stellt die Beziehung zwischen zwei Personen in den Mittelpunkt der Betrachtung. Damit wird nicht zum Ausdruck gebracht, dass die Beziehung das Wichtigste der pädagogischen Einflussnahme darstellt. Es geht auch um Situatio-

nen, in denen die Gestaltung eines sozialen »Orts« (Winkler 1988) im Vordergrund steht, nicht die »Beziehungsarbeit« (beispielsweise im Falle einer erlebnispädagogischen Schiffsreise, bei der Kooperationsprozesse zur Bewältigung der Situation erforderlich sind und deshalb aus der Dynamik der Situation in Gang gesetzt werden).

(3) Der jeweilige organisatorische Rahmen kann und muss selektiv bestimmt werden. Es kann sich um sozialpädagogische Organisationen handeln (Jugendamt, Heim, Kinderschutzbund, Beratungsstelle usw.) oder um Organisationen, in denen ein sozialpädagogisches Handeln stattfindet, die aber insgesamt einen komplexen, nicht primär sozialpädagogischen Zweck verfolgen (Sozialarbeit im Strafvollzug oder im Krankenhaus oder im Pflegeheim).

(4) Auch der gesellschaftliche Zusammenhang – dessen Weite schon an dieser Bezeichnung deutlich wird, weshalb von einem »System«, »Gesamtsystem« oder Ähnlichem gesprochen wird – ist jeweils in Ausschnitten zu berücksichtigen und nicht unbedingt in seiner »Totalität«. Bei allen Einzelanalysen werden allerdings explizit oder – häufiger – implizit Aussagen über den Gesamtzusammenhang gemacht, die für die Analyse und Evaluation von konkreten Situationen und einzelnen Vorgängen bedeutsam sind (beispielsweise: »moderne« Gesellschaft, Demokratie, Sozialstaat usw.).

(5) Die einzelnen Ebenen sind prinzipiell autonom und gleichzeitig voneinander abhängig. Interaktionen werden zunächst von den beteiligten Personen gestaltet und haben ihre eigene Dynamik. Die Personen treten sich aber auch in bestimmten Rollen gegenüber (Beraterin – Ratsuchende), die von der Organisation festgelegt und situativ vollzogen werden, und zugleich sind die Interaktionen von gesellschaftlich verbreiteten Stereotypen oder rechtlichen Normierungen beeinflusst. Jede Organisation hat innerhalb ihrer Organisationsgrenzen Selbständigkeit, wird aber auch von der informellen Kultur ihrer Mitglieder von innen her oder von gesellschaftlichen Zwecksetzungen und gesellschaftlicher Arbeitsteilung bestimmt. Auf jeder Ebene entfaltet sich Eigenlogik *und* Fremdbestimmung.

(6) Die Beziehungen zwischen den Ebenen sind deshalb grundsätzlich nicht-deterministisch. Auch wenn die jeweils allgemeinere Ebene als Bedingung für die konkretere Ebene wirkt,

und zwar in dem Sinne, dass gegen ihre Imperative nur unter
unwahrscheinlichen Umständen Gegenwirkungen gesetzt werden können, beeinflusst die »kleinere« Einheit auch die größeren Gebilde. Zielerreichung ist für die Organisation beispielsweise nur möglich, wenn die Interaktionen in der Organisation
ihrem allgemeinen Zweck folgen. Gerade Dienstleistungsorganisationen, in denen die personenbezogenen sozialen Dienstleistungen erbracht werden, zeichnen sich dadurch aus, dass
ihre Wirksamkeit von der Authentizität des Erbringungsver-
hältnisses bestimmt wird.

(7) Das Modell ist in gewisser Weise anthropozentrisch, weil es
nicht Organisationen oder die Gesellschaft in den Mittelpunkt
stellt, sondern Interaktionen. Es kann auch als Modell »kon-
zentrischer Kreise« um das Individuum, allgemeiner: den
Menschen herum konstruiert werden. Solche Modelle können
dazu verleiten, gesellschaftliche Strukturen mit den Relevanz-
strukturen der Menschen zu verwechseln. Während das Individuum die Welt durchaus egozentrisch sieht und auch gar nicht
anders als aus seiner Perspektive sehen kann, sind Organisationen und Gesellschaften eher von Machtverhältnissen und Ver-
teilungsstrukturen bestimmt.

(8) Andererseits ist das Modell nicht individualistisch oder perso-
nalistisch konstruiert in dem Sinne, dass »der Mensch« im
Mittelpunkt steht. Solche Modelle mit dem Menschen im Mittelpunkt werden in der Sozialpädagogik durchaus entwickelt,
wenn beispielsweise als normative Grundlage der Sozialen Arbeit die »Grundbedürfnisse« des Menschen gelten sollen und
Bedürfnistheorien diese Zentrierung begründen. Mit der Interaktion im Zentrum des Modells soll dagegen zum Ausdruck
gebracht werden, dass das Individuum als Einzelner oder Einzelne existiert und als solche/r nicht hintergehbar ist, aber als
bestimmte Person in einem sozialen Kontext sich entwickelt
und bleibt. Der sozialpädagogische Blick richtet sich prinzipiell auf die Individualität *in* der Sozialität und auf die Sociali-
tät im Individuellen.

(9) Das Modell eignet sich nicht nur zur Untersuchung einer komplexen Situation in ihren verschiedenen Kontexten, sondern
auch zu »Querschnittsanalysen«. Einzelne Konzepte können
auf den drei Ebenen betrachtet werden. Beispielsweise ist »Reflexion« eine Anforderung an das professionelle Handeln in

der Interaktion. Sie geht dem Handeln voraus, begleitet und evaluiert es. Reflexion ist individuell und situativ. Zugleich aber ist der umgebende organisatorische Zusammenhang unter dem Gesichtspunkt zu betrachten, inwieweit er Reflexion ermöglicht und selbst Reflexivität aufweist (z. B. durch Planung, Berichterstattung, Evaluation, Organisationsentwicklung, Sicherung von Supervision usw.). Darüber hinaus ist dann »die Gesellschaft« zu betrachten, ob sie Öffentlichkeiten hat zur Diskussion sozialer Rechte, inwieweit sie Wissenschaft als unabhängige Reflexionsinstanz institutionalisiert, ob in ihrer Kultur »Reflexivitätswerte« und Normen zur diskursiven Begründung von Regeln enthalten sind u. Ä. Für viele Konzeptmerkmale der Sozialpädagogik (Professionalität, Solidarität, Altruismus, Hilfe zur Selbsthilfe, Kundenorientierung, Steuerung durch soziale Rechte usw.) lassen sich solche Mehrebenenuntersuchungen durchführen.

Das hier vorgestellte Mehrebenenmodell arbeitet mit relativ trivialen Unterscheidungen. Personale *face-to-face*-Beziehungen als Kommunikation in Interaktionen, Organisationen als soziale Einheiten und Gesellschaften als der Rahmen der Systembildung insgesamt sind auch für die Theorie Sozialer Systeme heuristische Analyseebenen. »Die Zuordnung bestimmter Systemarten zu bestimmten Ebenen mag zunächst mehr oder weniger intuitiv erfolgen. Sie lässt sich, wenn Forschungserfahrungen dazu zwingen, korrigieren« (Luhmann 1988, S. 18).

Die von Niklas Luhmann mit dieser Formulierung gemeinte Unterscheidung von sozialen Systemen in Interaktionen, Organisationen und Gesellschaften bewährt sich und soll deshalb vorläufig weiterverwendet werden.

Von einem Interaktionssystem ist dann die Rede, wenn Individuen anwesend sind, handeln und sich in diesem Handeln aufeinander beziehen. Alles, was nicht zur wechselseitigen Wahrnehmung und zum Aufeinanderzu-Handeln gehört, bildet die Umwelt der Interaktion. Die Umwelt wirkt auf das Interaktionssystem ein, aber die Interaktion steuert sich als System selbst.

Organisationen sind soziale Systeme, die durch Mitgliedschaft, Zugehörigkeit bestimmt sind und das Binnenverhältnis durch Regeln für Aufgaben, Zuständigkeiten, Funktionen, Prozesse usw. festlegen sowie die Organisationsgrenzen definieren. Sie legen auch ihre Leistungen für andere Systeme fest.

Gesellschaft ist ein umfassendes System, das alle sozialen Systeme und ihre Umwelten einschließt. Sie ist ein System »höherer Ordnung«, dessen Außengrenzen nur zur »Welt« hin definiert werden können (vgl. Kneer/Nassehi 1997).

Eine weitere Grundlage hat das gewählte Modell in Urie Bronfenbrenners ökologischer Sozialisationstheorie (1976, 1989). In seinem Konzept wird der Sozialisationsprozess als aktive Auseinandersetzung des Individuums mit der auf es einwirkenden sozialen Umwelt verstanden. Als *Mikrosystem* gilt das Individuum und seine Familie mit ihrer unmittelbaren Umwelt. Als *Mesosystem* wird die nächst höhere Ebene der Beziehungen bezeichnet, beispielsweise die Relation Familie – Kindergarten. Bronfenbrenner führt – im Unterschied zu dem einfachen Modell – ein *Exosystem* ein, das die Beziehungen zum weiteren, aber noch überschaubaren sozialen Nahraum erfasst (Stadtteil, Schule). Auf der *Makroebene* werden die gesellschaftlichen Zusammenhänge als übergreifende erfasst, wobei ein Schwerpunkt der Betrachtung – der besonderen Perspektive einer Sozialisationstheorie entsprechend – auf der Kultur der Gesellschaft liegt.

Die Nähe zum Bronfenbrennerschen Modell ist unverkennbar, die Distanz aber nicht weniger: Bei Bronfenbrenner wird Gesellschaft deutlich aus der Perspektive des sich entwickelnden Individuums konzipiert, weshalb Mikro-, Meso- und Exosystem eng beieinanderliegen. Dagegen soll in dem hier vorgestellten Modell die Mesoebene das System der organisierten Rollenbeziehungen erfassen; in der Organisiertheit der Rollen drückt sich das Unpersönliche gesellschaftlicher Strukturprinzipien aus; dadurch, dass die Rollen aber von Personen wahrgenommen und ausgefüllt werden, kommen die persönlichen Beziehungen zur Geltung.

3.2 Anwendung auf das Praxisbeispiel

Die Datengrundlage für eine Analyse des Berichts über Frau Pirger (vgl. 1.5) ist schmal. Auch auf die Besonderheit der Perspektiven, aus denen heraus der Bericht geschrieben ist, wurde schon hingewiesen. Es handelt sich auch insofern um einen sozialpädagogischen Bericht, als der »Fall« – im Blick auf die Klientin – beschrieben wird, während die Perspektive der Sozialpädagoginnen und die

Ebenen der Organisation sowie der Gesellschaft überhaupt nicht thematisiert werden. Letztere müssen erschlossen werden, wenn man – spekulativ – etwas über diese Ebenen aussagen will.

Diese Bemerkungen zu Unvollständigkeit, Selektivität und Perspektivenbindung gelten für alle Falldarstellungen. Sie lassen sich zu der These generalisieren: Es gibt keine objektiven und vollständigen Falldarstellungen. Der Aspektreichtum einer Biografie, die Komplexität einer Situation und die Mehrdimensionalität eines organisatorischen und gesellschaftlichen Kontextes lassen sich prinzipiell nur selektiv erschließen. Umso wichtiger ist es, die Perspektiven zu explizieren, die zu berücksichtigen sind. Erst über die Verschiedenheit der Perspektiven kann die Übereinstimmung des in den Perspektiven Wahrgenommenen erarbeitet werden (als Grundlage vgl. beispielsweise Mead 1969). Das Praxisbeispiel kann aus diesem und vielen anderen Gründen nur anfangshaft untersucht werden; Vertiefungen bleiben dem Leser überlassen.

Die Interaktionsebene

Frau Pirger interagiert mit verschiedenen Personen. Sie selbst erscheint auch nicht als losgelöstes Individuum, sondern ist als Akteurin in ein Beziehungsnetz (Kind, Ehemann – andere Familienzusammenhänge werden nicht erwähnt) eingebunden. Die Interaktion mit der Bezirkssozialarbeiterin verläuft ganz »negativ«, mit der Familienhelferin »positiv«. Die belastende Kommunikation mit dem Jugendamt wird interessanterweise durch das Gespräch mit dem Richter unterbrochen und in einen positiven Verlauf umgewendet. (»Dann hab ich ganz normal geredet mit dem Richter …«). Vermutlich war es das Gefühl einer gleichberechtigten Anerkennung als Person, das Frau Pirger dieser Interaktion »Normalität« zuschreiben ließ. Diese Normalität ermöglicht ihr den Beginn einer befriedigenden Beziehung zur Familienhelferin. Frau Pirger rekonstruiert die Entwicklung des Geschehens nach der Logik einer typischen Verlaufskurvendynamik. Die Inhaftierung des Ehemanns ist ein kritisches Lebensereignis, das die bisherige Biografie völlig abschließt (»Am Anfang …«). Es beginnt eine Ereigniskette, bei der Frau Pirger die Kontrolle über ihr und ihres Sohnes Leben verliert. Sie ist der Intervention der Wohnungseigentümer, der Nachbarschaft, des Jugendamts und schließlich des Gerichts *ausgesetzt*. Interessanterweise ist die Gerichtsverhandlung der Höhe- und Wendepunkt – und diese Stelle verweist auch auf die produktiven Potentiale einer an Gerechtigkeit und nicht nur an sozialer Kontrolle interessierten Institution.

Die Perspektiven der Bezirkssozialarbeiterin (wie auch der sozialpädagogischen Familienhelferin) werden in der Falldarstellung nicht zum Ausdruck gebracht; diese Personen erscheinen, ebenso wie der Richter, nur in der Fremdwahrnehmung von Frau Pirger. Möglicherweise sind die als Fakten der Biografie aufgeführten Sachverhalte (Mutter mit 18 Jahren, keine Berufsausbildung, von einem trinkenden Straftäter geschieden), die Hinweise der Nachbarn und schließlich die von der Sozialarbeiterin selbst gewonnenen Eindrücke (»Verwahrlosung« der Wohnung usw.) die Elemente, die ihre Wahrnehmung beeinflusst haben. In dieser Situation kann, wenn man sich in die Lage der Bezirkssozialarbeiterin hineindenkt, eine Intervention zum Wohle des Kindes begründet werden. Zugleich wird deutlich, wie problematisch eine auf äußeren Indikatoren beruhende Diagnose sein kann.

Die Interaktion selbst wird in diesem Fall als »Machtkampf« bezeichnet, der nicht mehr eine einvernehmliche Einigung, sondern nur noch Sieg oder Niederlage möglich erscheinen lässt. Im anderen Fall wird sie von Frau Pirger als »totale Unterstützung« wahrgenommen. Die Ordnung, die die Darstellung dem Fall gibt, ist im Muster von »Niedergang und Aufstieg« deutlich polarisiert.

Die Organisation

Eine Bedingung des beruflichen Handelns ist die Organisation. Die relevante Organisation ist zunächst das *Jugendamt:*
- Seine rechtlich definierte Zuständigkeit, für das Wohl von Kindern in Gefährdungssituationen zu sorgen,
- die bürokratische Umsetzung von Zuständigkeiten in Bezirke,
- die Definition des Zuständigkeitsvollzugs in der Rolle von Bezirkssozialarbeiterinnen sowie
- die Instrumentierung seiner Zuständigkeit und Interventionskompetenz mit der Macht eines Gerichts bzw. dem Zugang zu dieser Macht

lassen diese Organisation als Kontrolleinrichtung erscheinen. Dass sie dann später auch die Hilfe als Sozialpädagogische Familienhilfe entweder selbst organisiert und leitet oder durch Beauftragung eines anderen Trägers gewährleistet, tritt bei der Falldarstellung in

den Hintergrund. Im Hintergrund bleibt auch die für das Wirken
der Organisation bedeutsame Frage, ob beispielsweise die Interventionen der Bezirkssozialarbeiterin in Teamentscheidungen des Allgemeinen Sozialen Dienstes eingebunden sind u. Ä. Die Art der Organisation der Zuständigkeiten für Interventionen verdeutlicht die
Ambivalenz von Interventionen als Hilfe und Kontrolle.

Gesellschaft und Staat

Die Rahmung durch Staat und Gesellschaft kommt in der Definition der Jugendhilfe explizit zum Ausdruck. So sind in § 1 des Kin-
der- und Jugendhilfegesetzes die Rechte des Kindes, der Eltern und
das Recht des Staates (zum Eingriff in die Familie unter bestimmten Bedingungen) in ein Verhältnis gebracht. Dieses Verhältnis von
Individuum, Familie und öffentlicher Gewalt (im KJHG als »staatliche Gemeinschaft« apostrophiert) hat seine Grundlegung in der
freiheitlich-demokratischen Grundordnung eines sozialen Rechts-
staats, dessen Familienauffassung sich in einer bestimmten religiösen Tradition entwickelt hat.

An unserem Fallbeispiel werden die Ambivalenzen der basalen
sozialen und staatlichen Institutionen teilweise deutlich:
– Die Institutionalisierung von Hilfe und Rechtsansprüchen auf
  Hilfe ist mit Interventionsrechten verknüpft; dies charakterisiert
  die sozialpädagogische Institutionalisierung.
– Die Rechtsprechung ist bezogen auf öffentliche Ordnung und
  Gerechtigkeit zugleich. Im vorliegenden Fall werden ihre Poten-
  tiale zur Unterbrechung negativer Karrieren sichtbar; der Fall
  hätte auch mit der weiteren Verelendung des Kindes enden können – dann wäre die Problematik und Ambivalenz der Institution
  deutlicher geworden. Wenn Entscheidungen von einer starken
  Familienideologie geprägt sind, wird dies erkennbar.
– Die Ambivalenz der Sozialform Familie liegt auf der Hand:
  Auch wenn sie derjenige soziale Zusammenhang ist, der in der
  Regel das Wohl des Kindes sichert, kann sie es gelegentlich auch
  gefährden. In den Norm- und Normalitätsmodellen, denen die
  beteiligten Personen implizit oder explizit folgen, sind die Kriterien für Förderung und Gefährdung enthalten. Sie herauszuarbeiten und sich über ihre Geltung zu verständigen, ist wiederum
  Aufgabe der Kommunikation auf der Interaktionsebene.

Verschränkungen

Alle Beteiligten vertreten und repräsentieren in ihren persönlichen Handlungen allgemeine gesellschaftliche Interessen und Werte. Frau Pirger bringt den Willen zu individueller Freiheit und Autonomie zum Ausdruck, die Sozialpädagoginnen vertreten das Wohl des Kindes und das Interesse der Gesellschaft an gut integriertem Nachwuchs, der Richter gewährleistet Interessenausgleich und gerechte Verfahren. Die Organisationen sichern dagegen die Arbeitsbedingungen der beruflich Handelnden, die in der Biografie von Frau Pirger angesprochene Schulerfahrung (fehlender Abschluss) hängt mit der Funktionsweise der Schule als Organisation zusammen. Die Organisationen der Ausbildung von Richtern und Sozialpädagoginnen bleiben im Hintergrund, sind aber ebenfalls eine Bedingung für die Möglichkeit gelingenden beruflichen Handelns. Die Biografie von Frau Pirger – über die hier nur spekuliert werden kann, weil nur winzige Ausschnitte bekannt sind – könnte der Gegenstand einer Analyse sein, in der das, was sie an Deutungsmustern und Handlungskonzepten in die konkrete Interaktionssituation einbringt, rekonstruiert wird als Ergebnis einer individuellen Entwicklung in Gemeinschaften (z. B. ihrer Herkunftsfamilie), in Organisationen (z. B. Schule), in einem bestimmten Stadtteil (z. B. einem »Sozialen Brennpunkt«) und im Rahmen einer bestimmten sozialen Lage. Diese Analyse könnte also zu klären versuchen, welches Verhältnis zu sich selbst und zu ihrem Kind Frau Pirger erworben hat in den materiellen, kulturellen, sozialen und ökologischen Dimensionen ihres Aufwachsens.

3.3 Situation als sozialpädagogischer Grundbegriff

Die Interaktionen von Frau Pirger mit der Bezirkssozialarbeiterin, dem Richter und der sozialpädagogischen Familienhelferin lassen sich als komplexe Situationen rekonstruieren, in denen der negative Karriereverlauf beschleunigt wurde oder aber eine Umkehr und ein Neuanfang möglich war. Diese Situationen werden durchaus hellsichtig und selbstkritisch charakterisiert: »Am Anfang war ich total verstockt …«. Die erste Interaktionssituation mit der Bezirkssozi-

alarbeiterin wird als durch den Zusammenbruch der bisher »tragen-
den« Lebenswelt bestimmt wahrgenommen und ist der Beginn einer fortschreitenden Verstrickung.

Die zweite Situation wird als Beginn einer Normalität durch Anerkennung seitens des Richters wahrgenommen: »Dann hab ich
ganz normal geredet mit dem Richter …«. Die Eröffnungssituation
der Beziehung mit der Familienhelferin wird als auf das Kind bezogene Aktivität verstanden (»hat mit dem Buben gespielt«) und mit
der Formulierung gekennzeichnet: »da hat sich gar nichts gegeben«. Damit werden die belastenden und kränkenden Interventionen angesprochen, die mit dem Eingriff des Jugendamts verbunden
waren. Die Familienhelferin eröffnet die Interaktion nicht dadurch,
dass sie die bisherigen Diagnosen wiederholt, sondern indem sie
sich dem alltagsweltlich Notwendigen und Hilfreichen zuwendet.

Alle drei Situationen eröffnen jeweils eine neue Perspektive: die
des Autonomieverlustes, des Wiedereintritts in Anerkennungsver-
hältnisse und die Produktivität einer beruflich inszenierten Unterstützung.

Bezirkssozialarbeiterin, Richter und Familienhelferin sind in der
Lebenswelt von Frau Pirger Fremde. Sie werden auf der Grundlage
einer Rollendefinition tätig, wobei der »Klientin Pirger« die komplementäre Rolle zugewiesen wird. Die Bezirkssozialarbeiterin
bleibt fremd (»da war so eine da«), die Familienhelferin gestaltet
die Eröffnungssituation als Hilfe für das Kind und nicht als Intervention gegen seine Mutter.

Die Strukturierung einer Situation, die den Zugang zu etwas
Neuem eröffnet, ist ein altes Thema der Sozialpädagogik. Johann
Heinrich Pestalozzi (1746–1827) schafft in *Stans* eine Situation, in
der zunächst die elementaren Bedürfnisse armer Kinder befriedigt
werden und eine vertrauensvolle soziale Beziehung zum Pädagogen entsteht, bevor schulische Lernprozesse möglich erscheinen.
Auch Siegfried Bernfeld (1892–1953) hat versucht, über die all-
mähliche Strukturierung chaotischer Anfänge mit Straßenkindern
der Nachkriegszeit (nach dem 1. Weltkrieg) eine neue soziale Ordnung entstehen zu lassen (Hörster/Müller 1992).

»Situation« eignet sich als Grundbegriff, um Handlungen von
Personen und Bedingungen dieser Handlungen gleichzeitig zu betrachten. Deshalb bezeichnet dieser Begriff sowohl ein psychologi-
sches (Lautermann 1980) als auch ein soziologisches Konzept
(Markowitz 1979). Für einen phänomenologischen Zugang ist »Si-

tuation« die Einheit, in der sinnhaftes Handeln erst als solches abgegrenzt werden kann (Sofsky 1983) und Interaktion in einer zeitlichen Dimension strukturiert erfasst wird (Haupt 1984).

Auf der Mikroebene der Interaktion bilden sich Situationen aus,
die sinnhaft abgegrenzt sind und die kleinste erziehungswissenschaftliche Untersuchungseinheit bilden. Die Gemeinsamkeit der
Situation entsteht durch Verhalten, das auf den Interaktionspartner
(es kann sich dabei auch um eine kleine Gruppe handeln) bezogen
ist, und durch Erfahrung des anderen. Die Situation selbst ist unterscheidbar vom situativen Kontext, der sich nach formalen *Struktur-
merkmalen* und *inhaltlichen Bedeutungsmerkmalen* betrachten
lässt. Im Gespräch zwischen Frau Pirger und dem Richter wird die
Struktur durch die Positionen der Beteiligten bestimmt, inhaltlich
geht es um eine Sorgerechtsentscheidung; diese Entscheidung ist
kein formaler Akt. Wie Frau Pirger deutlich macht, geht es um die
Anerkennung ihrer Fähigkeit, für ihren Sohn Verantwortung übernehmen zu können. Beide Personen verfolgen bestimmte *Intentionen*, verstanden als Verwendungsrichtung der Inhalte. Diese Intentionen lassen sich nicht einfach aus der Struktur der Situation
ableiten, sie hängen vielmehr auch mit der *Lebensgeschichte* der
beteiligten Personen zusammen. Um diese Dimension kann das allgemeine Analyseschema erweitert werden:

1. Biografie, lebensgeschichtlich erworbene Muster, Motivationen
   und Intentionen,
2. Situation und ihre Dynamik,
3. Organisation und
4. Gesellschaft, konkretisiert im sozialen Status der Beteiligten.

Klaus Mollenhauer, der den hier skizzierten analytischen Zugang
zur Untersuchung pädagogischer Situationen ausgearbeitet hat, formuliert nun zwei Maximen:

»– Jeder kommunikative Akt im pädagogischen Kontext muss von
   dem ›Erziehenden‹ in erster Linie nach Kriterien beurteilt werden, die den in der konkreten Situation vorkommenden Kom-
   munikations-Akten entnehmbar sind;
– jede wissenschaftliche Analyse pädagogischer Kommunikation
   muss als primären Referenz-Rahmen die konkrete Situation und
   ihre interaktions-strukturellen, inhaltlichen und interaktions-
   dynamischen Implikationen nehmen.«
(Mollenhauer 1976, S. 109)

Mit diesen Maximen werden Anforderungen an praktisch Handelnde und die Forschenden formuliert. Wer pädagogisch Einfluss nehmen will, soll Ansatzpunkte für die Begründungen und Erläuterungen seines Handelns in der Situation selbst aufgreifen. Erziehung darf nicht als bloße Ausführung eines abstrakten Programms »exekutiert« werden; die Sinnhaftigkeit des pädagogischen Handelns soll in der Situation präsent sein, beispielsweise mit den Deutungsmustern, die den Beteiligten zur Verfügung stehen. Pädagogisches Handeln muss, und das kann dann auch für sozialpädagogisches Handeln gelten, in sich selbst begründet sein. Pädagogische Absichten sind als je eigene Intentionen ernsthaft zu vertreten und müssen deshalb auch moralisch verantwortet werden können. Situative Ernsthaftigkeit und Angemessenheit sind notwendige Bedingungen für gelingende Verständigung. Was nämlich für nicht-pädagogische Interaktionen gilt, hat erst recht für pädagogische Beziehungen Geltung.

Frau Pirger schildert diese Bedingungen recht genau:

Sie selbst nimmt sich in der ersten Situation als »verstockt« wahr, die Bezirkssozialarbeiterin »hat gesagt, das Kind, das kann nicht reden. Das kann das nicht, das kann das nicht, das ist unterentwickelt«. Es scheint so, als könne Frau Pirger die Kriterien für altersgemäße Entwicklung, wie sie von außen in die Kommunikation eingebracht werden, nicht nachvollziehen; ihr Kind wird nach fremden Maßstäben beurteilt.

Die zweite Sozialpädagogin, mit der sie es zu tun bekommt, »ist reingekommen und hat mit dem Buben gespielt«. Die Intention, für Entlastung einer überlasteten Mutter zu sorgen, wird konkret sinnhaft vermittelt. Es kommt eine Situationsdynamik in Gang, die im weiteren Verlauf von praktisch-hilfreichen, alltäglichen Aktivitäten (Spielen, Spazierengehen, Kontakte zu Ämtern) ebenso bestimmt ist wie von diskursiver Aufarbeitung (»Ansprechpartnerin«).

Am Praxisbeispiel mit Frau Pirger kann exemplarisch ein für pädagogische Situationen weiteres typisches Strukturmerkmal deutlich werden: das der *Meta-Intentionalität*. Die Bezirkssozialarbeiterin zielt auf das Wohl des Kindes ab, ihre Intervention kann diese Absicht aber nicht situativ/kommunikativ vermitteln. Auch die sozialpädagogische Familienhelferin verfolgt eine Meta-Intentionalität, denn sie will nicht die »Freundin« von Frau Pirger werden, auch wenn sie von dieser so wahrgenommen würde. Genauer: Sie ist wie eine Freundin, und in dem Moment, in dem sie sich mit Frau Pirger unterhält oder mit deren Kind spielt, tut sie dies tatsächlich und ernsthaft. Sie handelt nicht, *als ob* sie spielen würde. Und doch verfolgt sie gleichzeitig eine über die Situation hinausreichende Absicht, nämlich die Fähigkeit von Frau Pirger zur Lebensbewältigung und zur sozial akzeptierten Erziehung und Versorgung ihres Kindes wiederherzustellen. Diese Meta-Intentionalität wird objektiv-strukturell zum Ausdruck gebracht in der zeitlichen Begrenzung des »Einsatzes« der sozialpädagogischen Familienhelferin, in der Definition und Kontrolle ihrer Rolle durch eine Organisation (Jugendamt oder Freier Träger) und durch die Bezahlung der Familienhelferin dafür, dass sie »mit dem Buben spielt« und »ewig dagehockt und mit mir geredet hat«.

Mit Hilfe des theoretischen Konzepts Mollenhauers können wir auf der Ebene der Interaktion Situationen als Sinneinheiten abgrenzen und genauer untersuchen. Die Interaktionspartner definieren die Situation in wechselseitiger Wahrnehmung und in wechselseitigem Aufeinanderzu-Handeln. In den Definitionen der Situation kommen die Kontexte und Strukturen der Situation ebenso zum Ausdruck wie die individuellen Lebensgeschichten und die in ihnen erworbenen Fähigkeiten. Subjektives und Strukturelles vermischt sich in der Dynamik der Interaktion. Sozialpädagogisches als berufliches Handeln verfolgt Meta-Intentionen in einer Situation und realisiert sie *in* der Situation; seine Qualität wird sichtbar an der Art und Weise, wie Meta-Intentionalität verwirklicht wird.

Mit der Notwendigkeit, im beruflichen Handeln sowohl sich seiner Organisiertheit bewusst zu sein, als auch ganz den Anforderungen gelingender Verständigung in der Interaktion folgen zu müssen, ist eine Paradoxie formuliert, die der Erläuterung bedarf.

3.4 »Inszenierte« Gemeinschaft

Die Paradoxie des beruflichen Handelns ist eingelagert in die Struktur moderner Gesellschaften. Der Begriff »moderne Gesellschaft« ist ein soziologisches Konzept, das Elemente wie kapitalistische Industrialisierung, Verstädterung, Demokratisierung, funktionale Differenzierung und Rationalisierung zusammenfasst. Der Prozess der Modernisierung kann in allgemeiner Form als Neuerung und Ablösung aus der Tradition immer beobachtet werden, als

bestimmter Begriff bezieht sich »Moderne« auf die moderne Gesellschaft des 19. und 20. Jahrhunderts. Für die zweite Hälfte des
20. Jahrhunderts wird ein allmähliches Reflexivwerden der Moderne behauptet in der Weise, dass die gesellschaftliche Entwicklung als zunehmende Auseinandersetzung mit der Moderne selbst
und besonders ihren Folgen begriffen wird. In der »Risikogesellschaft« (Beck 1986) rücken die durch die Modernisierung hervor-
gerufenen Risiken ins Bewusstsein und werden Lösungen entwickelt (Beispiel Umweltschutz). In gewisser Weise kommt die
»postmoderne« Gesellschaft zu sich selbst, will jedenfalls durch
Selbst-Reflexion die Fähigkeit zur Selbst-Steuerung zurückgewin-
nen.

Modernisierung hat viele Dimensionen und erfasst die ganze
Gesellschaft, ebenso die »reflexive Modernisierung« (Beck/Bonß
2001; Beck/Giddens/Lash 1996). Während die Modernisierung die
großen Kollektive der Klassen und Schichten und die kleinen Gemeinschaften wie Familie und Freundschaft hervorbrachte und dabei »die ständische Gesellschaft verdampfte« – wie es im Kommu-
nistischen Manifest heißt –, löst die *Postmoderne*, die *reflexive
Moderne* oder die *Risikogesellschaft* die großen Kollektive auf und
schafft auch neue Bedingungen für Gemeinschaftsformen. Die
Kleinfamilie gerät unter Druck, ihre patriarchalische Ordnung verliert die Legitimation, die großen Kollektive der Klassen und
Schichten lösen sich im Individualisierungsprozess, in der Pluralisierung von Lebenslagen und soziokulturellen Milieus auf. Die
Freisetzung aus der traditionalen Ordnung schafft Freiräume,
zwingt aber auch zur Selbststeuerung und setzt gleichzeitig neue
Zwänge durch die Standardisierung von Lebensbedingungen.
Ohne ein sozialversicherungspflichtiges Erwerbsarbeitsverhältnis
können die befreiten Individuen nicht an der Gesellschaft teilhaben.

Allerdings muss man feststellen, dass mit diesem Modell – das
ohnehin nur grob skizziert ist – der *mainstream* von Entwicklungen
erfasst wird; viele Ungleichzeitigkeiten und Gegenbewegungen zusätzlich sind zu beobachten. Für die Sozialpädagogik, die als »Reflexive Sozialpädagogik« (Dewe/Otto 2002) ihren passenden theoretischen Ausdruck schon gefunden hat, sind mit dieser Entwicklung einige Schwierigkeiten verbunden. Sie findet kein »klassenty-
pisches« oder schichtspezifisches Allgemeinmodell mehr vor, an
dem sie sich orientieren kann, wenn sie die Richtung ihrer Interven-

tion definiert. Sie hat es mit einem *erneuten* Individualisierungs-
schub zu tun – denn Individualisierung finden wir gerade im
19. Jahrhundert mit der Durchsetzung des individuellen Arbeitsver-
trags als Existenzgrundlage oder im 20. Jahrhundert bei emanzipatorischen, »herauslösenden« sozialen Bewegungen und mit der kulturellen Individualisierung (z. B. Jugendbewegung) – und muss
sich am Individuum und seiner Identität orientieren. Gleichzeitig
soll sozialpädagogische Intervention aber auch und gerade die Integration und Teilhabe des Individuums sichern. Dies erfordert die
Individualisierung der sozialpädagogischen Konzepte und die »So-
zialisierung« ihrer Interventionen.

Die Frage der Zugehörigkeiten des Individuums bringt die prekären Voraussetzungen des Lebens in *postmodernen* Gesellschaften zum Ausdruck, weil sie nicht mehr fraglos gegeben sind. Die
Sozialpädagogik orientiert sich in dieser Situation vielfach an den
Sicherheit versprechenden Sozialmodellen der *Moderne*: Lohnar-
beitsorientierung, »intakte« Familie, Gemeinwesen. Diese werden
teilweise romantisch verklärt – so wie die Sozialpädagogik des Johann Heinrich Wichern in der sich durchsetzenden Industrialisierung des 19. Jahrhunderts an der ständischen Ordnung der Zünfte,
die sich gerade auflöste, festzuhalten versuchte. Sozialpädagogik
ist konservativ.

Die Suche nach »verlässlichen« Zugehörigkeiten und Orientierungen ergibt sich aber nicht grundlos. Denn die Identität des Individuums ist erst nach dem Herauswachsen aus dem Einssein mit
der Mutter (in der frühkindlichen Phase) möglich; die »personale«
Identität entsteht erst durch die Abgrenzung von der »sozialen«
Identität und in der andauernden Verflechtung mit ihr. Und bei aller
Individualisierung ist Lebensführung nur in einem hochkomplexen
Verwobensein in die sozialen, ökonomischen, rechtlichen und kulturellen Strukturen der Gesellschaft möglich. Die Art dieses Ver-
wobenseins, also »das Soziale«, wird prekär von zwei Seiten her:
von der möglichen Maßlosigkeit eines sich selbst verwirklichenden
Individuums her einerseits, von der möglichen Ausschließung aus
der Gesellschaft her andererseits. Wenn die Beziehung zwischen
Individuum und Gesellschaft als »Aneignungshandeln« verstanden
wird, dann ergibt sich Prekarität vom Individuum her, das seine An-
eignungsfähigkeit verloren oder nur eingeschränkt zur Verfügung
hat, und von der Gesellschaft her, wenn diese Aneignungschancen
(Bildung, soziale Beziehungen, Arbeit, Geld) nicht zur Verfügung

stehen. Auf der Grundlage dieser Überlegungen hat Michael Winkler eine bedeutende Theorie der Sozialpädagogik entwickelt
(Winkler 1988).

Im Kontext der Paradoxie interessiert aber der folgende Gesichtspunkt: Wie kann »sichere Zugehörigkeit« als Identifizie-
rungschance für das Individuum ermöglicht werden, wenn der
traditionale Gemeinschafts- und Zugehörigkeitsglaube durch Modernisierung und reflexive Modernisierung gleich zweimal entzau-
bert wurde?

Die Theoretiker der Reflexiven Modernisierung geben unterschiedliche Antworten (Beck/Giddens/Lash 1996). Ulrich Beck
vertraut auf die Herauslösung aus den »Expertensystemen«, die nur
nach ihrer jeweiligen begrenzten Logik arbeiten. Das verdoppelt
die Problematik der Sozialpädagogik, weil sie selbst ein Expertensystem darstellt. Anthony Giddens nimmt dagegen an, dass man im
Vertrauen auf diese Expertensysteme, die die Reflexivität der Moderne in Gang halten, grundlegende Sicherheit (wieder) gewinnen
kann (Lash 1996).

Neben diesen beiden Möglichkeiten, sich der Reflexivität der
Expertensysteme anzuvertrauen oder sich auf die eigene Individualität verlassen zu müssen, begründet Scott Lash einen dritten Weg.
In der reflexiven Moderne bildet sich eine Wissensgesellschaft heraus, in der der Platz, den die Menschen einnehmen, nicht so sehr
aus ihrer Position in der materiellen Produktion resultiert, als vielmehr von der Verfügung über und Zugang zu Wissen abhängt. Die
Verwertung von Wissen ist Produktivität. Die Einbindung des Individuums in (reflexive) Wissenssysteme und die Relevanz dieser
Einbindung bildet auch die neue Grundlage für gemeinschaftliche
und kollektive Identität. Das »Wir«, dem das Individuum sich zu-
rechnet und aus dem es hervorgeht, wird eher kulturell bestimmt als
territorial (Nationalstaat, regionale Identität) oder sozial (Klassen-
lage, Schichtzugehörigkeit). Dabei bleibt freilich die Dominanz des
Ökonomischen zur Bestimmung des Status hinter der kulturellen
Fassade versteckt. Dennoch bietet die Orientierung an der Kultur
die Chance der Relativierung des ökonomischen Schicksals. Die
Pluralität und Koexistenz der Kulturen und Subkulturen bietet vielfältige Möglichkeiten der Herausbildung einer besonderen Identität, indem man bestimmte Stile und Kulturmuster realisiert. In den
Jugendkulturen ist dies sozialpädagogisch unmittelbar relevant.
Die kulturell definierten Lebenswelten bilden einen scheinbar

wählbaren Rahmen, in dem sich das Individuum durch »Wahl« verortet. Aber es *verfügt* nicht über die kulturellen Sinnwelten, denn sie werden von Expertensystemen massenmedial hervorgebracht und im Zweifelsfall durch öffentliche Diskurse repariert. »Wenn allerdings Expertensysteme und Diskurse *chronisch* dazwischentreten und ›präventiv‹ und allumfassend intervenieren, werden die Praktiken, der geteilte Sinn und die Gemeinschaft zunehmend an den Rand gedrängt und immer weniger möglich.« (Lash 1996, S. 260)

Die Sozialpädagogik sieht sich vor die paradoxe Aufgabe gestellt, als Expertensystem für das Soziale eine andere Form des »Dazwischentretens« zu entwickeln, wenn sie im Konflikt zwischen den Individuen und den gemeinsamen Praktiken, zwischen dem Individuum und dem geteilten Sinn, der Gemeinschaft, vermitteln soll. Ein möglicher Weg, diese Aufgabe anzugehen, ergibt sich, wenn unter »Reflexion« nicht eine Subjekt-Objekt-Beziehung verstanden wird, in der das Subjekt außerhalb der von ihm betrachteten und reflektierten Welt als Objekt seines Nachdenkens steht. Das reflektierende Subjekt gehört vielmehr dem Objektbereich, seiner Welt an. Diese enthält die geteilten Wertorientierungen, die in einer ebenfalls gemeinsamen Sozial-Welt entstanden sind. Die Reflexion und die sozialpädagogische Intervention gehören den selbstverständlichen lebensgeschichtlichen Praktiken an. Sie gehören ihnen aber nicht in der Form der unbewussten und unreflektierten, routinisierten Wiederholung dieser Praktiken an; diese werden durch Wiederholung bestätigt und zugleich wird etwas Neues geschaffen. Die Reflexion transformiert die Wertbindung einer Gemeinschaft in etwas Neues und bekräftigt damit ihre Geltung. Das sozialpädagogische Handeln steht nicht außerhalb der Lebenswelt, die es stabilisiert und gleichzeitig verändert. Die Sozialpädagogik ist innovativ.

Sie bezieht sich dabei nicht nur auf das Verhältnis des Individuums zur Gesellschaft im Allgemeinen; dieses Verhältnis ist zu bearbeiten, sofern das Individuum nicht an den wichtigen Systemen der Gesellschaft (Arbeitsmarkt, Konsum, Bildung, Wohnungsmarkt, Geld) teilhaben kann, also *exkludiert* ist. Als »reflexive Gemeinschaft« werden dagegen Lebenszusammenhänge bearbeitet, die sich in Feldern oder Segmenten der Gesellschaft herausgebildet haben, die man wählen kann oder in denen man sich vorfindet, die als intersubjektiv geteilte Bedeutungswelt subjektiv angeeignet

werden. Sie entstehen nicht einfach durch gemeinsame Interessen
oder Merkmale von Personen. »Gemeinschaft ist […] in erster Linie und vor allem eine Angelegenheit gemeinsamer Bedeutungen«
(Lash 1996, S. 276). Die Verfahren der Sozialpädagogik haben
dann vor allem hermeneutischen Charakter; sie dienen der Wieder-
aneignung von Bedeutungen. Die Sozialpädagogik steht dabei
nicht außerhalb des hermeneutisch anzueignenden Sinnzusammen-
hangs, sonst wäre sie reine Belehrung oder Therapie. Als Experten-
intervention inszeniert sie Gemeinschaftlichkeit, weil sie partizi-
piert am Geltungsanspruch der in dieser Gemeinschaftlichkeit
enthaltenen Wertbindungen. Sie verfährt nicht beliebig und unver-
bindlich, aber auch nicht festgelegt und traditional. Sie geht gewissermaßen spielerisch mit Geltungsansprüchen um, damit die Individuen sich in ein neues, besseres, reflexiveres Verhältnis zu den
Verbindlichkeiten der gemeinsamen Praxis einleben können. Während die traditionalen Gemeinschaften dem Individuum nur die
Chance des Gemeinsamkeitsglaubens oder des Unglaubens ein-
räumten, bieten reflexive Gemeinschaften einen anderen Modus
der Zugehörigkeit an. Der Anspruch der Reflexivität richtet sich an
die individuelle *und* kollektive Identität. In traditionalen Gemeinschaften kann es keine professionelle Intervention geben, es sei
denn eine dogmatische. In reflexiven Gemeinschaften macht die sozialpädagogische Interaktion die beiden Seiten der inszenierten Gemeinschaftlichkeit bewusst. Dies stellt erhöhte Anforderungen an
das Modell der Professionalität bzw. an jede Form des beruflichen
Handelns.

3.5 Das Interaktionsverhältnis

Das berufliche Handeln findet in Interaktionen statt und ist durch
Organisation und Institution gerahmt. Dies manifestiert sich darin,
dass die Positionen der Interaktionspartner prä-formiert sind durch
Festlegungen, die organisatorisch und institutionell definiert werden. Im Falle der Bezirkssozialarbeiterin ist die Aufgabe in der Organisation des Jugendamts relativ weitgehend festgelegt, die der
Familienhelferin bleibt eher offen, und deshalb muss sie ihre Handlungssituation stärker durch persönliche Definitionen festlegen.
Dies gilt über den ausgewählten Fall aus der Sozialpädagogischen

Familienhilfe hinaus: Der Kindergarten als Organisation gibt einen genau festgelegten Rahmen vor, bei der *Streetwork* muss eine Sozialarbeiterin auf ihre Adressaten zugehen und Situationen des beruflichen Handelns arrangieren.

Die Offenheit bzw. die Geschlossenheit von Interaktionssituationen war häufig Gegenstand empirischer Untersuchungen. Eine Unterscheidung hat Baldo Blinkert (1976) herausgearbeitet, der den »Praxisschock« und andere berufliche Krisen von Sozialarbeitern untersuchte. In »Vollzugsrollen« haben Sozialarbeiter Vorschriften, Verordnungen und Gesetze auszulegen und anzuwenden, sie handeln also eher bürokratisch und kontrollierend. Sie prüfen, ob bestimmte Bedingungen für die Realisierung eines Anspruchs gegeben sind, oder sie müssen die Regeln einer Organisation disziplinierend gegenüber ihren Adressaten zur Geltung bringen. In »Erzieherrollen« dagegen ist es möglich, Situationen nach Maßgabe von pädagogischen/methodischen Konzepten zu definieren und beispielsweise einen Beratungsprozess selbst zu strukturieren.

Es lässt sich aber auch beobachten, dass auf denselben Positionen sehr unterschiedliche Handlungsmuster realisiert werden, je nachdem, mit wem man es in welcher Situation zu tun hat. Dabei ist der jeweilige Bezug zu Adressaten der Arbeit, zu Kollegen, Vorgesetzten oder gegenüber der Öffentlichkeit bedeutsam. Thomas Lau und Stephan Wolff beobachteten Situationen,

– in denen »konzeptkonform« nach sozialpädagogischen Handlungsmodellen Probleme praktisch bewältigt werden;
– in denen genau das Gegenteil einer sozialpädagogischen Norm, zum Beispiel verständnisvoll nach den Bedürfnissen eines Klienten zu fragen, angestrebt wird, um selbst »gut« aus einer Situation herauszukommen;
– in denen sozialpädagogische Gesichtspunkte ganz selbstverständlich keine Rolle spielen;
– in denen Regeln des beruflichen Handlungsmodells verletzt werden und die Bewältigung von Situationen im Sinne des normativen Ideals als »unanständig« gelten kann (Lau/Wolff 1982).

Die in der beruflichen Sozialisation erworbenen Standards wirken also wie ein *Code,* der das individuelle Handeln steuert und je nach Situation Bedeutung hat oder auch nicht.

Das Beispiel von Lau und Wolff zeigt (erneut), dass zwischen institutioneller/gesellschaftlicher Ebene, Organisation und Interaktion kein Determinismus besteht. Je nach Situation in der Organisation und je nach Adressaten des Handelns können unterschiedliche Muster gewählt werden. Dennoch ist es möglich, gewisse Typisierungen der in die Situation involvierten Positionen des Sozialarbeiters und seines Klienten vorzunehmen.

3.5.1 Die Sozialpädagogin

Die Sozialen Berufe sind Frauenberufe; ca. 83 % aller Erwerbstätigen in der weiten Sammelkategorie »Soziale Berufe« sind Frauen (Züchner/Cloos 2002, S. 718). Dies hängt damit zusammen, dass der Beruf historisch sich als Frauenberuf herausgebildet hat (Sachße 1994) und eine hohe Quote von »typisch weiblichen« Teilzeittätigkeiten einschließt, viele Tätigkeiten und Funktionen sich als haushalts- und familienerziehungsnahe Aufgaben ausdifferenziert haben, vergleichsweise schlecht bezahlt werden und kein hohes soziales Prestige genießen. Attraktivere, mit Handlungsautonomie ausgestattete Leitungspositionen werden zu mehr als 50 % von Männern eingenommen (S. 719 f.). Insoweit spiegeln die Sozialen Berufe »das Soziale« der Gesellschaft mit ihrer Geschlechterordnung der Ungleichheit paradigmatisch wider.

Wer zu den Sozialen Berufen gehört, ist ebenso schwierig zu definieren wie die Sozialpädagogik auch. Die weiteste Kategorie »Soziale Berufe« umfasst im Jahr 2000 1,1 Millionen Beschäftigte. Berücksichtigt man nur die »sozialpädagogischen Kernberufe« (Sozialarbeiterinnen und -pädagoginnen, Kinderpflegerinnen und Erzieherinnen), dann umfasst dieses Segment ca. 700.000 Personen. Bemerkenswert ist, dass die Sozialen Berufe von allen Berufen in Deutschland das stärkste Wachstum aufweisen und sich in 40 Jahren die Zahl verzehnfacht hat. Bedeutsam sind Entwicklungen in den Neuen Bundesländern während der 1990er Jahre, wo die Zahl der Erzieherinnen erheblich abgebaut wurde, während in den Alten Bundesländern stetiges Wachstum zu verzeichnen war. Insgesamt bildet die Gruppe der Erzieherinnen mit über 400.000 Beschäftigten die größte, die der Sozialarbeiter und Sozialpädagoginnen mit 223.000 die zweitgrößte Gruppe (Züchner/Cloos 2002). Auch mit diesen Größenverhältnissen wird die gesellschaftliche »Lagerung« der Sozialen Berufe erkennbar. In der sozialpädagogischen Theorie- und Professionalisierungsdiskussion dagegen werden in aller Regel diese Bedingungen schlicht übersehen.

Die »Sozialen Berufe« werden in ihrer Gesamtheit öffentlich kaum thematisiert. Diese Kategorie ist unanschaulich und wird in Statistiken oder Fachveröffentlichungen verwendet. Einzelne Gruppen, wie »die Erzieherinnen« oder »die Sozialarbeiter«, werden eher wahrgenommen und als Berufsgruppe identifiziert. Aber auch sie sind in der Regel nur anlassbezogen Gegenstand des öffentlichen Interesses. In allgemeinen Bevölkerungsbefragungen zum Ansehen von Berufen oder zur Verbreitung von Wunschberufen sind die Sozialen Berufe nicht vertreten.

Die Einführung der Bachelor- und Masterstudiengänge an Fachhochschulen und Universitäten seit der Jahrhundertwende (im Jahr 2000) führt dazu, dass die neu eingeführten Abschlüsse die Anzahl der Berufsbezeichnungen und die Diffusität des Berufsbildes insgesamt erheblich vergrößern.

Die *soziale Position* der Sozialpädagoginnen ist empirisch wenig untersucht. Eine ältere Studie von Ernst-Günter Skiba zum Image des *Fürsorgers* zeigt, dass mit dieser Berufsbezeichnung die Funktion »Hilfe« assoziiert wird (sorgen, helfen, betreuen, beraten, unterstützen, erziehen, pflegen). Als Tätigkeit wird »Helfen« hoch bewertet und bringt soziale Verpflichtungen und Verantwortlichkeiten zum Ausdruck; allerdings werden damit auch »gesellschaftliche Ordnungs- und Stabilisierungsfunktionen, die durch die individuelle Behandlung von Seiten des Berufsträgers einen humanitären Anstrich erfahren«, (Skiba 1973, S. 229) verknüpft.

Die Tätigkeit des Helfens wird also hoch prämiert, als »gefühlsbetonter Frauenberuf« wird Sozialarbeit aber abgewertet. Charakteristisch ist deshalb »Ambivalenz« im Bild der Sozialen Berufe.

Sozialpädagogisches Handeln als Vermittlungstätigkeit im Konflikt zu begreifen, ist auch ein geeignetes Modell, geschichtliche Situationen und Entwicklungen zu beschreiben. Als Johann Hinrich Wichern 1833 Sponsoren für sein »Rauhes Haus« in Hamburg suchte, hielt er öffentliche Reden, in denen er die Angst vor dem Proletariat und die Humanitätsgefühle andererseits zu mobilisieren suchte. Und gegenüber den armen und den verwahrlosten Jugendlichen trat er als Retter ihrer Seelen auf, der ihnen bei Wohlanständigkeit ein anerkanntes Leben in der Gesellschaft versprach (vgl. Thole u. a. 1998). In der Figur des Armenbesuchers, der Spenden an die würdigen, aber nicht an die unwürdigen Armen verteilte und die Spenden bei den Reichen mit dem Hinweis, sie könnten damit ihre Seele retten, einsammelte, hat auch Hartmut Dießenbacher das

Grundmodell der Sozialen Arbeit gesehen. Er verschärfte seine Interpretation dahingehend, dass er die Tätigkeit nach beiden Seiten
hin als Heuchelei bezeichnete und deshalb die »Geburt des modernen Sozialarbeiters aus dem Geist der Heuchelei« (1984, S. 127)
behaupten konnte.

Die innere Struktur des Berufsschicksals von Hilfe und Kontrolle findet also im gesellschaftlichen Bild des Helfens und »Auf-
rechterhaltens der sozialen Ordnung« seine äußere Analogie. Die
Ambivalenz verlängert sich in die Geschlechterordnung hinein, insofern die Wertschätzung der Sozialen Berufe als Felder für Erwerbsarbeit von Frauen verbunden ist mit der Geringschätzung
(Bezahlung, Ausbildungsniveau) der haushalts- und familienerzie-
hungsnahen Tätigkeiten.

Diese Tätigkeiten werden in neuerer Zeit in Werbekampagnen
aufgegriffen und positiv etikettiert, und zwar in Kampagnen für das
Ehrenamt, für freiwilliges bürgerschaftliches Engagement und
Selbsthilfe. Darin kommt eine gewisse Gegentendenz zum Verbe-
ruflichungsschub der Sozialen Berufe zum Ausdruck. Sie ist ganz
unterschiedlich motiviert und resultiert einerseits aus Absichten,
den Umfang sozialstaatlicher Leistungen zu reduzieren bzw. zu begrenzen, ebenso wie andererseits aus einer Kritik an beruflich erbrachten Dienstleistungen. Auch wenn sich im Effekt die quantita-
tive Komplementarität von Freiwilligenengagement und Berufstätigkeit nicht ändert (vgl. Beher/Liebig/Rauschenbach 2000), so
haben die Kampagnen doch Konsequenzen für das öffentliche Bild
der Sozialen Arbeit: Ihre Handlungslogik wird wieder eng an das
Bild einer Tätigkeit gerückt, die auch ehrenamtlich und ohne qua-
lifizierte Ausbildung erledigt werden kann (Hamburger 1999b).
Mit den Versuchen, das Ehrenamt bzw. das freiwillige Engagement
und entsprechende Honorartätigkeiten mit basalen Qualifizierungs-
kursen aufzuwerten, wird diese Tendenz erheblich verstärkt. In die
gleiche Richtung wirken die Diskurse, die im Ehrenamt erworbenen Qualifikationen als beruflich nützlich und verwertbar darzustellen.

Insofern aber die Sozialen Berufe – im Rahmen ihrer Möglichkeiten – »das Soziale« der Gesellschaft, also bestimmte Muster der
Beziehungen zwischen Menschen (mit-)konstruieren, haben bürgerschaftliches Engagement und Selbsthilfe einen »ideologischen«
Vorteil gegenüber der beruflich erbrachten Dienstleistung. Dies gilt
zumindest so lange, wie nicht gezeigt werden kann, dass die zu be-

arbeitende Aufgabe zu ihrer Lösung eine besondere Kompetenz benötigt. Weil Soziale Berufe als Bedingung ihrer Anerkennung zeigen müssen, dass sie Probleme mit einem gewissen Schwierigkeitsgrad zu lösen haben, neigen sie prinzipiell zur Dramatisierung von gesellschaftlichen Missständen und Sozialen Problemen und zur Stigmatisierung ihrer Adressaten als gefährlich, bedrohlich oder krank.

Die daraus resultierende Ambivalenz bewegt sich zwischen der Basislegitimation des Ehrenamts (demokratisch-bürgerschaftliche Autonomie) und der gesellschaftlich relevanten Gefahrenabwehr (vgl. Barz 2000).

Der äußeren Seite der sozialpädagogischen Berufstätigkeit entspricht eine *innere Dynamik.* Zwar ist in der öffentlichen Diskussion die Debatte um das »Helfersyndrom« (Schmidbauer 1999) in den Hintergrund getreten, aber das Problem ist damit nicht verschwunden und wird in der Bearbeitung des *Burnout* weiter thematisiert (Aronson/Pines/Kafrey 1983; Burisch 1989; Cherniss 1999). Weil »Helfen« eng mit den Sozialen Berufen assoziiert wird, kann das Hilfemotiv bei der Berufswahl in den Vordergrund treten. Dieses Motiv ist ebenso wie der Altruismus als Handlungsmuster eine notwendige Bedingung des menschlichen Zusammenlebens und ist vielfach mit anderen Motiven, auch mit egoistischen Strebungen, vermischt. Von der Ethologie bis zur Psychoanalyse und Sozialpsychologie werden solche Vermischungen als produktiv für Sozialität analysiert, ebenso werden aber extreme Ausprägungen eines solchen Motivs als problematisch diagnostiziert. Aus dem Hilfemotiv kann nämlich ein »Helfer-Syndrom« werden, wobei bestimmte Persönlichkeitsmerkmale sich zu einer starren Lebensform verdichten und die soziale Hilfe auf Kosten der eigenen Entwicklung und auf Kosten der Unterstützten geleistet wird. »Die Grundproblematik des Menschen mit dem Helfer-Syndrom ist die an einem hohen, starren Ich-Ideal orientierte soziale Fassade, deren Funktionieren von einem kritischen, bösartigen Über-Ich überwacht wird. Eigene Schwäche und Hilfsbedürftigkeit werden verleugnet; Gegenseitigkeit und Intimität in Beziehungen vermieden« (Schmidbauer 1999, S. 23). Im psychoanalytischen Modell der Diagnose eines »wuchernden« Hilfemotivs stehen Kindheitserfahrungen des Helfers im Vordergrund; auch die Bearbeitungsmodelle werden individualistisch aus der Supervision und aus therapeutischen Settings ausgewählt.

Dies gilt auch für das *Burnout*, das weniger auf der Ebene des die Berufswahl konstituierenden Motivs als vielmehr auf der Ebene der Berufserfahrung situiert wird. In Sozialen Berufen, aber nicht nur bei ihnen, kann das Phänomen des Ausbrennens häufiger beobachtet werden. Es wird von Aronson u. a. folgendermaßen beschrieben: »Überdruss und Ausbrennen sind Zustände körperlicher, emotionaler und geistiger Erschöpfung. Die Betroffenen fühlen sich körperlich verausgabt, hilflos, hoffnungslos und emotional erschöpft. Sie entwickeln negative Einstellungen zum Selbst, zu ihrem Beruf, zu anderen Menschen und zum Leben ganz allgemein« (Aronson u. a. 1983, S. 25).

Ausbrennen kann dabei besonders in Fällen idealistischer und altruistischer Berufsorientierung auftreten, ist aber stärker an die Logik der Berufstätigkeit als an ein bestimmtes Motiv gebunden. Eine Tätigkeit, die mit einem hohem Maß an dauernder persönlicher Anstrengung und der Orientierung und Verpflichtung auf die Bedürfnisartikulation anderer Personen verbunden ist, kann als typischer Rahmen für Ausbrennen angesehen werden. Die Handlungsabläufe der beruflich Handelnden sind abhängig von Handlungsdynamiken anderer Personen (spielende Kinder, tobende Schüler, bewegungshungrige Hort- und Heimkinder, beziehungsorientierte Pflegebedürftige usw.), die aus funktionalen Gründen beachtet werden müssen und nicht der eigenen Steuerung unterworfen werden dürfen; denn es geht bei der beruflichen Tätigkeit inhaltlich um die Aufrechterhaltung der Selbststeuerungskapazität der Klienten. Deshalb wird Ausbrennen auch definiert als »Autonomieeinbußen in gestörten Auseinandersetzungen des Individuums mit seiner Umwelt, genauer: durch die innere Repräsentation solcher Interaktionen als gestörter und das Scheitern bei ihrer Bewältigung« (Burisch 1989, S. 70). Mit dieser (allgemeineren) Definition wird die »innere« Dimension explizit mit der Struktur einer Handlungssituation verknüpft, im Modell: mit der Ebene der Organisation. Ausbrennen ist kein Motiv-Schicksal mehr, sondern kann vermieden und gemildert werden durch verbesserte Arrangements der Organisation. Deshalb stellt Cary Cherniss die Gestaltung der Arbeitsbedingungen, die Berücksichtigung der Rolle der Professionellen bei der Planung von Einrichtungen oder die zeitliche Strukturierung von Arbeitsabläufen in den Vordergrund ihrer Verbesserungsvorschläge. Organisationsentwicklung ist das notwendige Korrelat zur individuellen Bearbeitung beruflicher Belastungen (Burisch 1989, S. 136 ff.; Cherniss 1999, S. 184 ff.).

Am »Sozialen« zu arbeiten bedeutet zumindest *auch*, helfende Beziehungen einzugehen. Dieses Berufsmerkmal kann die »passenden« Motive über Gebühr ansprechen und verstärken. Hilfe wird Selbsthilfe, der Helfer nutzt das Soziale für sich. Die Ambivalenz des Motivs kann nur in Balancen zwischen Zuwendung und Autonomiesicherung bewältigt werden. Ebenso ist das Spannungsverhältnis zwischen individuellen Fähigkeiten und Bedürfnissen und den Mechanismen der Organisation zu beachten, zu analysieren und praktisch zu bearbeiten.

3.5.2 Vom »Klienten« zum »Produzenten«

Die zweite Position im sozialpädagogischen Verhältnis ist die des »Adressaten«, an den sich die sozialpädagogische Handlung richtet. Außer Acht bleibt bei dieser Betrachtung die Möglichkeit, dass der Adressat nur »zum Schein behandelt« wird und der eigentliche Adressat der Handlung die Öffentlichkeit oder eine andere Instanz ist. Eine sozialpädagogische Handlung wird in solchen Fällen inszeniert, um ein Problem aus der Welt zu schaffen. Die von Lau und Wolff aufgedeckten Verwendungsweisen des sozialpädagogischen *Codes* lassen vermuten, dass es solche Handlungen gibt. Diese Formen der Interaktion können als »entfremdet« bezeichnet werden, weil ein Zweck verfolgt wird, der ganz außerhalb der Situation liegt. Der Adressat wird »verdinglicht«, dem sozialpädagogischen Handeln liegt keine Verständigungsabsicht zu Grunde. In »Totalen Institutionen« (Goffman) beispielsweise wird ein Rahmen geschaffen zu einer völligen Transformation der Insassen, deren subjektive Ansichten ignoriert und die unabhängig von ihrem Willen behandelt werden. Eine ähnliche Situation ist bei der »Geschlossenen Unterbringung« von Jugendlichen in Heimen oder bei der Durchsetzung von Therapiebereitschaft durch Strafandrohung bei Drogenabhängigen möglich. Als Reaktion der Behandelten kann nur äußere Unterwerfung unter den Zwang der Totalen Institution erwartet werden.

Sicherlich können unter diesen Bedingungen auch sozialpädagogische Interaktionen aufgebaut werden; dies ist dann aber nur gegen die »Logik der Organisation« möglich, erfordert erhebliche Anstrengungen der Sozialpädagoginnen und kann jederzeit destruiert werden (Kähler 2005) – und zwar gerade in Übereinstimmung mit den institutionellen Regeln. Sozialarbeiter im Strafvollzug, in Zwangstherapieeinrichtungen oder in Geschlossenen Heimen haben genau damit zu tun und fühlen sich instrumentalisiert. Bemühen sie sich um ein Verständigungsverhältnis, dann missbraucht die Institution sie, weil Aufrichtigkeit in ihrem Rahmen nicht vorgesehen ist, oder aber die Insassen der Einrichtung nutzen ihre »Offenheit« aus. Wer versucht hat, nach dem Modell der »Erzieherrolle« zu arbeiten, orientiert sich bald an der »Vollzugsrolle«.

Die Verzerrung der Struktur der Interaktion in Totalen Institutionen und in Zwangsverhältnissen ist eine spezifisch zugespitzte Konstellation. »Normalerweise« treten sich Sozialpädagoge und sein Interaktionspartner dann gegenüber, wenn dieser »Mitglied« der Organisation wird insoweit, als er seine *Klientenrolle* übernimmt (Kinder kommen in den Kindergarten, in den Hort, in ein Heim, Jugendliche besuchen ein Jugendzentrum, Eltern suchen eine Beratungsstelle auf usw.). Die dadurch ermöglichte Interaktion ist aber sehr häufig in eine Dreiecksstruktur eingebunden, die für das Verständnis der Konstellation prinzipiell wichtig ist.

Im Lichte der Theorie »personenbezogener sozialer Dienstleistungen« wird nämlich ersichtlich, dass die Beziehung zwischen Sozialpädagogin und Klientin (Leistungserbringungsverhältnis) nur eine Seite eines Dreiecks bildet, dessen andere Seiten aus der Beziehung des Leistungsempfängers zum sozialstaatlichen Leistungsgaranten und aus der Beziehung der Einrichtung, die die Sozialpädagogin beschäftigt, ebenfalls zum Leistungsgaranten (öffentlicher Kostenträger) bestehen.

Im Falle von Frau Pirger kann es sich beispielsweise so verhalten haben, dass die sozialpädagogische Familienhilfe von einem Wohlfahrtsverband angeboten wird, der für seine Leistungen gegenüber Frau Pirger vom zuständigen Jugendamt, das seinen Beitrag für das Wohl des Kindes von Frau Pirger in dieser Form leistet, ein Entgelt erhält. Die Ansprüche auf Hilfe, die Frau Pirger gegenüber dem Öffentlichen Träger der Jugendhilfe hat (stellvertretend für ihr Kind), werden von einem Dritten als Leistung realisiert.

Die beim Einrichtungsträger beschäftigten Sozialpädagogen haben also nicht nur ein Interaktionsverhältnis mit dem Adressaten ihrer beruflichen Tätigkeit und ein Angestellten-/Arbeitnehmerverhältnis zu »ihrer« Organisation, sondern auch eine darüber vermittelte Beziehung zum öffentlichen Kostenträger. Weil dieser die

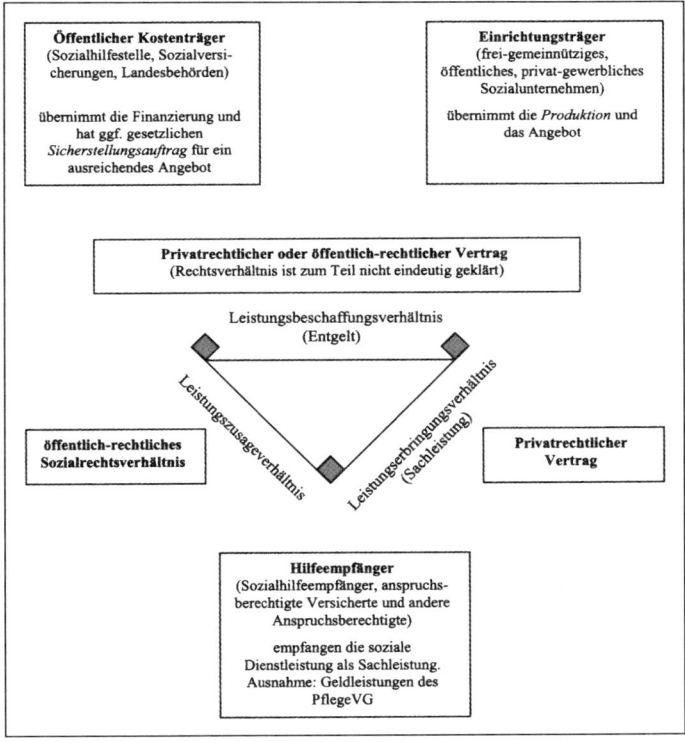

Abb. 6: Sozialleistungsrechtliches Dreiecksverhältnis.
Quelle: R. Bauer 2001, S. 84

Leistungen der Sozialpädagoginnen bezahlt, ist er ihr »eigentli-
cher« Kunde.

Damit sind wir bei den Bezeichnungen für die »Adressaten«. Sie
werden je nach Segment der sozialpädagogischen Praxis unterschiedlich etikettiert. In der Sozialarbeit »im engeren Sinne«, wo es
vor allem um Armut und Abweichung geht, ist vom *Klient* die
Rede. Mit diesem aus dem Römischen Recht stammenden Begriff
wurde eine Person bezeichnet, die zur Familie, genauer: dem Haus-
stand gehörte, ohne Mitglied der Familie als (Verwandtschaftssys-

tem) zu sein. Dem Patron war der Klient Schutzbefohlener und Un-
terworfener. Im Klientenbegriff werden bis heute eine humane
Schutzfunktion und ein Unterordnungsverhältnis gleichermaßen
zusammengedacht. Der Klient des Rechtsanwalts beispielsweise
beauftragt diesen und lässt ihn des Klienten Rechte vertreten. Während früher die Einschränkung der Selbstbestimmungsrechte des
Klienten im Vordergrund stand, geht dem Klientenverhältnis in Bezug zum Rechtsanwalt die selbstbestimmte Auswahl und die Delegation voraus. Wenn der Klient mit der Stellvertretung nicht mehr
einverstanden ist, kann er die Delegation zurücknehmen (vgl. zu
den Begriffen: Bauer 2001, S. 114 ff.). In sozialpädagogischen Beziehungen finden wir Elemente des Klientenverhältnisses je nach
Konstellation unterschiedlich ausgeprägt. In der Bewährungshilfe
beispielsweise, wo Hilfe, Unterstützung und Disziplinierung gleichermaßen stark ausgeprägt sind, gibt es Abhängigkeit, stellvertre-
tendes Handeln, aber auch eine gewisse Abhängigkeit des Bewährungshelfers vom Klienten, denn nur dessen *compliance* sichert
den beruflichen Erfolg des Bewährungshelfers.

Der Begriff des *Nutzers* (»user«) hebt auf die Aktivität einer
selbstbestimmten Person ab, die ihre sozialen Rechte realisiert und
dabei Einrichtungen und Dienstleistungen nutzt. Der Begriff impli-
ziert, dass die Person einen Nutzen von der Inanspruchnahme eines
Angebots hat, dass dieses für sie nützlich ist. Von den Voraussetzungen der Nutzung her ist der Begriff offen und diffus; für sozialpädagogische Interaktionen scheint er passend und doch ohne besonderen Erkenntniswert.

Der *Konsument* (»consumer«) kommt als Begriff aus der Terminologie der Wirtschaftstheorie und bezeichnet als Verbraucher ein
Subjekt des Marktverhaltens. Er verbraucht die Güter und Dienstleistungen, die als Angebot seiner Nachfrage gegenüberstehen. In
der Regel kauft der Verbraucher zur Bedürfnisbefriedigung das,
was er braucht. Von ihrer Funktion her lässt sich die Verbraucherberatung, die Verbrauchererziehung und der politische Verbrau-
cherschutz umstandslos der Sozialpädagogik wie auch der Sozialpolitik zuordnen. Es geht darum, die Position des Individuums
gegenüber der Macht der Anbieter zu stärken.

Dass die »Verbraucherberatung« sich in der Selbst-Etikettierung
nicht der Sozialen Arbeit zuordnet, hängt mit dem Image der Sozialen Arbeit und dem Selbstverständnis der Verbraucherberatung als
Dienstleistung für alle Bürger zusammen. In einem weiten, für die

Gesellschaft der Gegenwart geltenden Begriff von Sozialpädagogik ist Verbraucherberatung geradezu paradigmatisch eine sozialpädagogische Praxis. Dennoch ist die Begriffsverwendung von der
theoretischen Funktionszuweisung weit entfernt.

Neben den sozialpolitischen Schutzsystemen, die den Status der
Arbeitnehmer als Vertragssubjekte auf dem Arbeitsmarkt stärken
(z. B. Betriebsverfassungsgesetz, Tarifrechte usw.), ist die Funktion
des Verbraucherschutzes unmittelbar auf die Marktpositionen der
Menschen bezogen und insoweit auf die Kernstruktur der gesellschaftlichen Verhältnisse in kapitalistisch verfassten Systemen.

Der *Kundenbegriff* wird dagegen bei den personenbezogenen sozialen Dienstleistungen häufig verwendet. Er suggeriert Modernität
(in Abhebung vom Klientenbegriff). Der Kunde »als Käufer in einem Geschäft oder Auftraggeber bei einer Firma« (Bauer 2001,
S. 120, den Duden von 1970 zitierend) ist eindeutig eine rein ökonomische Größe, die durchaus mit einem sozialen Verhältnis (der
Vertrautheit zwischen einem Geschäftsinhaber beispielsweise und
seinem [Stamm-]Kunden) verbunden sein kann. Unterstellt wird
die Fähigkeit zur Auswahl und Beurteilung des Angebots und die
Kaufkraft. Der Kunde hat eine gewisse Marktmacht und wird um-
worben. In der Sozialen Arbeit ist diese Bedingung begrenzt nur
bei den Kunden gegeben, die aus Sozialversicherungssystemen
über Anspruchsberechtigungen verfügen (z. B. Pflegeversicherung). Deutlicher ausgeprägt ist das Kundenverhältnis zwischen
Öffentlichen Kostenträgern und Einrichtungsträgern, wo die Erste-
ren die Kunden der Letzteren sind. Heime beispielsweise offerieren
den Jugendämtern ihr Angebot und gehen mit ihnen eine Leis-
tungsvereinbarung ein.

Andreas Schaarschuch greift die Theorie der Dienstleistung als
begriffliches Grundkonzept zur Bestimmung von Sozialer Arbeit
auf und erweitert es so, dass es ihrer spezifischen Form gerecht werden kann. Er hebt zunächst das besondere *Erbringungsverhältnis*
hervor. Eine Dienstleistung ist (zu einem erheblichen Teil und die
personenbezogenen in besonderer Weise) ein interaktiver Prozess
zwischen Produzent und Konsument und folgt dem *Uno-actu-Prin-
zip*, gleichzeitig und in einem Vorgang wird die Leistung produziert
und konsumiert. Während beim Friseur aber der Konsument nur
den Kopf ruhig halten muss, hat er in der Beratungssituation eine
weitergehende Funktion: Er produziert *in sich selbst* (Einstellungen, Wahrnehmungen, Wissen, Handlungsmuster, Motivationen

usw.) die angestrebten Veränderungen. Er ist also zugleich Konsument, indem er die Aktivitäten des Beraters aufnimmt, und andererseits Produzent der Veränderung. Begreift man den »Konsumenten« als aktives Subjekt, dann erscheint er als der eigentliche *Produzent* der zu erbringenden Leistung, während der Berater als *Co-Produzent* bezeichnet werden kann. »Soziale Dienstleistung ist ein professionelles Handlungskonzept, das von der Perspektive des nachfragenden Subjekts als aktiver Produzent seines Lebens und Konsument von Dienstleistungen zugleich ausgeht und von diesem gesteuert wird« (Schaarschuch 1999, S. 554).

Neben dem Erbringungsverhältnis ist der *Erbringungskontext* bedeutsam. Man kann zwischen kommerziellen, marktgesteuerten und staatlich-öffentlichen Dienstleistungen unterscheiden.

Während der Kunde auf dem Markt wiederkommen soll, braucht er nach Inanspruchnahme einer Therapie oder Behandlung nicht wiederzukommen (Peter Gross). Im kommerziellen Kontext lässt sich der Kundenbegriff, im (sozial-)staatlichen der Nutzerbegriff verwenden.

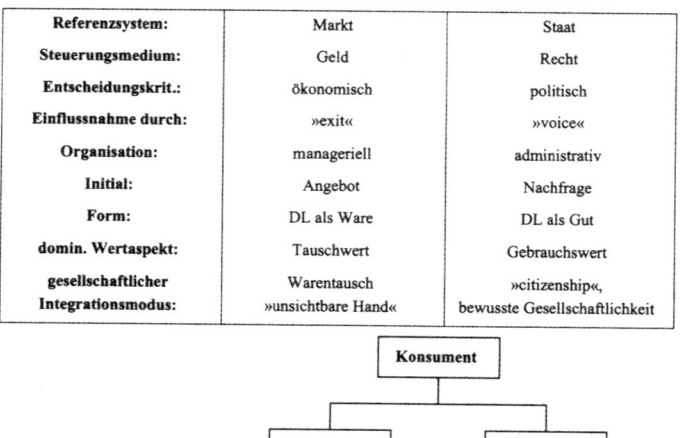

Referenzsystem:	Markt	Staat
Steuerungsmedium:	Geld	Recht
Entscheidungskrit.:	ökonomisch	politisch
Einflussnahme durch:	»exit«	»voice«
Organisation:	manageriell	administrativ
Initial:	Angebot	Nachfrage
Form:	DL als Ware	DL als Gut
domin. Wertaspekt:	Tauschwert	Gebrauchswert
gesellschaftlicher Integrationsmodus:	Warentausch »unsichtbare Hand«	»citizenship«, bewusste Gesellschaftlichkeit

Abb. 7: Der Konsument als Nutzer oder Kunde.
Quelle: A. Schnaarschuch 1999, S. 556

Markt und Staat bilden zwei verschiedene Modelle für die Form von Dienstleistungen aus. Die Verbraucher können durch »exit«, indem sie in einem bestimmten Geschäft nicht mehr kaufen, die Nutzer durch demokratische Mittel (»voice«) Einfluss nehmen. Die Organisation der jeweiligen Dienstleistungseinrichtungen ist ebenso verschieden wie die Initiierung des Dienstleistungsprozesses. Auf dem Markt kommt es darauf an, dass das Preis-Leistungs-Verhältnis stimmt, bei öffentlichen Gütern muss der Gebrauch qualitätsvoll sein. Der Markt bewirkt Systemintegration, also einen eher funktionalen Zusammenhalt, der Staat eine bewusste (demokratische) Identifikation (Sozialintegration). Mit dem demokratischen Bürgerstatus ist die zentrale Legitimation der sozialen Dienstleistungen verbunden; die sozialen Rechte der Bürger sollen effektiv den sozialstaatlichen Erbringungskontext bestimmen.

Mit dem Gedankengang von Andreas Schaarschuch wird die Begriffsentwicklung vorläufig abgeschlossen. Mit der Vorstellung, dass der Nutzer der eigentliche Produzent ist, der eine Veränderung bewirkt, kommt auch die pädagogische Idee zum Tragen, dass sich das Individuum nur selbst bilden kann und es nicht von anderen gebildet wird. Mit der Überlegung zur demokratisch-sozialstaatlichen Ausgestaltung des Erbringungskontextes und zur Steuerung durch soziale Rechte wird deutlich gemacht, dass es nicht nur um die Veränderung des Individuums, sondern auch um die Umgestaltung gesellschaftlicher Verhältnisse geht. Der Begriff der Sozialpädagogik als einer Konfliktvermittlerin zwischen Individuum und Gesellschaft wird nach beiden Seiten hin entfaltet.

Gegenüber der logischen Analyse müssen nun wieder die empirischen Verhältnisse des *doppelten Mandats* in Erinnerung gebracht werden. Der Sozialpädagoge als Co-Produzent, nur dem *Empowerment* verpflichtet und mäeutisch-vorsichtig vorgehend: Es ist ein ideales Bild und konsistent konstruiert. Je nachdem, wie jemand zum Adressaten des sozialpädagogischen Handelns wird, stimmt es auch annäherungsweise empirisch. Freiwillig in Anspruch genommene Beratung, die hilft, Kompetenzen wiederzugewinnen, verschafft dem Modell praktische Anschaulichkeit. Bei den etwas strengeren Hilfen zur Erziehung, in den Projekten mit Drogenabhängigen, Kriminalisierten, Arbeitslosen und Wohnungslosen und in der Stadtteilarbeit in deklassierten Wohnvierteln verändert die Nähe der Sozialen Dienstleistungen zur ausgegrenzten Bevölkerung auch die Bedingungen, wie der Nutzerstatus zustande kommt.

Es geht um endlose Motivierungsarbeit, um Vermeidung von Apathie, um den Aufbau von Alternativen zur destruktiven Aggression und es geht um Soziale Kontrolle. Die Sozialpädagogik hat es mit Stigmatisierten zu tun und ist Teil des Stigmatisierungsprozesses.

Mit »Stigma« hat Erving Goffman eine Differenz bezeichnet zwischen den Erwartungen an Interaktionspartner (»virtuale soziale Identität«: Ich erwarte, dass der andere so und so ist) und den tatsächlichen Merkmalen der anderen Person (»aktuale soziale Identität«: So ist der andere aber tatsächlich), wenn diese Differenz den anderen diskreditiert.

Ist die Eigenschaft einer Person also von wenig wünschenswerter Art, kann sie stigmatisiert werden. »In unserer Vorstellung wird sie von einer ganzen und gewöhnlichen Person zu einer befleckten, beeinträchtigten herabgemindert. Der Terminus Stigma wird also in Bezug auf eine Eigenschaft gebraucht werden, die zutiefst diskreditierend ist, aber es sollte gesehen werden, dass es einer Begriffssprache von Relationen, nicht von Eigenschaften bedarf. Ein und dieselbe Eigenschaft vermag den einen Typus zu stigmatisieren, während sie die Normalität eines anderen bestätigt, und ist daher als ein Ding an sich weder kreditierend noch diskreditierend.« (Goffman 2001, S. 10 f.)

Nimmt das Individuum an, dass seine nicht gewünschte Eigenschaft den anderen nicht bekannt und auch nicht unmittelbar wahrnehmbar ist, dann ist es doch diskreditierbar. Nimmt es aber an, dass seine Eigenschaft bekannt oder unmittelbar evident ist, dann ist es diskreditiert.

Grundlage für die Reaktion des Stigmatisierten sind in der Regel die gleichen Normalitätsvorstellungen wie die der stigmatisierenden Personen, auch im Hinblick auf die eigene Identität. Die Diskrepanz zwischen dieser Vorstellung und der Reaktion der anderen führt zu Scham. »Scham wird eine zentrale Möglichkeit; sie entsteht daraus, dass das Individuum eines seiner eigenen Attribute begreift als etwas Schändliches und als etwas, worauf es gern verzichten würde.« (S. 16)

Der Stigmatisierte vermisst am meisten, was in Interaktionen offensichtlich zentral ist: Anerkennung und Akzeptiertwerden. Im Kampf um diese Anerkennung bedient er sich, wenn es geht, der direkten und indirekten Korrektur seiner Stigmata (von der plastischen Chirurgie bis zur Behindertenolympiade), oder aber er sucht einen sekundären Gewinn (pflegt also leidend sein Handikap), er vermeidet Kontakte und zieht sich von Interaktionen zurück oder führt seine Stigmata offensiv vor (zur Delinquenz als Karriere vgl. Bettmer 2001; Plewig 2001; Lamnek 1993).

Stigmatisierung als sozialer Prozess korrespondiert mit Stigmatisierung als individuellem Sozialisationsprozess. Sozialpädagogisches Handeln soll präventiv unerwünschtes Handeln vermeiden helfen, was den Charakter des Handelns als eines, das stigmatisiert, stabilisiert. Sozialpädagogisches Handeln wird intervenierend eingesetzt, wenn ein abweichendes Verhalten alltagsweltlich schon aufgetreten ist, und soll seine Verfestigung vermeiden – es ist damit Teil einer »offiziellen« Reaktion und kann den Stigmatisierungsdruck erhöhen. Schließlich wird auch in dem Falle, dass eine förmliche Kontrolle schon stattgefunden hat (z. B. Jugendgerichtsverfahren) und eine Identität als Abweichender sich ausgebildet hat, Sozialpädagogik als »abschließende Bestätigung« des Stigmatisierungsprozesses eingesetzt.

Auf allen diesen Stufen ist zunächst prinzipiell offen, wie Prävention und Intervention wirken. Es sind besondere Überlegungen und Anstrengungen notwendig, damit eine entstigmatisierende und entkategorisierende (indem Individuen sich aus der Zuordnung zu einer besonderen Kategorie von verachteten Personen herauslösen können) Qualität des sozialpädagogischen Handelns erreicht werden kann.

»Ambivalenz« ist also nicht nur für die Untersuchung der Position der Sozialpädagogik ein Leitbegriff, sondern auch für die des Klienten, Nutzers, Produzenten. Je nach Handlungsfeld und nach Reichweite des Begriffs Sozialpädagogik sind verschiedene Modelle angemessen. Dass der Inanspruchnahme sozialer Dienstleistungen auch Stigmatisierungsprozesse vorausgehen, verdeutlicht die Ambivalenz des Vorgangs, in eine sozialpädagogische Einrichtung als Nutzer einzutreten.

3.6 Organisation und ihre Entwicklung

Die Ebene der Organisation wird in Theorie und Praxis der Sozialpädagogik erst seit wenigen Jahrzehnten ernsthaft beachtet. Auch heute konzentriert sich die Aufmerksamkeit überwiegend auf das Erbringungsverhältnis im engeren Sinne, auf die Interaktion und ihre Dynamik. Doch stellt die Organisation eine Bedingung der Interaktion dar und vermittelt vielfach zwischen Individuum und Gesellschaft. In den Sozialwissenschaften haben insbesondere die Forschungen von Kurt Lewin und die Aktionsforschung die Bedeutung der Organisation herausgearbeitet (Grunwald 2001). In modernen Gesellschaften werden Organisationen zum grundlegenden Strukturtyp, der ständische, feudale, kirchliche, gemeinschaftliche oder familiale Strukturen ersetzt. Im Verhältnis zu diesen Formen erscheinen Organisationen als »künstlich« oder »inszeniert«; tatsächlich scheint dies aber nur so, wenn man die alten Prinzipien der Sozialität »romantisch« sieht, d. h. weder ihr Gewordensein in einer bestimmten Gesellschaft noch ihren herrschaftlichen Zwangszusammenhang beachtet. Demgegenüber kann Organisiertheit Dauer, Zuverlässigkeit und Stabilität von persönlichen Beziehungen sichern. Deshalb ist es begründet, von der Ambivalenz von Organisationen in der Weise auszugehen, dass ihre Leistungen für die Realisierung bestimmter Funktionen und ihre Bedeutungen für Personen gleichermaßen beachtet werden.

Die Systemtheorie hat einen allgemeinen Organisationsbegriff entwickelt. Er bezeichnet »Soziale Systeme besonderer Art, die besondere Leistungen hervorbringen und dazu Verhaltensweisen motivieren und koordinieren, die von der Mitgliedschaft in solchen Systemen erwartet werden können« (Luhmann 1984, S. 1327).

Organisationen sind also Teilgebilde oder soziale Systeme innerhalb einer Gesellschaft. Von den spezifischen Merkmalen der einzelnen Organisationen abgesehen haben sie gemeinsame formale Merkmale:
– Sie folgen einer Zweck- und Zielorientierung;
– ihre Struktur ist als Koordination der Tätigkeiten zur Erreichung dieser Ziele zu begreifen;
– sie zeichnen sich durch Arbeitsteilung in koordinierte Rollen und Positionen aus;
– Rollen sind in der Weise definiert, dass die Rollenwahrnehmung frei bleibt von persönlichen Intentionen des Rolleninhabers;
– Organisationen bauen eine Autoritäts- und Kontrollstruktur zur Überwachung der Koordination der Tätigkeiten auf;
– Sanktionsmittel zur Einhaltung der Rollenvorschriften werden definiert;
– es gibt eindeutige Grenzen der Organisation, einen angebbaren Mitgliederkreis mit bestimmten Regeln der Rekrutierung;

– Regeln für den Umgang mit der Umwelt der Organisation werden definiert, man kann eine *in-put-* und eine *out-put-*Steuerung
unterscheiden.

Da sich die Organisationsforschung zunächst auf den Fortschritt
durch Organisiertheit, also den formalen und funktionalen Charakter der Organisation als eines Leistungssystems konzentrierte,
wurde die »informelle« Seite als Störung und Problem betrachtet,
die es in ihrem Einfluss zu minimieren galt. Doch zeigte sich rasch,
dass diese Seite der Organisation nicht aufgelöst werden kann und
dass sie produktive Energien für die Organisation und ihre Mitglieder freisetzt. Dennoch ist auch nach diesem Wechsel des Organisa-
tionsverständnisses ein kritischer Blick auf die Ambivalenz von Organisationen begründet. Einerseits sind Organisationen notwendig,
um durch Arbeitsteilung und Spezialisierung von Fachkompeten-
zen die Konzentration auf spezifische Problemlösungen zu ermöglichen; gleichzeitig erlauben sie die zeitlich überdauernde Sicher-
stellung der Probembearbeitung. Schließlich gewährleisten sie
durch Gleichbehandlung von Problemen Erwartungssicherheit und
Gerechtigkeit. Andererseits entstehen genau dadurch auch neue
Probleme:

– Die funktionale Definition der Rolle teilt die »ganze Person« auf;
– die selektiv-spezifische Problembearbeitung zerreißt den »natürlichen« Problemzusammenhang;
– die Auf-Dauer-Stellung der Problembearbeitung führt zur Verselbständigung der Organisation und zur Entfremdung vom Aus-
gangsproblem;
– die Gleichbehandlung reduziert durch Standardisierung das Problem zu einem Fall.

Neben den Unterscheidungen »formal/informell« und »problem-
lösend/problemerzeugend« haben sich weitere Differenzierungen
herausgebildet. Bei den Organisationen im sozialpädagogischen
Feld handelt es sich häufig um solche, die nicht staatlich sind und
die nicht auf das Erzielen von Profit aus sind (*Non-Governmental
Organizations, Non-Profit Organizations*). Vielfach sind die Rollen in sozialen Organisationen über die übliche Differenzierung
hinaus zu betrachten unter dem Gesichtspunkt, ob die Tätigkeiten
hauptberuflich, nebenberuflich, auf Honorarbasis oder ehrenamtlich wahrgenommen werden. Diese Unterscheidungen sind bedeutsam für die Leitung solcher Organisationen und für ihre Kultur, insgesamt für das *Sozialmanagement* (Karsten 2001).

Die Analyse von Organisationskulturen ist zu einem wichtigen Teilbereich der sozialpädagogischen Forschung geworden (Bentner/Beck 1997), weil personenbezogene soziale Dienstleistungen sich dadurch auszeichnen, dass sie zwar in einem organisatorischen Rahmen ablaufen und rollenförmig strukturiert sind, ihr tatsächliches In-Gang-Kommen und ihr wirklicher Effekt sowie ihre Qualität sich aber im Moment der Erbringung entscheiden, also von der persönlichen Art und Weise der Ausgestaltung bestimmt werden. Wie die Situation kommunikativ gestaltet wird, über welche Fähigkeiten zur Interaktion der Sozialarbeiter verfügt und welches Interesse, welche Aufmerksamkeit und Zuwendung die Klientin wahrnimmt, entscheidet über die Wirkung der Sozialpädagogik. Handlungsqualität und Zuwendungsqualität (sowie Reflexions- und Evaluationsqualität), die in Situationen wirksam werden, werden vorbereitet und gestützt durch die Organisationsstrukturen, die zwischen den Mitgliedern der Organisation und deren Struktur sowie zwischen den Mitgliedern untereinander eine Verknüpfung herstellen. Deshalb können Organisationskulturen als kollektiv gebildete Sinnsysteme definiert werden, »die sich über fortlaufende Kommunikationen in einer je spezifischen, epochal bestimmten Systemumwelt entfalten. Sie repräsentieren den latenten Teil organisatorischer Muster. Und als solche entwickeln sie eigene kommunikative Operationen, mit denen das Sinnsystem transportiert und aufrechterhalten wird.« (Schreyögg 1995, S. 18)

Die beschriebenen Folgeprobleme von Organisiertheit werden in verschiedenen Organisationskulturen unterschiedlich bearbeitet:

– In bürokratischen Kulturen werden die Probleme auf Dauer gestellt, weil das Befolgen und Anwenden von Regeln nach der Logik dieser Regeln und nicht nach den Erfordernissen der Situation und den Bedürfnissen der Adressaten im Vordergrund steht.

– Unternehmerische Kulturen sind von Initiative, Innovation und Kreativität bestimmt. Wenn eine äußerliche Effektivität und die Orientierung an modischen Trends sich in den Vordergrund schieben, kann »Oberflächlichkeit« die Folge sein.

– In leistungsorientierten Kulturen besteht die Gefahr, dass »nur Leistung zählt« und eine Spirale steigender Anforderungen an die Mitarbeiterinnen in Gang kommt, Prozesse der Ermüdung und des Ausbrennens hinter einer Fassade von Aktivitäten verschwinden.

– Sozial orientierte Kulturen fördern eher die entgegengesetzte Fixierung auf »angenehme« Stile und eine gute Atmosphäre und stehen in der Gefahr, das Sich-Wohlfühlen über den Organisationszweck und die Leistungen der Organisation für ihre Umwelt zu stellen (Schreyögg 1995, S. 25 f.).

Auch wenn diese Kulturen nicht sortentypisch nebeneinanderstehen, vielmehr ihre Elemente sich in der Regel in einer bestimmten Organisation mischen, gibt es dominante Elemente. Diese Elemente zu erkennen und in eine Balance je nach dem spezifischen Zweck der Organisation zu bringen, ist Aufgabe der Leitung und des Sozialmanagements, darüber hinaus aber auch Gegenstand der Organisationsberatung und -entwicklung.

Dem geht in der Regel eine Organisationsanalyse voraus; diese untersucht die Strukturelemente der Organisation und ihre Beziehungen untereinander, die Angemessenheit des Verhältnisses von Struktur und Zwecksetzung und schließlich das Verhältnis von Kultur und Struktur. Die Organisationsstruktur kann in folgenden Dimensionen untersucht werden:

Rollenstruktur

An den Inhaber einer Position sind Erwartungen mit unterschiedlichem Verpflichtungscharakter gerichtet. Je tiefer die Position in der Hierarchie liegt, umso genauer und häufiger sind die Erwartungen ausformuliert. Die Übernahme der Rollenerwartungen wird durch organisationsinterne Sozialisation gewährleistet. Die Ausführung der Rollenerwartungen wird durch Kontrolle und Autoritätsstruktur sichergestellt. Neben den formellen gibt es häufig – wirksamere – informelle Sanktionsmittel gegen die Verweigerung des Rollenspiels. Ein Intra-Rollen-Konflikt ergibt sich aus widersprüchlichen Erwartungen an eine Position.

Dieser Konflikt ist typisch für pädagogische Positionen (Pathologie der Lehrerrolle, doppeltes Mandat des Sozialarbeiters), die deshalb fast immer mit Stress verbunden sind; es sei denn, die Erwartungen derjenigen Positionen mit formeller Sanktionsgewalt werden allein berücksichtigt und die informellen Sanktionen der frustrierten Erwartungen werden verdrängt und durch außerberufliche Gratifikationen kompensiert.

Kommunikationsstruktur

Zunächst sind vertikale und horizontale Kommunikationswege zu unterscheiden. Die Inhalte der Kommunikation werden von Rollen- und Autoritätsstruktur bestimmt. Die formale Kommunikationsstruktur bildet das Kommunikationsnetz, die informelle das Kommunikationsfeld.

Entscheidungsstruktur

Entscheidungen sind Wahlen zwischen Handlungsalternativen, wobei über die Alternativen Informationen und für die Wahlen Kriterien benötigt werden. Kriterien ergeben sich aus formalen und informalen Zielen. Entscheidungen können nach Routine- (Regelfallanwendung) und Programmentscheidungen unterschieden werden, wobei diese im Falle von Zentralisierung verschiedenen Positionen zukommen, im Falle von Dezentralisierung mit der gleichen Position verbunden sind.

Autoritätsstruktur

Um Entscheidungen durchsetzen zu können, bedarf es der Verfügung über Machtmittel. In Organisationen gibt es hierarchische und demokratische Strukturprinzipien. Die Macht kann in Organisationen so verteilt sein, dass sie sich ohne weitere Legitimation mit Gewalt und Zwang durchsetzen kann (Gefängnis, Psychiatrie). Ansonsten kann zwischen struktureller Legitimation (Amtsautorität) und fachlicher Legitimation (funktionale Autorität) unterschieden werden. Typisch ist allerdings, dass die jeweils andere Autorität als ideologische Legitimation herangezogen wird (vgl. Karstedt 1974).

Die Analyse von Organisationen geht jedoch vielfach über die – hier exemplarisch vorgestellte – soziologische Formalanalyse hinaus und bezieht Begriffe und Methoden der Organisationspsychologie und Managementlehre, Betriebswirtschaft und Gruppendynamik ein (Kieser 2001; Simsa 2001). Wenn die Analyse Grundlage oder Teil einer Organisationsberatung oder -entwicklung ist, begreift sie Organisation in der Regel als ein System und thematisiert sie als einen sich selbst regulierenden systemischen Prozess. Organisationsentwicklung wird dabei begriffen als »spezifische Form des geplanten Wandels von Organisationen« (Grunwald 2001, S. 1313).

Die systemische Sicht ermöglicht dabei

– die umfassende, »ganzheitliche« Wahrnehmung der Organisation und ihrer Mitglieder;
– die gleichzeitige Verbesserung von Leistungsfähigkeit/Zielerreichung und Zufriedenheit der Mitarbeiter, obwohl beide Zielsetzungen immer auch in einem Spannungsverhältnis stehen (Zufriedenheit *durch* Zielerreichung setzt die Identität von persönlichen Zielen und Funktionserfüllung der Organisation voraus);
– durch Beratung und Entwicklung sollen die Fähigkeiten in der Organisation gestärkt werden, einen fortlaufenden Lern- und Verbesserungsprozess autonom in Gang halten zu können, also zu einer »lernenden Organisation« (Heiner 1998) werden zu können (Grunwald 2001, S. 1317 f.).

Die Theorie der Organisation und die Anwendung dieses Wissens hat für die Sozialpädagogik als Profession zwei Bedeutungen. Zum einen handelt es sich um ein selbst-reflexiv anwendbares Wissen und thematisiert die organisatorischen Voraussetzungen und Folgen des eigenen Handelns. Über die Reflexion hinaus dient das Wissen zur Strukturierung des geplanten Wandels der eigenen Organisation. Zum anderen handelt es sich bei Organisationstheorie um ein spezifisches Professionswissen, insoweit Sozialpädagoginnen als Organisationsberaterinnen und -entwicklerinnen tätig werden und der sozialpädagogische Wandel von Organisationen zu einem spezifischen Berufsfeld wird. Diese Berufstätigkeit kann sich beziehen auf Organisationen innerhalb und außerhalb des pädagogischen Sektors (vom Kindergarten bis zur Klinik). Eine besondere Situation ist dort gegeben, wo Sozialpädagogen in »multidisziplinären Teams« arbeiten (Psychiatrie, Klinik, Beratungsstellen, Heime u. Ä.) und ihre Aufmerksamkeit auf ihre eigene Tätigkeit, die Prozesse in einem Team und die Interdependenzen von Team und Organisation richten. Für die Bearbeitung solcher Gleichzeitigkeiten sind freilich hohe Kompetenzen erforderlich. Die Konzepte der systemischen Organisationsberatung, die theoretisch für den Erwerb solcher Kompetenzen zur Verfügung stehen, sind jedenfalls differenziert entwickelt (vgl. beispielsweise König/Volmer 2000).

3.7 Gesellschaft und Staat

Die dritte Ebene des Modells zu bestimmen führt zu mindestens
ebenso vielen Differenzierungen und Modellen wie auf den anderen beiden Ebenen. Am Fallbeispiel ist schon deutlich geworden,
dass diese Ebene komplex strukturiert ist: von den Nachbarschafts-
verhältnissen (Hinweise aus der Bevölkerung auf das schreiende
Kind an das Jugendamt), die nach allgemeinen Regeln für Sozial-
tät funktionieren, bis hin zum Familiengericht, das nach den Prinzipien der Verfassung und den darauf aufbauenden Gesetzen seine
Aufgaben definiert und bearbeitet. Die hier deutlich werdende Unterscheidung von Staat und Gesellschaft ist der Ausgangspunkt von
Differenzierungen und Unterscheidungen, die zu Theorien der Gesellschaft ausgebaut werden.

Gesellschaft wird dabei sehr unterschiedlich konzipiert, sei es
als System (beispielsweise bei Niklas Luhmann), als System und
Lebenswelt (bei Jürgen Habermas), als Folge und Voraussetzung
von individuellem Handeln (Hartmut Esser), als Anhängsel ökono-
mischer Bewegungsgesetze (Karl Marx) oder als pluralistisches
Aggregat von Gruppen und Prozessen, die nur durch die Macht zu-
sammengehalten werden. Auch als basale Prinzipien, die die Gesellschaft konstituieren, werden unterschiedliche Elemente herangezogen: Arbeitsteilung, Differenzierung, Evolution, Angst und
Gewalt, Interessen und Bedürfnisse, Liebe und Hass, Vergemeinschaftung und Vergesellschaftung, Arbeit und Interaktion, Funktion und Struktur, Regulation u. a.

Auch die inhaltliche Dimensionierung ist vielgestaltig: Struktur
und Kultur, Systemintegration und Sozialintegration, Interaktions-
und Organisationssysteme, Öffentlichkeit und Privatheit, soziale
Ungleichheit und kulturelle Differenz, Geschlechterverhältnisse
usw. Diese Akzentuierungen in den Theorien über Gesellschaft und
Staat werden häufig verbunden mit zeitdiagnostischen Annahmen
über die Besonderheiten der aktuellen Gesellschaft, die als moderne oder postmoderne, als postindustrielle oder postfordistische
Gesellschaft, als Netzwerk-, Dienstleistungs-, Informations- oder
Risikogesellschaft bezeichnet wird. Jede dieser Theorien und Bezeichnungen erfasst wahrscheinlich Wichtiges und Zutreffendes,
ganz allgemeine Theorien (wie die Systemtheorie) können viele
dieser Aspekte integrieren.

Besondere Bedeutung kommt bei sozialpädagogischen Gesell-
schaftsanalysen dem Staat zu. Die Funktion von Hilfe ist in seine
Basislegitimation eingebunden (Sozialstaat, soziale Sicherheit)
ebenso wie die Funktion von Kontrolle in seine Ordnungsaufgabe
und seinen Herrschaftszusammenhang. Der Staat sichert durch
Recht die Bedingungen der gesellschaftlichen Organisiertheit von
Integration und Autonomie.

Die Modellierung von Gesellschaft ist theoriespezifisch. Deshalb kann sie an dieser Stelle nicht weiter bearbeitet werden, sondern wird zumindest punktuell in der Darstellung von Theorien
wieder aufgegriffen.

4 Theorien der Sozialpädagogik

4.1 Einleitung

Die Frage Kants »Wie ist Wissenschaft möglich?« markiert einen Ausgangspunkt auf dem Weg zu Theorien. Theorien sind das – immer unabgeschlossene – Ergebnis von Suchbewegungen. Diese Suchbewegungen entstanden und entstehen aus dem praktischen Lebenszusammenhang selbst, der zur Lösung von Problemen, zum Verständnis von Beobachtungen, zur Erweiterung von Wahrnehmungs- und Handlungsmöglichkeiten u. Ä. auf neues oder sicheres Wissen angewiesen ist (Kamlah/Lorenzen 1996). Die Involviertheit von Theorie in Praxis gerät natürlich schnell aus dem Blick, weil sich Theorien, ihre Herstellung und ihre Weiterentwicklung aus dem Entstehungszusammenhang herauslösen und verselbständigen. Schließlich haben sich Institutionen der Wissenschaft ausdifferenziert, die ganz der Theoriebildung und Forschung dienen.

Es ist ein weit verbreitetes Missverständnis, man könne die Kluft zwischen Theorie und Praxis dadurch verkleinern und die Theorien praxistauglicher formulieren, dass man sie pragmatisch ausarbeitet und gewissermaßen den Weg der Theorie aus der Praxis nachzeichnet und ihn bei der Ausarbeitung der Theorie nachzuformen versucht. Doch dies führt in der Regel dazu, dass der Erklärungsgehalt der Theorien schwindet und sie am Ende zur Erhellung der Praxis nichts mehr beizutragen haben, was die Praxis nicht auch schon weiß. Denn die Untersuchung einer Frage mit wissenschaftlichen Mitteln setzt ihre Umformulierung in theoretische Begriffe voraus.

Umgekehrt zeigt sich: Wenn die Theorien noch »theoretischer«, das heißt präziser mit Definitionen arbeiten, genauer und sorgfältiger geprüft, nach allgemeinen und anspruchsvollen Modellen ausgearbeitet werden und auf der Eigenständigkeit der Regeln der Theoriebildung insistieren, dann steigt der Wert der Theorien für das Verständnis und die Verbesserung der Praxis (vgl. beispielsweise Oevermann 1997; Schütze 1997).

Theorien haben einen Gegenstand, und für die Sozialwissenschaften ist dieser Gegenstand die menschliche Lebenspraxis in ihrer Sozialität. Aus ihr sind die sozialwissenschaftlichen Theorien
hervorgegangen; sie gehören ihr als Teil menschlicher Tätigkeit –
als soziale Realität und als solche, die in Texten u. Ä. verobjekti-
viert ist – an. Das unterscheidet diese Wissenschaften (wie die
Geistes- und Kulturwissenschaften) grundsätzlich von den Natur-
wissenschaften.

Was im Unterschied zu anderen Formen des Wissens als *wissenschaftliches* Wissen gelten darf, muss begründet werden. Das spezifische Nachdenken und Argumentieren zur Frage, was als »wissenschaftlich« oder als »Theorie« anerkannt werden soll, hat seinen
Ort und findet statt in der Wissenschaftstheorie. Sie gibt Auskunft
darüber, welchen Zwecken die Wissenschaften dienen und dienen
sollen und welche Mittel zum Erreichen dieser Zwecke begründe-
terweise eingesetzt werden (Scherer 2001, S. 43; vgl. ausführlicher
Kron 1999).

Damit ist die Ebene die Darstellung in diesem Kapitel benannt.
Die besondere Akzentuierung – Ausgang der Theorie aus der Praxis – legt es nahe, genauer auf das Theorie-Praxis-Verhältnis einzugehen.

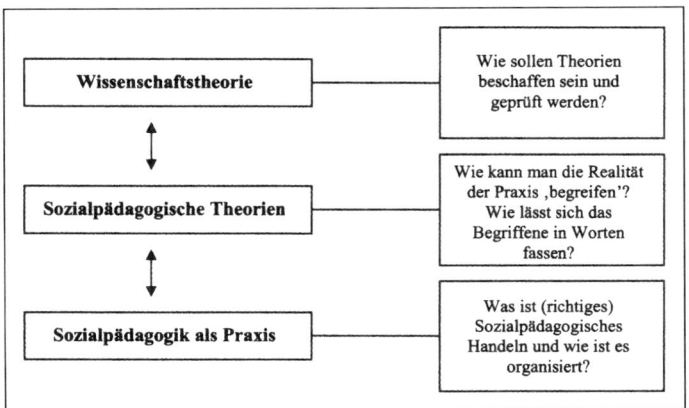

Abb. 8: Verhältnis von Wissenschaftstheorie, Theorie, Praxis.
In Anlehnung an A. G. Scherer 1999, S. 4

Eine einleuchtende Metapher für das, was Theorie ist, hat Michael Winkler vorgeschlagen: Sie sei wie eine Landkarte. »Eine Landkarte gibt uns eine Vorstellung von dem Gebiet, in welchem wir uns bewegen; sie zeigt uns – sofern wir imstande sind, sie richtig zu lesen – Höhenzüge, Hindernisse, Wege und Ortschaften an, befreit uns aber nicht von der Entscheidung darüber, welche Route wir schließlich wählen können […]. Die Eigentümlichkeiten der Straßen, die Details der Landschaft, schließlich die Sinnlichkeit einer Reise müssen wir […] selbst erfahren« (Winkler 1988, S. 87).

Der Vergleich Theorie – Landkarte lässt sich noch weiter »ausreizen«:

– Es gibt Landkarten für Piloten, Radfahrer, Fußgänger usw. Die Produzenten von Landkarten können nicht entscheiden, wer ihre Landkarte tatsächlich verwendet; diese Entscheidung kann nur der Wanderer, Radfahrer usw. selbst treffen.

– Die Landkarten bilden Realität nicht fotografisch ab, sondern in symbolischen Zeichen verschlüsselt. Man muss zum Gebrauch der Landkarte mindestens die Symbolerklärungen lesen können und die Karte richtig entschlüsseln. Es bedarf also zum Entziffern des Wissens, wie Landkarten konstruiert werden.

– Wer sich immer schon und nur in einem ganz begrenzten Gebiet bewegt, braucht keine Landkarte. Durch den Gebrauch einer Landkarte wird das Handeln nicht richtig oder falsch, sie kann indessen helfen, die Begrenztheit des bisherigen Sichbewegens zu überwinden. Aber auch für die Mobilität in weiten Räumen braucht man nicht immer eine Landkarte; das Wissen und die Orientierung, die man am Anfang aus einer Karte holt, kann in das Routinewissen übergehen.

– Die Vorbereitung einer Reise besteht aus vielen Elementen; die Orientierung an einer Karte ist ein notwendiges, aber kein hinreichendes Element. Man muss Reiseziele auswählen und nach Präferenz sich für »das richtige« entscheiden, man braucht Energie und Motivation zur Überwindung von Entfernungen, man braucht die Ausstattung für Situationen, die nur möglicherweise eintreten.

– Eine Reise kann unterwegs modifiziert werden; dazu braucht man die Landkarten besonders dringlich.

– Eine Reise ist in Gruppen vielleicht kurzweiliger, aber diese streiten gelegentlich über die Interpretation der Landkarten.

– Die sorgfältige Verwendung einer Karte ist für den Piloten oder
  einen Schiffsführer eine Frage von höherer Bedeutung als für
  den einsamen Wanderer, der die Folgen einer Desorientierung allein zu tragen hat.

Auch wenn hier im Bild gesprochen wurde, sind diese Aussagen
geeignet, grundsätzlich das Verhältnis von Praxis und Theorie zu
klären. Die Praxis ist ein außerordentlich komplexes Gebilde, von
dem die Theorie, genauer: einzelne Theorien jeweils nur einzelne
Dimensionen erfassen. Sie sind notwendig und hilfreich zur Planung von praktischen Vorhaben, zur Strukturierung dieser Vorhaben nach Ebenen und Dimensionen, sie stellen Wissen zur Bewältigung von Aufgaben zur Verfügung und zur Evaluation.

Die Entscheidungen, die Schritte zur Bewältigung von Aufgaben
und die Operationen zur Bewertung des Erreichten sind selbst nur
praktisch möglich. Die Selbstreflexion und Selbstevaluation der
Praxis, genauer: des praktisch Handelnden, kann durch Theorie
nicht ersetzt werden. Der Handelnde *verwendet* Theorie. Das praktische Handeln und seine Folgen können dann wiederum Gegenstand der kritischen Analyse durch Praktiker und Theoretiker werden.

Die hier hervorgehobene Nähe von Theorie und Praxis erscheint
in manchen Diskussionen als ein besonderes sozialpädagogisches
Problem. Wenn man aber den Praxisbegriff nicht auf berufliche Tätigkeit verengt, sondern ihn in seiner ursprünglichen Weite der
menschlichen Tätigkeit verwendet, die insbesondere das alltägliche
Leben einschließt, dann zeigt sich, dass die Sozialwissenschaften
es mit einem Objekt zu tun haben, das selbst die Operationen des
Definierens und Unterscheidens, des Beschreibens und Erklärens
beherrscht und dabei seinen Sinn produziert. Vor allem in der phänomenologischen Soziologie wird dies herausgearbeitet (Schütz
1993; Berger/Luckmann 1997). Auch in neueren Grundlagentheo-
rien spielt die Frage eine besondere Rolle, mit welcher Bewusstheit
die Akteure des täglichen Lebens die Bedingungen ihres Handelns
wahrnehmen, inwieweit ihnen ihre Intentionen transparent und die
Handlungsfolgen überschaubar sind (vgl. Giddens 1997; Walgenbach 2001). Das Alltagswissen steuert Handeln und bringt dabei
theoretische und theoriefähige Elemente zur Geltung. Wenn in großen und kleinen Krisen des Alltagslebens oder des Lebenslaufs der
Routinecharakter dieses Wissens gestört wird, kann es in bewusster
Bearbeitung neu strukturiert oder mit neuen Erkenntnissen angerei-

chert werden (Meueler 1998a und 1998b). In der Entgegensetzung von »Alltagstheorie« und »wissenschaftlicher Theorie« wird diese Nähe ausgedrückt und zugleich markiert, dass die wissenschaftlich ausgearbeitete und geprüfte Theorie anderen Ansprüchen genügen muss als die Alltagstheorie.

Auch wenn man sich die »materialen Referenzpunkte« der sozialpädagogischen Theorie (Rauschenbach/Züchner 2002) ansieht, werden Nähe *und* Distanz von Theorie und Praxis deutlich.

Für Thomas Rauschenbach und Ivo Züchner sind solche Bezugspunkte:

- die Erziehungstatsache (dass Menschen als Kinder geboren und im Generationenverhältnis erzogen werden müssen) und die gesellschaftliche Reaktion auf diese Tatsache;
- soziale Probleme, von der Desintegration angefangen bis hin zur Integration, und
- die »Risiken der individuellen Lebensführung und der alltäglichen Lebensbewältigung« (2002, S. 157).

Diese Bezugspunkte sind dem Alltagsbewusstsein – natürlich in der ganzen empirischen Breite der Bewusstheiten – präsent, und in der Bearbeitung von Krisen und Konflikten entwickelt dieses Alltagsbewusstsein einen »sozialpädagogischen Blick« (Rauschenbach/Ortmann/Karsten 1993; vgl. auch Hamburger 2002c, Anm. 2).

Aber das Alltagsbewusstsein ist in die Struktur seiner Handlungsbedingungen, in Entscheidungzwänge und Begründungsverpflichtungen eingebunden und in diese inhaltlich und methodisch verwickelt. Genau aus diesen Verwicklungen löst sich die Theoriebildung handlungsentlastet heraus und wird so freigestellt von praktischen Entscheidungen, so dass ihre Begriffsbildungen und Forschungsoperationen lediglich den im Prinzip unbegrenzten kritischen Rückfragen standzuhalten haben. In diesem Anspruch kommt dann auch die absolute Distanz des wissenschaftlichen Wissens vom Alltagswissen zum Ausdruck. Wissenschaftliche Theorien müssen nach den Vorgaben der Erkenntnis- und Wissenschaftstheorie geprüft werden, Alltagswissen muss sich praktisch bewähren.

Sozialpädagogische Theorie in diesem Sinne ist Rekonstruktion der Wirklichkeit, theoretisch-kategoriale Arbeit an Begriffen und kognitiven Ordnungen und Forschungstätigkeit, die der Sicherung eines disziplinären Wissens dient. Denkbar ist allerdings noch eine Theorieform, die eher zwischen Theorie und Praxis stehend als

konzeptioneller Entwurf für eine professionelle Tätigkeit geeignet
ist und die auch die normativen Implikationen des praktischen Handelns aufnimmt und diskutiert (Rauschenbach/Züchner 2002).

Dass die Differenz zwischen Theorie und Praxis als ein offenes
Feld begriffen wird, macht die Sozialpädagogik als wissenschaftliche Disziplin »verletzlich« und »stark« zugleich. Verletzlich wird
sie im Hinblick auf den Einbruch des Pragmatischen und Normativen, des Zeitgeistes und der intellektuellen Moden. Ihre Seriosität
als Wissenschaft wird immer wieder angezweifelt. Solche Zweifel
scheinen berechtigt im Hinblick auf die begriffliche Strenge, logische Klarheit und empirische Prüfung ihrer Gedankengebäude; sie
sind eher seltsam, wenn sie aus einem fein-säuberlichen Schubla-
dendenken eines Erziehungsbegriffs des 19. Jahrhunderts kommen.
Die Stärke der offenen sozialpädagogischen Theoriediskussion besteht darin, dass sie sowohl Neubildungen in den Sozial- und Geisteswissenschaften aufzunehmen in der Lage ist, also auch den be-
schleunigten Sozialen Wandel moderner Gesellschaften verarbei-
ten kann bzw. sich dieser Herausforderung stellt, weil sie sonst
ihren Gegenstand nicht mehr begreifen könnte. Dass zugleich an
einem Bestand von relativ gesichertem und anerkanntem Wissen
bzw. einer gedanklichen Struktur der sozialpädagogischen Theorie
gearbeitet wird, ist als Aufgabe hinreichend begründet, auch aus
den Erfordernissen der akademischen Lehre heraus.

4.2 Ordnung oder Unordnung?

Was aber ist Theorie? In einem weitesten Verständnis besteht eine
Theorie aus geordneten Aussagen über einen Gegenstand, die
handlungsentlastet erarbeitet werden. Diese Definitionsmerkmale
heben hervor,

— dass Theorien aus Sätzen bestehen, also in Texten sprachlich und
   anderssymbolisch objektiviert sind; sie sind also als Text repro-
   duzierbar, kommunikabel und prüfbar;
— dass die Anordnung der Sätze einer expliziten oder explizierba-
   ren Logik folgt; wenn diese wissenschaftstheoretische Bestimmung konkretisiert wird, dann bewegt man sich in der Regel im
   Rahmen von bestimmten Paradigmen (grundlegende Annahmen
   über Sinn und Zweck von Theorie, die Beschaffenheit ihres Ob-

jekts und legitime Mittel der Erkenntnis, die im »Leitbild« des
Paradigmas zusammenhängend enthalten sind);
– dass Theorien reflexiv entstehen, Theorieproduzenten also von
  unmittelbaren Alltagsentscheidungen und der Begründung dieser Entscheidungen entlastet sind und im Forschungsprozess
  sich ganz auf die Entwicklung und Prüfung von Theorien konzentrieren können.
Auf welche Aussagen tatsächlich der Begriff »Theorie« angewen-
det wird, ist nicht nur unübersichtlich und häufig willkürlich gehandelt, sondern mehr oder weniger chaotisch. Dass es in der Sozialpädagogik dennoch präzise elaborierte Theorien und Teiltheorien
gibt, muss unmittelbar im Anschluss an diese erste Beobachtung
zur Verwendung des Begriffs hinzugefügt werden. Die Tatsache,
dass die Theoriediskussion lebendig ist und es keinen dogmati-
schen Kanon von Überzeugungen gibt, ist durchaus ein Ausdruck
von theoretischer Vitalität. Sobald nämlich die vorläufigen Bestimmungen, was eine Theorie sein solle, konkretisiert werden, bilden
sich konkurrierende Paradigmen – wie in allen Wissenschaften –
heraus. Über lange Zeit war in der Sozialpädagogik ebenso wie in
der Erziehungswissenschaft insgesamt die Zuordnung zum geisteswissenschaftlichen Paradigma oder dem des Kritischen Rationalis-
mus oder dem der Kritischen Theorie verbreitet (Marburger 1979).
Heute sind diese Paradigmen vor allem um die des Konstruktivismus, der Systemtheorie, des Strukturalismus oder des symbolischen Interaktionismus erweiterbar.
   Allerdings werden viele Theorien mit der Zuordnung zu einem
Paradigma nur unzureichend oder missverständlich charakterisiert, so dass neben der Zuordnung zu inhaltlichen Problemen
(»Theorie der erzieherischen Hilfen«) die Orientierung an Theore-
tikern und Theoretikerinnen, also Personen, vorherrschend ist.
Dies führt zu ganz unterschiedlichen Klassifikationen und Band-
breiten. Werner Thole (2002, S. 32 f.) orientiert sich an »Ansätzen« und unterscheidet 12 verschiedene. Hansjosef Buchkremer
(1995) referiert 20 Theoretiker und -innen, Ernst Engelke (1998)
stellt die Theorien von 24 Personen dar und Werner Thole u. a.
(1998) wählen die 24 Texte von 26 Autoren (Klassiker und Klassikerinnen, wobei dieser Begriff eng an dem des Theoretikers liegt)
als theorierelevant aus.
   Publikationen zur Theorie der Sozialpädagogik enthalten in der
Regel Darstellungen und Referate über die *Theorien* im Plural. Nur

Michael Winkler (1988) hat *eine* Theorie entworfen und dargestellt, und dieser Entwurf ragt nach wie vor heraus. Die anderen
Theorien, in der Regel eher als Entwürfe, Beiträge, Elemente, Ansätze, Vorarbeiten zu einer Theorie bezeichnet, haben sich in der
Forschungs- und Publikationspraxis eines Autors (z. B. Hans
Thiersch) herausgebildet und entwickeln sich als »gedankliches
Gebäude« weiter, oder sie konstituieren sich aus den Beiträgen ver-
schiedener Autoren, die sich einer Fragestellung, einer grundlegenden allgemeinen Theorie oder einem Paradigma verpflichtet wissen.

Während die personenbezogenen Theoriedarstellungen (Engelke 1998, Buchkremer 1995) keinen weiteren Auswahl- oder
Ordnungskriterien folgen, hat Werner Thole »Ansätze« unterschieden, die einmal der Tradition, zum anderen der Gegenwart zugeordnet werden (Thole 2002, S. 32 f.).

Im Hinblick auf die Tradition unterscheidet Thole
– den transzendental-philosophischen,
– den geisteswissenschaftlichen,
– den marxistisch orientierten,
– den emanzipativen, kritisch-materialistischen,
– den interaktionistisch-phänomenologischen und
– den psychoanalytisch orientierten Ansatz.

Thole hebt selbst hervor, wie unscharf die Abgrenzungslinien sind
und wie ungenau die Bezeichnung »Ansatz« verwendet wird. Deutlich wird aber, dass Konzepte der sozialpädagogischen Theorietra-
dition in erziehungs-, geistes- und sozialwissenschaftlichen
»Grundtheorien« verankert sind. Dies gilt dann auch für die Theo-
rieentwicklung der Gegenwart, indem sich hier
– der systemtheoretische,
– der kritisch-subjektive und bildungstheoretische,
– der ökosoziale,
– der dienstleistungsorientierte,
– der lebensweltliche und ein
– reflexiver Ansatz

unterscheiden lassen. Schon die Zuordnung eines Autors zu zwei
Ansätzen und die Verwendung einer so offenen Kategorie wie »reflexiver Ansatz« verweisen auch hier auf die Vorläufigkeit eines
solchen Ordnungsversuchs. Aber es gibt ein Bedürfnis nach Ordnung – sowohl von Seiten der Rezipienten als auch der Produzenten
von Theorie. Dabei ist die hier berücksichtigte Form der Bildung

einer Ordnung nur die eine Seite, die im 2. Kapitel referierte *Klassifikation* sowie die auf formale Standards der Theoriebildung (»Wann ist eine Theorie eine Theorie?«) abhebende *Strukturierung* erweist sich als die wichtigere Seite.

4.3 Der Gegenstand der sozialpädagogischen Theorie

Die sozialpädagogische Theorie bezieht sich – wie die Erziehungswissenschaft als ganze – auf 1. eine Wirklichkeit, 2. eine Praxis und 3. einen Diskurs. Deshalb kann sie auch unterschiedliche Formen annehmen und als Beschreibung, Reflexion und Analyse erscheinen. Ihre Sprache lässt sich deshalb auch nicht in ein bestimmtes Modell hineinpressen, und die Logik ihrer Sätze folgt der Anforderung deskriptiver Widerspruchsfreiheit und strukturierender Beziehungsanalyse ebenso, wie sie die Form der Erzählung und der reflektierenden Vergewisserung annimmt. Michael Winkler (1988) hat diese Offenheit für unterschiedliche Formen der Theoriebildung mit den unterschiedlichen Erwartungen an die Theorie und ihren unterschiedlichen Funktionen begründet. Theorie zielt darauf ab, eine bewusste Praxis zu ermöglichen.

Eine sozialpädagogische Theorie bezieht sich also auf den Begriff der Disziplin Sozialpädagogik und versucht, in ihm alles aufzunehmen, was zu dieser Disziplin, auch in ihrer Beziehung zu »ihrer« Praxis, gehört. Wenn der wissenschaftliche Begriff der Sozialpädagogik sich kritisch zur Realität der Praxis verhalten will (denn »abbilden« kann er sie ohnehin nicht, er konstituiert sie aus seiner Perspektive), dann muss er auch die Ideen und Ansprüche aufnehmen und reflektieren, die im Lauf der Geschichte mit ihm in Verbindung gebracht worden sind.

1. Sozialpädagogik hat einen Teilbereich der gesellschaftlichen Wirklichkeit als objektivierte und objektivierbare Wirklichkeit zum Gegenstand, und sie betrachtet, beschreibt und analysiert ihn mit den Mitteln der Sozialwissenschaften. Dieser Teilbereich hat sich historisch herausgebildet, er ist mit der Institutionalisierung von Hilfe und Erziehung im 19. und 20. Jahrhundert untrennbar verbunden. An einem Beispiel verdeutlicht: Die Orga-

nisation des Heimes bildet paradigmatisch die konkrete Form einer erzieherischen Wirklichkeit ab, die jenseits von Schule und Familie entstanden ist. Diese erzieherische Wirklichkeit als »soziale Tatsache« zu erfassen, zu beschreiben und als Wirkungsgefüge zu erklären, ist die Aufgabe der Sozialpädagogik, die insoweit als Erfahrungswissenschaft bezeichnet werden kann. Sie bedient sich dabei des gesamten Arsenals der sozialwissenschaftlichen Methoden und hat eine Fülle von Ergebnissen zu Einzelfragen erarbeitet (vgl. Schefold 2002). Diese Forschung unterscheidet sich methodisch nicht von anderen sozialwissenschaftlichen Standards und Konzepten; insoweit dort unterschiedliche wissenschaftstheoretische Auffassungen vertreten werden, können sich sozialpädagogische Forscher entsprechend unterschiedlich zuordnen.

Eine sozialpädagogische Theorie der Heimerziehung beispielsweise beschreibt diese als eine »real existierende« Einrichtung, zeichnet ihre Entstehung und Veränderung nach, rekonstruiert die Prozesse, über die Kinder und Jugendliche ins Heim kommen, und untersucht die Interaktion zwischen Erzieher und Jugendlichem im Heim als ein soziales Rollenhandeln.

2. Den gleichen Sachverhalt kann die Sozialpädagogik aber auch als Teil der menschlichen *Gesamtpraxis* ansehen und sich dabei in die Tradition einer geisteswissenschaftlich-philosophischen Reflexion über die menschliche Tätigkeit stellen (Benner 1995). Die bestimmte, einzelne Organisation des Heimes beispielsweise wird dabei begriffen als Teil der Erziehungspraxis, und diese wiederum wird in den Rahmen der Gesamtpraxis des Gattungswesens Mensch eingeordnet. »Praxis« ergibt sich in diesem Zusammenhang aus der Einsicht in die Imperfektibilität des Menschen, der als Gattung seine Welt selbst schaffen muss und durch diese Tätigkeit seine Lebensnot beheben, wenn auch nicht beseitigen kann. Als Individuum wie als Gattungswesen ist der Mensch auf seine Praxis angewiesen, um die Not seiner Unfertigkeit zu wenden, und durch diese Praxis findet er zugleich seine Bestimmung, durch Praxis kommt er zu sich selbst. Was der Mensch ist, ist er von seiner Natur aus und zugleich in seiner von ihm selbst geschaffenen Kultur; auch die Anthropologie wird damit zur historischen Wissenschaft.
Wenn der Mensch in seiner Praxis zu sich selbst kommt, dann muss diese als zukunftsoffene und gestaltbare gedacht werden,

weil nur so die Freiheit des Zu-sich-selbst-Kommens gegeben
sein kann. »Die Geschichtlichkeit menschlicher Existenz ist gerade darin begründet, dass die produktive Freiheit der Praxis
weder mit Vorstellungen von einer Herrschaftsgeschichte
menschlicher Willkür noch mit fatalistischen Geschichtsauffas-
sungen von der Determination zukünftiger Wahlmöglichkeiten
vereinbar ist. Wir existieren in der Wirkungsgeschichte voraus-
gegangener Entwürfe und Versuche, durch Praxis unsere Bestimmung zu finden, und sind, indem wir in der Tradition
menschlicher Handlungsentwürfe stehen, dem Traditionszusammenhang doch insofern enthoben, als unser Handeln nicht
unmittelbar aus der Wirkungsgeschichte hervorgeht, sondern
die jeweilige Wirkungsgeschichte immer auch durch die Art
und Weise bestimmt, in der wir Zukunft antizipieren, durch Praxis die Geschichte vorantreiben und die Wirkungsgeschichte
schließlich im Hinblick auf den von uns selbst geschaffenen
Traditionszusammenhang um- oder neu schreiben« (Benner
1995, S. 287).
Die Praxis der Erziehung ist Teil der menschlichen Gesamtpraxis, die insgesamt als Arbeit, Ethik, Religion, Kunst, Politik und
Pädagogik aufgefasst werden kann. Auch »Hilfe« gehört in diesen Zusammenhang. Ob sie als eigenständige Teilpraxis zu begreifen ist, ist eine der kontroversen Fragen der Gegenwart, die
von der Sozialarbeitswissenschaft als einer eigenständigen Disziplin auf spezifische Weise beantwortet wird, indem sie gerade
deren konstitutive Funktion für die Möglichkeit von Mensch-
lichkeit betont.
Innerhalb dieser Praxis haben sich spezielle Berufstätigkeiten
ausdifferenziert, die besondere Aufgaben wirksam erfüllen,
aber Teil einer Praxis aller Gesellschaftsmitglieder bleiben. Im
Zuge der jeweiligen Spezialisierung von Berufen gewinnt die
Frage an Bedeutung, in welchem Verhältnis die Tätigkeit der
Spezialisten und die aller Menschen steht. Dies gilt insbesondere für die alltäglichen Tätigkeiten wie helfen, erziehen,
Macht ausüben, gestalten oder moralisch urteilen und handeln.
Aufgabe der pädagogischen Reflexion kann dann die Betrachtung der Praxis unter dem Gesichtspunkt werden, ob sie Bild-
samkeit (als Bestimmung des Menschen zu produktiver Frei-
heit) und Selbsttätigkeit fördert, ob sie die gesellschaftlichen
Anforderungen in pädagogische Anforderungen umformt und

ob sie die spezifische Erziehungspraxis öffnet zu einer Gesamtpraxis, die der Höherentwicklung der Menschheit dient (vgl.
Benner 1995).

Wenn der Gegenstand der sozialpädagogischen (wie der pädagogischen) Theorie die Praxis in diesem Sinne ist, dann beobachtet
sie nicht nur praktische Tätigkeiten als soziale Ereignisse, sondern sie begreift sie auch in den Begriffen und Kategorien, mit
deren Hilfe die praktisch Tätigen sie selbst interpretieren und reflektieren. Weil Praxis Selbsttätigkeit ist, kann der tätige Mensch
nicht einfach zum beobachteten Objekt der Theorie degenerie-
ren, will man ihn nicht vorgängig vom Begriff des Menschen ab-
trennen. In den Begriffen der Theorie muss er vielmehr als Subjekt erhalten bleiben. Theorie betrachtet also einerseits erziehen-
des und bildendes Handeln und seine – vom Standpunkt des
Handelnden nicht unbedingt überschaubaren – Bedingungen,
zugleich nimmt sie den vom Handelnden mit seinem Handeln
verbundenen Sinn auf. »Aufnehmen« bedeutet dabei zweierlei:
Einmal kann eine Äußerung registriert und die mit ihr ausge-
drückte Bedeutung festgehalten werden. Dies geht nur im verstehenden Nachvollzug, also hermeneutisch. Insoweit handelt es
sich um eine Form der Wahrnehmung von sozialer Wirklichkeit.
Gleichzeitig aber wird eine Handlung oder eine Äußerung über
eine Handlung als Teil menschlicher Praxis verstanden und insoweit unter dem Gesichtspunkt betrachtet, ob und wie sie einen
Beitrag leistet zur Ermöglichung menschlicher Freiheit. Dieser
Betrachtungsgesichtspunkt lässt sich als Kriterium einer Evaluation konkretisieren.

Ein solchermaßen bestimmtes Verhältnis zwischen Theorie/For-
schung und Praxis ist nicht einfach zu gestalten. In der konventionellen Forschung findet eine situative Objektivierung der
»Probanden« statt; wenn die Objektstellung im Forschungsprozess methodisch begrenzt bleibt, kann man nicht unbedingt ein
Verdikt gegen diese Art von Forschung begründen.

Aber sie erfasst auch nicht das Spezifische eines Theorie-Praxis-
Verhältnisses. Dazu hat sich eine Handlungs- oder Aktionsforschung herausgebildet, die den Vorgang der wissenschaftlichen
Erkenntnis und den der Selbstaufklärung (im Sinne von »Höherentwicklung«) synchronisieren will. Diese Idee lässt sich aber
ernsthaft nur realisieren, wenn der Akt der Erkenntnis für Forscher und Praktiker gleichermaßen möglich ist, was bedeutet,

dass die Beteiligten die Rollen, die sie als Forscher und Praktiker eigentlich zusammenbringen, im Erkenntnisprozess aufgeben. Auch wenn man nicht dem anspruchsvollen Modell der Handlungsforschung folgt, muss man in jedem Fall das Besondere einer (sozial-)pädagogischen Forschung bestimmen. Dietrich Benner hat vorgeschlagen, ein komplexes Design für »pädagogische Experimente« vorzusehen, bei denen die »kausalanalytische« Erfahrung des konventionellen Untersuchungsprozesses ergänzt wird um die Thematisierung einer »hermeneutischen« und einer »pädagogischen« Erfahrung. Damit kann man der lebensweltlichen und der praktischen Strukturierung des »Untersuchungsobjektes« Rechnung tragen (vgl. Benner 1978, S. 319 ff.).

3. Die dritte Gegenstandsbestimmung hat besonders Michael Winkler (1988) ausgearbeitet. Die Theorie hat es beim Versuch, ihr Objekt zu bestimmen, nicht nur mit einer sozialen Wirklichkeit und einem Teil menschlicher Praxis zu tun, sondern dieser Teil wird gerade dadurch kenntlich gemacht, dass er als »sozialpädagogisch« *bezeichnet* wird. Es gibt einen Kommunikationszusammenhang, ein Sprachspiel, in dem behauptet wird, dass etwas »sozialpädagogisch« sei oder sein solle.

»Dieser Zusammenhang – aus dem man übrigens auch heraustreten kann – lässt sich als ein ›Diskurs‹ bezeichnen: so bildet der sozialpädagogische Diskurs das Objekt, dessen sich die theoretische Bemühung um Sozialpädagogik gewiss sein kann« (Winkler 1988, S. 24).

In den Reflexionen des Diskurses darüber, was Sozialpädagogik sein soll, werden soziale Wirklichkeiten aufgenommen und verarbeitet, wobei ein bestimmtes Phänomen als sozialpädagogisches oder sozialpädagogisch relevantes Problem bestimmt wird. In den Begründungen des Handelns werden zugleich Vorstellungen darüber entwickelt, was eine angemessene Lösung oder Bearbeitung des Problems sein kann. Der Diskurs über Sozialpädagogik, der von allen, die diesen Begriff verwenden, geführt wird, entfaltet also Ansprüche dazu, was als sozialpädagogisches Problem und Handeln zu gelten habe. Diese im Reden über »Sozialpädagogik« enthaltenen Geltungsansprüche werden in der Theorie erfasst, in einen geordneten Zusammenhang gebracht (Theorie als Landkarte, Winkler 1988, S. 61) und diskutiert. Insoweit in diese Ordnung der Theorie die Selbstverständnisse der Subjekte als praktisch Handelnde eingehen, bildet die

Theorie nicht nur soziale Tatsachen ab, die nach dem Modell naturwissenschaftlicher Forschung objektiviert werden könnten, sondern muss dem subjektiven Charakter dieser Reflexionen (z. B. Ideen über den »Sinn« des praktischen Handelns) Rechnung tragen und ihn zur Geltung bringen. Theorie wird dabei kritische Theorie, insofern sie die gesellschaftliche Praxis mit ihrem Anspruch, gerechte und freiheitsermöglichende Praxis zu sein, konfrontiert, und ihre Form als Text enthält Elemente, die über die Struktur logisch geordneter Aussagen hinausgeht. »Dabei ist ihre Sprache reicher an Darstellungsmöglichkeiten, doch ärmer an Präzision – wenngleich die Begriffsklärung als ein Desiderat festzuhalten ist. Aber Pestalozzi und Makarenko haben gezeigt, dass die Theorie der Sozialpädagogik und die in ihr repräsentierte eigene Rationalität der Sozialpädagogik auch in der literarischen Gestalt des Romans verdichtet und vorgelegt werden können.« (Winkler 1988, S. 65) Da die Sozialpädagogik in besonderer Weise durch Sozialpolitik bestimmt wird, ist der Diskurs über diesen Zusammenhang besonders wichtig (vgl. Böhnisch/Schröer/Thiersch 2005).

Die dreifache Konstitution des Gegenstandes der Theorie

– als soziale Wirklichkeit, die sich geschichtlich in einem gesellschaftlichen Zusammenhang herausgebildet hat,

– als menschliche Praxis, die die Selbsttätigkeit des Individuums und die Humanisierung der gesellschaftlichen Gesamtpraxis fördert, und

– als durch den Diskurs im Sinne einer eigenständigen, abgegrenzten und durch ein besonderes Problem in Gang gebrachte Teilpraxis

verlangt von der Theorie, was sie wohl nur als ganze, nicht aber in den einzelnen Entwürfen ihrer Protagonisten und Richtungen leisten kann. Zum anderen wird sie sich in dem breiten Spannungsfeld von Anthropologie und Zeitdiagnostik bewegen. Denn wie der Mensch sich in seiner Praxis selbst entwirft und mit welchen Aufgaben die sozialpädagogische Praxis ihre Klienten konfrontiert, das hängt von den epochalen, zeittypischen, soziallagenspezifischen und situativen Bedingungen ab. Insoweit stellen sich stets einmalige und kontingente Aufgaben. In ihnen wird aber immer auch ein allgemeines, die konkrete Zeit überdauerndes Moment enthalten sein. Die Identifikation und Vermittlung von zeitdiagnostischen und anthropologischen Aussagen wird zu einer wichtigen theoretischen Aufgabe.

4.4 Zum Verständnis des Sozialen in Konzepten der Sozialpädagogik

Zu Beginn dieses Kapitels wurde ein Überblick zu Theorien der Sozialpädagogik gegeben, der für die informierende und orientierende Lektüre geeignet ist. Im Folgenden sollen nun Auffassungen und Ansätze unter einem Gesichtspunkt dargestellt werden, der diese Theorien mit konstituiert, dem des Sozialen. Bei aller Diffusität in der Verwendung dieses Begriffs unterscheidet *das Soziale* die Sozialpädagogik von anderen Pädagogiken, und im Falle der Sozialarbeit bestimmt es die Besonderheit und den Inhalt eines Berufs. Was wird in den verschiedenen Theorien unter »sozial« verstanden, explizit oder implizit? Unabhängig von der Wahl eines solchen Gesichtspunkts – das soll gleichzeitig betont sein – handelt es sich hier um eine selektive und perspektivische Darstellung, die nur einen exemplarischen Zugang ermöglichen kann.

4.4.1 Definition über die Adressaten

Für das pädagogische Denken hat die Legitimation des erzieherischen Eingriffs über Merkmale des »Zöglings« eine lange Tradition. Dabei ließe sich unterscheiden zwischen einer minimalistischen Vorstellung (wie in der anti-autoritären Pädagogik), die die Erziehungsbedürftigkeit als Basisannahme der Pädagogik auf einen nicht reduzierbaren Kern begrenzen will, und einer Pädagogik, die sich mit dem Hinweis auf Bedürfnisse oder Schwächen ihres Adressaten für hinreichend abgesichert hält. Diese Tradition, die durch die Kritik der Anti-Pädagogik erheblich geschwächt wurde, hat häufig die Form einer »Schwarzen Pädagogik« angenommen, bis hin zu den Praktiken der Züchtigung des »sündigen Kindes«.

In der Erziehungswissenschaft hat sich als grundlegende Legitimation die Pädagogische Anthropologie entwickelt, die über lange Zeit die Argumente zum Selbstverständnis eines erziehungsfähigen und erziehungsbedürftigen Mensch-Seins lieferte (Roth 1984).

In der durch kritische Theorie eingeleiteten Selbstreflexion zeigte sich, dass die Pädagogische Anthropologie kein unbedingtes Fundament für Erziehungskonzepte abgeben konnte, sondern selbst nur eines der von ihr kritisch betrachteten Selbstverständnisse des Menschen in der Welt darstellte. Diese Kritik verdeutlichte, dass es nicht um eine außersprachlich existierende »Erziehungstatsache« geht, sondern dass diese »Tatsache« in kulturell gebundener Sprache identifiziert und interpretiert wird und dass es gleichzeitig immer schon eine soziale, gesellschaftlich organisierte Reaktion auf die »Tatsache« gibt (Kamper 1973).

Die Anthropologie ist als Grundlage der Erziehung zwar im Hinblick auf bestimmte Formen ihrer Begründung, nicht aber im Hinblick auf ihre Notwendigkeit generell kritisiert worden. Dass sie als historische Disziplin, die selbst einem Wandel unterliegt, begriffen wird, heißt vor allem, dass ihre Argumentationen verbreitert werden müssen. Weil die Ausgangsverhältnisse für Erziehung nicht mehr von der »Natur« vorgegeben werden, sondern von der Definition der »Natur« und der menschlichen gesellschaftlichen Reaktion auf diese Definition, fließt das Selbstverständnis des Menschen in seiner Zeit in die grundlegenden Bestimmungen ein. Diese müssen dann so gefasst werden, dass sie ein kritisches Potential für die Auseinandersetzung mit je konkreten Begründungen enthalten. Denn die allgemeinen Aussagen über Erziehungsbedürftigkeit – im Zusammenhang mit Sozialpädagogik: Interventionsnotwendigkeit – müssen, um bestimmtes Handeln begründen zu können, konkreter mit Merkmalen und Situationen des Erziehungsadressaten spezifiziert werden.

Im Zusammenhang der beiden Disziplinen Sozial- und Sonderpädagogik wird eine solche spezifizierende Definition beispielsweise so formuliert: »Zentraler Bezugspunkt beider Disziplinen ist die Besonderheit der individuellen Voraussetzungen ebenso wie der sozialen Bedingungen des Lebens und Lernens der Adressaten – und die Besonderheit der sich daraus ergebenden pädagogischen Aufgabenstellungen, Methoden und Organisationsformen. Diese Besonderheiten lassen sich als Abweichungen von Regelgegebenheiten zusammenfassen mit dem Begriff der Beeinträchtigung, die in folgenden Hauptformen und zwar im Allgemeinen gekoppelt auftreten: Behinderungen, Störungen, Gefährdungen des Individuums sowie Sozial-Rückständigkeiten der Gesellschaft.« (Bach 1984, S. 1023) Wenn in der Konsequenz dieses Gedankens für eine einheitliche Disziplin »Sonderpädagogik« plädiert wird, löst sich die Polarität von »Merkmalen des Individuums – gesellschaftliche Behinderung« auf und die Merkmale der Klienten legitimieren ausschlaggebend die Disziplinbildung.

Die Besonderung der Adressatengruppe wird pädagogisch mit einem »zusätzlichen Förderbedarf« begründet; das findet sich als grundlegendes Argumentationsmuster in der Sonderpädagogik, aber auch bei den »Hilfen zur Erziehung«, bei der Drogenberatung usw. Je »stärker« die Argumente für eine Besonderung sind, desto deutlicher nähert sich das Interventionsmodell dem therapeutischen Setting an. Ebenso plausibel wird aber die Kritik an diesen Begründungen entfaltet. Sie weist im Prinzip auf die Wiederholung der gesellschaftlichen Zuschreibung und Aussonderung (Stigmatisierung, Etikettierung) hin und befürchtet, dass mit der Erziehungs- und Hilfelegitimation die Verdoppelung von sozialer Ausschließung vollzogen werde.

Solche Probleme und Fragen stellen sich insbesondere dann, wenn eine neue Disziplin apologetisch, d. h. in Verteidigung gegen und Zurückweisung von »kolonialisierenden Zugriffen« anderer Disziplinen, entwickelt wird und deshalb mit »starken« Argumenten begründet werden muss. Je mehr die Interessen einer Institution oder einer Berufsgruppe im Spiele sind, umso deutlicher müssen »sachliche« oder »funktionale« Argumente in den Vordergrund gebracht werden. Bei der Begründung einer eigenständigen Sozialarbeitswissenschaft spielen beispielsweise die Hinweise auf Besonderheiten der Adressaten Sozialer Arbeit, »das Risiko der Fehlanpassung und der Anpassungverweigerung (soziale Abweichung/ Deviation)« (Mühlum 1996, S. 30), eine Rolle.

Die adressatenbezogene Begründung legt das, was im Einzelfall als Ergebnis eines Arbeitsprozesses festgestellt werden kann *oder auch nicht*, als Prämisse der Intervention fest: »Worum geht es in der Sozialen Arbeit? Es geht doch darum, dass Menschen in gesellschaftlich induzierte Problemlagen geraten, an denen sie in bestimmter Weise beteiligt sind, und aus denen sie offensichtlich ohne professionelle Hilfe nicht herauskommen können.« (Müller/Gehrmann 1996, S. 108) Entscheidend ist hier die Definition von Hilfsbedürftigkeit, damit die professionelle Hilfe prinzipiell begründet werden kann. Würde die Hilfsbedürftigkeit nur hypothetisch eingeführt, könnte das zentrale Begründungsargument entfallen.

Dies gilt insbesondere dann, wenn der Status der Adressaten verdinglichend festgelegt wird: »Sozialarbeit hat es mit den Devianten, Deformierten, Delinquenten und Expropriierten zu tun. An ihnen lassen sich die Inklusions- und Exklusionsprozesse der Gesellschaft ablesen« (Tillmann 2000, S. 113).

Der sozialpädagogische Entwurf trägt in sich das Gegenbild zum Elend der Adressaten. Ihnen wird nicht nur Hilfe, sondern Heilung, nicht nur die Bearbeitung eines einzelnen Problems, sondern »ganzheitliche« Zuwendung versprochen. Diese Argumentationsfigur nimmt das religiöse und kirchliche Erbe der Sozialen Arbeit in sich auf und entwirft eine ganz »umfassende« Perspektive:

»Sozial-Pädagogik beinhaltet – wie es schon der Begriff andeutet – Hilfe und Erziehung. Als helfende Erziehung, als Erziehungs-Für-Sorge wurzelt sie im menschlichen Existential, in der innersten Sinngebung unserer Existenz, wodurch unser sozialpädagogisches Handeln sinnvoll ist. Durch soziale Einzelfallhilfe, soziale Gruppenarbeit und Gemeinwesenarbeit in den unterschiedlichsten Arbeitsfeldern und auf allen Interventionsniveaus wird der Sozialpädagoge auf Menschen, die Hilfe und Erziehung brauchen, einwirken, dass sie sich verändern und dass sie reifen, damit sie in der Gesellschaft und für die Gesellschaft leben können. So hat die Sozialpädagogik als Adressaten jeden, der Hilfe und Persönlichkeitsbildung wünscht und braucht. Insbesondere richtet sich ihre Erziehungs-Für-Sorge jedoch auf den leidenden, verführten, misshandelten, vernachlässigten, an den sozialen Rand gedrängten, verelendeten und verirrten Menschen, um ihm durch Erziehungs-Für-Sorge ein gutes Leben zu vermitteln. Dabei wird der Sozialpädagoge die Für-Sorge auf den gesamten Zusammenhang der menschlichen Lebensgestaltung beziehen« (Noack 2001, S. 11).

In säkularisierter Form werden die Motive und Selbstverständnisse der »Inneren Mission« aufgegriffen. Wenn als Aufgabe der Sozialpädagogik die Sorge für die »verirrten« Menschen bestimmt wird, dann ist diese Sorge »Seelsorge«; die Sozialen Berufe als »Beichtväter des 20. Jahrhunderts« (Halmos) werden wieder in religiösen Traditionen eingeordnet. Der Anspruch der »Ganzheitlichkeit« transformiert sich zum totalisierenden Zugriff – die von Wilfried Noack reklamierte Reflexionswissenschaft muss erst einmal die Prämissen der eigenen Konzeption aufklären, wenn sie Wissenschaft sein soll. Denn die referierte Definition der Sozialen Arbeit wird normativ und programmatisch so weit »aufgeladen«, dass ihre praktische Realität am Ende nur defizitär erscheinen kann. Was auf der Ebene der individuellen Motivation möglich ist und als moralischer Anspruch des beruflich Handelnden an sich selbst auch in einem gewissen Umfang notwendig erscheint, wird hier auf die Ebene der kategorialen Qualifizierung eines Systems erhoben.

Die referierten Begründungen für die Notwendigkeit von Sozialarbeit und Sozialpädagogik sind insoweit soziologisch »aufge-
klärt«, als sie die Interventionen nicht mit Persönlichkeitsdefiziten
biologistisch oder individualistisch zu erklären versuchen (obwohl
sich die Rede von »Deformierten« in erstaunlicher Nähe solcher
Traditionen befindet), sondern auch die gesellschaftliche Reaktion
auf Abweichung in die Analyse der Situation von Adressaten aufnehmen. Allerdings wird der Terminus »Armut« kaum verwendet,
es werden vor allem die der Gesellschaft als »gefährlich«, »unbere-
chenbar« erscheinenden Gruppen zu Adressaten der Sozialarbeit
bestimmt. Damit konstituiert sich eine *soziale Konstellation*. Das
entstehende Dreiecksverhältnis lässt sich als »Sozialität der Ausschließung zum Zwecke der Reintegration« beschreiben. Die Sozialarbeit nimmt in Relation zu »der« Gesellschaft die Position des
hilfreichen Problembeseitigers ein und legitimiert diese Relation
mit den Merkmalen ihrer Adressaten. Zu diesen nimmt sie die Beziehung des »Helfers in der Not« auf und verspricht ihnen einen
Weg zurück in die Gesellschaft, wenn sie sich dem sozialarbeiterischen Hilfeangebot fügen.

Dieses Modell steckt natürlich voller Ambivalenzen und gefähr-
licher Selbstmissverständnisse der Sozialarbeit. Sie verspricht der
Gesellschaft und ihren Klienten etwas, was sie nicht garantieren
kann. Zum anderen muss sie aber durch ihre relative Autonomie die
Unmittelbarkeit des gesellschaftlichen Ausschließungsprozesses
unterbrechen, um die Voraussetzungen für die Möglichkeit einer
»Gegenwirkung« (Schleiermacher) zu entwickeln. Das Soziale
wird aufgeteilt: Nach außen ist es die – im zugespitzten Fall – Aus-
beutungsgesellschaft, vor der Schutz gewährt wird, nach innen
wird das Soziale als Betreuungsverhältnis konstruiert. Die Adressaten sind Opfer der gesellschaftlichen Verhältnisse, Mitleid konstituiert die Beziehung zu ihnen. Die Sozialpädagogen sind Helfer
und Retter in der Not. Die Semantik einer Rettungsbewegung, wie
sie in den zitierten Schriften entwickelt wird, bezieht sich in diesem
Zusammenhang nicht auf das Engagement der individuell beruflich
Handelnden, die Verantwortung für eine Hilfe zu übernehmen, sondern dient zur Basislegitimation einer Disziplin. Die Frage nach der
persönlichen Motivation stellt sich in der Dimension der sozialpädagogischen Interaktion unausweichlich, weil sie die Ausformung
dieser *Interaktion* beeinflusst. Dagegen wird in den Begründungen
für die *Disziplin* der soziale Raum der Profession vermessen.

4.4.2 Orientierung an Erziehung und Bildung

Die Sozialpädagogik ist als Teil der Erziehungswissenschaft entstanden. In diesem Zusammenhang hat sie immer schon differierende Akzentuierungen erhalten und war bezogen auf ganz unterschiedliche Praxiszusammenhänge wie den schulischen Unterricht (Pestalozzi), die vorschulische Kindererziehung (Fröbel), die Jugendarbeit (Jugendbewegung, Nohl), Entwicklung und Erziehung außerhalb der Familie (von Makarenko bis Bernfeld), die Resozialisierung oder die Begleitung der Berufsausbildung. Das erziehungswissenschaftlich zu bearbeitende »Volumen« der Fragestellungen in diesem Zusammenhang ist ebenso kontinuierlich gewachsen wie die zu ihrer Beantwortung herangezogenen Denkformen.

Eine Reaktion auf das Unübersichtlichwerden des Denkrahmens der Sozialpädagogik und der von ihr »betreuten« Handlungsformen sowie Funktionszusammenhänge ist der Vorschlag, sie auf Bildung und Erziehung zu konzentrieren (Richter 1998). Helmut Richter hat diesen Vorschlag besonders deutlich ausgearbeitet, indem er im Rahmen der Sozialpädagogik den Bereich der außerschulischen Jugendbildung akzentuiert und »ihn gegenüber der Kleinkind-, Kindergarten- und Vorschulerziehung wie gegenüber der Erwachsenenbildung und Weiterbildung« (Richter 1998, S. 18) begrenzt: »Das heißt, ich fasse die Jugendbildung als Kernbereich der Sozialpädagogik auf und bestimme sie positiv als den Bereich, der für Kinder und Jugendliche im schulpflichtigen Alter und während ihrer Ausbildung unter Bildungsaspekten von Bedeutung ist, auch wenn die Bildung – wie z.B. im Falle der Peer-groups – nicht beabsichtigt ist« (S. 18). Richter bleibt mit seiner Ein- und Abgrenzung insofern vorsichtig, als er von einem »Kernbereich« spricht, an den eben auch noch andere Bereiche »angelagert« werden können, aber er macht den konsequentesten Begrenzungsvorschlag, worauf sich der Terminus »Sozialpädagogik« beziehen soll.

Der Vorteil der präzisen Eingrenzung offenbart aber auch bald seine Schattenseite: Alles außerhalb der Jugendarbeit bleibt im Dunkeln, die ganze übrige Jugendhilfe wird unter »Zwangseinrichtungen« abgehandelt (S. 167 ff.) und damit theoretisch marginalisiert. Der quantitativ relevante Bereich der Tageseinrichtungen für Kinder und der qualitativ interessante Bereich der Hilfen zur Erziehung, auch der Jugendsozialarbeit oder der Drogenhilfe wandert

also in den Randbereich der Sozialpädagogik. Damit verliert aber
diese Eingrenzung der Sozialpädagogik ihren Sinn.

Die Grenze der Sozialpädagogik wird da gezogen, wo die Konflikte zwischen Individuum und Gesellschaft stärker werden, wo
der Problemgehalt deutlicher ausgeprägt ist. So bestimmt die mit
dem Bildungsbegriff assoziierte Vorstellung der selbstbestimmten
Entfaltung bei Helmut Richter das Modell der Sozialpädagogik.
Die Grenze zwischen absoluter Freiwilligkeit und Einwirkung markiert die Grenze der Sozialpädagogik. Was in anderen Modellen
das Ergebnis von sozialpädagogischen Arbeitsbeziehungen sein
soll, wird hier zur Voraussetzung gemacht. Der Bildungsbegriff
wird defensiv eingesetzt zur Abgrenzung der Sozialpädagogik, um
pädagogisches Handeln freizuhalten von allen Vermengungen mit
Druck- und Zwangsverhältnissen. Das *Modell des Sozialen*, das mit
der Grenzziehung verbunden ist, ist das der Exklusivität. Der vom
Jugendlichen als »Bildungspartner« gewählte Sozialpädagoge
grenzt einen Raum der Bildung aus, in dem diese handlungsentlastet in Gang kommen kann. Dies kann darauf hinauslaufen, wie
Heinz Sünker im Anschluss an Heydorn zeigt, dass Bildung in Gegensatz tritt zum Leben in Institutionen schlechthin: »Angesichts
der gegenwärtigen gesellschaftlichen Verhältnisse geraten Institution und Mündigkeit in einen unüberbrückbaren Gegensatz« (Sünker 2000, S. 46).

Würde man bei diesem Befund stehen bleiben, dann wäre pädagogisches Handeln aus den Zwängen des Alltagslebens in Institutionen herausgelöst und stünde in der Gefahr, als »bildungsbürger-
liche« Veranstaltung missverstanden zu werden. Daran ist aber die
an Bildungstheorie orientierte Sozialpädagogik nicht interessiert.
Heinz Sünker beispielsweise nimmt Hegels Analyse der bürgerlichen Gesellschaft auf und erinnert mit Hegel an die Widersprüche
von Arm und Reich, die gerade in dieser Gesellschaftsform hervorgebracht werden. Der soziale Ort der Sozialpädagogik liegt darum
nicht außerhalb dieser Widersprüche, sondern mitten darin. In der
kapitalistischen Gesellschaft ist der zentrale Bezugspunkt der Sozialpolitik die dauernde Transformation von Arbeitsvermögen in
Lohnarbeit und die Bearbeitung der Folgen des umgekehrten Prozesses. Darauf ist auch Soziale Arbeit bezogen, also auf den Kern
der Vergesellschaftung in modernen kapitalistischen Gesellschaften (Sünker 1995, S. 77 ff.).

Eine an Bildung interessierte Sozialpädagogik versucht also nicht, wie Mollenhauer (1959) an der alten Sozialpädagogik kritisiert hat, in die Gemeinschaftsidylle vorindustrieller Zeiten zu flüchten, sondern erarbeitet sich gesellschaftstheoretische und -kritische Grundlagen für die Suche nach Möglichkeiten des »empowerment« (Herriger 2002) mitten in der modernen Gesellschaft (Sünker 1995). Dazu braucht sie eine Theorie der Moderne und eine subjekttheoretische Grundlegung (vgl. Winkler 1988). Die regulative Idee des Bildens, als »gesellschaftsbezogenes kritisches Wissen verstanden, das die kulturelle und technische Form der Gesellschaft reflexiv zu sich selbst bringt« (Velthaus 2002, S. 76), bewährt sich deshalb nicht außerhalb der Institutionen und Zwangsverhältnisse des Alltags.

4.4.3 Orientierung an der Idee des »Sozialen«

Die Definition von Wissenschaftsdisziplinen hat abstrakte und zugleich voraussetzungsreiche Kategorien zu berücksichtigen. Die Gemeinsamkeit von Sozialarbeit und Sozialpädagogik liegt in einer solchen Kategorie begründet, weshalb sich die Auseinandersetzung mit dem »Sozialen« nicht umgehen lässt. Diese Auseinandersetzung ist auch notwendig, weil die Gesellschaftlichkeit des Individuums und die Sozialität der Gesellschaft zugleich Gegenstand und Medium der Sozialpädagogik darstellen.

Was die Sozialität im Einzelfall ausmacht, lässt sich immer nur von außen *und* innen, d. h. in der Sicht des Subjekts, gleichzeitig klären. Die anthropologischen Voraussetzungen der Nichthintergehbarkeit des Individuums und der Gesellschaftlichkeit des Menschen bilden die spannungsreiche Bedingung der Theoriebildung. Wie man die Relation bzw. den Konflikt zwischen Individuum und Gesellschaft versteht, ist also von entscheidender Bedeutung für das Verständnis der Sozialpädagogik, und es hat in ihrer Entwicklung ganz verschiedene Vermittlungsvorstellungen gegeben.

Paul Natorp beispielsweise hat einen Konflikt oder Gegensatz nur dort feststellen können, wo sich das individuelle Bewusstsein noch nicht richtig selbst begriffen hat. Sein sozialistischer Sozialidealismus beruht nämlich auf der Annahme: »Der Mensch wird zum Menschen allein durch menschliche Gemeinschaft.« (Natorp 1968, S. 1) Um eine möglichst stichhaltige Argumentation für seine Auffassung der Sozialpädagogik entwickeln zu können, beginnt er seinen Gedankengang bei dem scheinbar entgegengesetzten Pol des Erziehens, der individuellen Willenserziehung. Wenn man dabei nach dem möglichen Inhalt des individuellen Willens und seiner Begründung fragt, dann muss man die Bedingungen rekonstruieren, unter denen die Frage nach dem individuellen Willen möglich geworden ist.

Das reine Wollen des Individuums, ohne auf etwas Bestimmtes festgelegt, ist ganz individuell. Niemand anders kann für mich oder an meiner Stelle »wollen«. Und wenn ich unter dem Einfluss anderer, z. B. der Gesellschaft, stehe, dann ist gerade dieses beeinflusste Wollen nicht *mein* Wollen. Auf der anderen Seite bedeutet »Gemeinschaft« nicht, Anteil an einem gemeinsamen geistigen Besitz zu haben, sondern bedeutet, aus eigenem Recht, von den anderen unabhängig und unbeeinflusst, den gleichen Besitz zu haben wie die anderen; »von Willensgemeinschaft, von Willensbildung durch Gemeinschaft kann eigentlich erst dann und genauso weit geredet werden, als der eine dem anderen als gleicher gegenübersteht und in freier Übereinstimmung mit ihm dasselbe wollen lernt; denn Wille im Vollsinn des Wortes bedeutet Selbstbewusstsein.« (S. 6)

Wie kann aber das Bewusstsein Sicherheit darüber gewinnen, dass es ein Selbst-Bewusstsein ist? Es erfährt den Willen des anderen als selbständigen Willen eines anderen Bewusstseins und kann in der Spiegelung seinen eigenen Willen als selbst-bewussten erkennen. »Gerade das Selbstbewusstsein also, und mithin das selbstbewusste Wollen, entwickelt sich allein in und mit der Gemeinschaft von Bewusstsein und Bewusstsein, die primärerweise Willensgemeinschaft ist.« (S. 8)

Die Bedingung der Erfahrung des eigenen Wollens ist die Erfahrung des Wollens des anderen. Frage ich dann weiter nach dem letzten Grund des eigenen und des anderen Wollens, so zeigt sich, dass eine Regel für beide gilt, die der Willensgemeinschaft. »Der Begriff der Sozialpädagogik besagt also die grundsätzliche Anerkennung, dass ebenso die Erziehung des Individuums in jeder wesentlichen Richtung sozial bedingt sei, wie andrerseits eine menschliche Gestaltung sozialen Lebens fundamental bedingt ist durch eine ihm gemäße Erziehung der Individuen, die an ihm teilnehmen sollen. Danach muss dann auch die letzte, umfassendste Aufgabe der Bildung für den Einzelnen und für alle Einzelnen sich bestimmen. Die sozialen Bedingungen der Bildung also und die Bildungsbedingungen des sozialen Lebens, das ist das Thema dieser Wissenschaft. Und dies betrachten wir nicht als voneinander trennbare Aufgaben, sondern als eine einzige. Denn die Gemeinschaft besteht nur im Verein der Individuen, und dieser Verein wiederum nur im Bewusstsein der Einzelglieder. Das letzte Gesetz ist daher für beide, Individuum und Gemeinschaft, notwendig eins und dasselbe.« (S. 9; zu Natorp vgl. Niemeyer 1998)

Der von Natorp entwickelte Begriff der Sozialpädagogik und die dabei konkretisierte Vorstellung der Einheit und der im strengen Sinne idealen Übereinstimmung von Individuum und Gesellschaft stehen natürlich in erheblichem Gegensatz zu empirischen Beobachtungen. Deshalb wird die mit der Begriffsbildung korrespondierende Zeitdiagnose als Kritik, als Kapitalismuskritik durchgeführt. Wir finden diese Denkfigur, wie Begriff der Sozialpädagogik und kritische empirische Gesellschaftsanalyse miteinander verknüpft und aufeinander bezogen sind, als ein die Sozialpädagogik durchziehendes Leitmotiv. Bei Hans Thiersch wird der entfremdete einem gelingenderen Alltag gegenübergestellt (Thiersch 1986), bei Heinz Sünker (1989) steht die »Autonomie der Lebenspraxis« den Entfremdungsverhältnissen des Kapitalismus gegenüber. Wenn die »Wechselwirkung« von Individuum und Gesellschaft als Begriff des Sozialen begründet wird, dann führt der Gedanke, »dass der Mensch als Individuum nur in einer gerechten, menschlichen Gesellschaft zu sich selber kommt« (Institut für Sozialforschung 1956, S. 48), zu dieser Notwendigkeit von Gesellschaftskritik.

Der Umgang mit einem solchen Idealismus, der die Versöhnung von Individuum und Gesellschaft denkt, hat ein theoretisches und ein praktisches Problem vor sich.

Das theoretische Problem zeigt sich im Begriffspaar von Gemeinschaft und Gesellschaft. Natorp kann die Gleichsinnigkeit von Individuum und Gemeinschaft nur annehmen, weil er sie im Gemeinschaftsbegriff als Übereinstimmung des Verschiedenen voraussetzt. Verwendet man dagegen den Gesellschaftsbegriff, dann ist die prinzipielle Nichtübereinstimmung der Verschiedenen ebenso logisch begründet wie die Übereinstimmung. In der Gesellschaft kann die Zugehörigkeit des Individuums nicht als solche zu einer Gemeinschaft gedacht werden, weil sich in der Gesellschaft gerade viele Gemeinschaften und andere soziale Strukturen ausdifferenziert haben. Gesellschaft ist durch Differenz, durch den Konflikt der Interessen bestimmt.

Praktisch kann die Übereinstimmung des individuellen Willens mit dem der Gemeinschaft ebenfalls nicht vorausgesetzt werden. Im Gegenteil: Der Konflikt des Individuums in seinen Gemeinschaften und im Gefüge sozialer Strukturen ist Anlass und Inhalt der Sozialpädagogik. Sie kann aber, und dazu ist das Modell anregend, die Selbstreflexion des Individuums als Selbstbewusstsein im Zusammenhang der anderen Selbstbewusstseine befördern. Der praktische Gegenstand der Sozialpädagogik lässt sich nach diesen Überlegungen mehrdimensional bestimmen: Es geht um das Verhältnis des Individuums in seinen Gemeinschaften (z. B. den Konflikt eines Jugendlichen in seiner Familie), die Beziehung von Gemeinschaften zu Gesellschaft (z. B. die [fehlenden] sozialisatorischen Leistungen einer Familie in Relation zu Schule) und die Konflikte zwischen Individuum und Gesellschaft (z. B. bei deviantem Verhalten).

Die Abgrenzungen und Überschneidungen von Individuum, Gemeinschaft und Gesellschaft sind in modernen Gesellschaften institutionalisiert und überwiegend rechtlich kodifiziert. Was diese Abgrenzungen aber im Einzelnen für verschiedene Individuen bedeuten, wie sich die Maßverhältnisse im Sozialen Wandel verändern, wodurch die wechselseitigen Integrationsbeziehungen belastet werden: all dies kann unterschiedlich wahrgenommen und bewertet werden (vgl. Hondrich 2002). Mit den daraus resultierenden Konflikten hat es praktische Sozialpädagogik zu tun. Sie wird konfrontiert mit realitätsvergessenen Individualisierungsbestrebungen wie auch mit Übergriffen der Gemeinschaft auf die Autonomie des Individuums, mit der maßlosen Steigerung von Gemeinschaftsvorstellungen wie auch destruktiven Wirkungen von Gesellschaft und Gemeinschaften, mit der unzureichenden Sozialisation von Individuen in moderne Gesellschaften wie auch der »Kälte« der Gesellschaft gegenüber dem Individuum. Die Sozialpolitik versucht, diese Konfliktfelder institutionell zu regulieren, die Sozialpädagogik hat dann Interaktionssituationen zu bearbeiten.

4.4.4 Das Subjekt als Bezugspunkt

Die Orientierung am »Subjekt« ist eine auf den ersten Blick überraschende Perspektive in diesem Kontext, wo es doch um das Verständnis des »Sozialen« in den Theorien der Sozialpädagogik geht. Michael Winkler, dessen Theorie der Sozialpädagogik (1988) hier exemplarisch betrachtet werden soll, liefert denn auch eine eingehende Begründung dieser Perspektive.

Sein Ausgangspunkt ist eine Analyse der modernen Gesellschaft, die sich grundsätzlich nur in ihrer Widersprüchlichkeit verstehen lässt: Sie befreit aus den Fesseln des Feudalismus und führt zugleich in die Entfremdungsverhältnisse des Kapitalismus. Modernisierungsprozesse kennzeichnen die Moderne mit ihrer Ambivalenz, aus traditionalen Bindungen und Herrschaftsverhältnissen herauszuführen und die Menschen zugleich ihren »neuen« Rationalitätsmustern zu unterwerfen. Diese Rationalität beansprucht Vernünftigkeit im Umgang mit Raum und Zeit, Öffentlichkeit und Privatheit, Bedürfnissen und Interessen, Individualität und Konformität.

Die Moderne entwickelt eine spezifische Semantik, um das neue Verständnis des Verhältnisses von Individuum und Gesellschaft zu fassen. »Es ist der Begriff des Subjekts, der den in der Moderne gegebenen Zwiespalt zwischen Individualisierung und Disziplinierung, somit die conditio humana in ihrer bürgerlich-kapitalistischen Fassung einer neuen Interpretation zugänglich macht« (S. 139). Die Verwendung des Subjektbegriffs verändert die sozialpädagogische Theorie und die Bestimmung des sozialpädagogischen Problems (die der sozialpädagogischen Praxis vorausgeht).

Die Pädagogik der Moderne verwendet den Subjektbegriff, weil sie die Notwendigkeit von Erziehung mit dem Ziel der Ermöglichung von Subjektivität begründet. Dies ist ihre Basislegitimation. Für vormoderne Gesellschaften war der Prozess der Sozialisation insofern ausreichend, als die Übernahme von Rollenerwartungen die Zugehörigkeit der Menschen zu sozialen Ordnungen ausreichend sicherstellte. So grundlegend die Legitimation von Erziehung ist, so paradox ist sie gleichzeitig, soll doch durch Erziehung Mündigkeit, d. h. selbstbestimmtes reflexives Verhältnis des Individuums zu sich und seinen Verhältnissen, erreicht werden.

Das Subjekt bezieht sich auf die es umgebende Welt reflektierend und gewinnt eine Vorstellung von sich selbst dadurch, dass es sich selbst der Welt entgegenstellt. Es kann sich einerseits aus seinen sozialen Beziehungen nicht wirklich herauslösen, es bleibt ja Teil der wirklichen Welt, andererseits macht sich das Subjekt die Welt bewusst von seinem eigenen Standpunkt aus, der von allen anderen Standpunkten unterschieden ist. Weil es sich hier aber nicht nur um Denken, Bewusstwerden und Erfahrung handelt, sondern

weil das Verhältnis zur Welt in seiner Gesamtheit das Handeln des
Menschen ausmacht, geht es um die *Aneignung* der Welt durch das
Subjekt. »Subjektivität ist ein Modus der Auseinandersetzung mit
der Umwelt« (S. 147). Das Subjekt entsteht durch Aneignung, verändert sich stetig, es *ist* nicht, sondern es verhält sich. Der Subjekt-
status ist nicht ein einmal erreichter Zustand, Subjektivität ist die
andauernde Distanzierung zur und Aneignung der Welt. Im Falle
der Sozialpädagogik geht es zunächst nicht um die schulisch organisierten Lernprozesse, in denen die kulturellen Gehalte der Tradition angeeignet werden sollen, in Frage steht vielmehr die Aneignung der Sozialen Welt. Aneignung ist möglich, wenn das Subjekt
im »Modus des Könnens« aneignungsfähig ist und die Welt als anzueignende zur Verfügung steht.

In seiner individuellen Entwicklung bildet das Subjekt auch die
Fähigkeiten zur Aneignung aus, wobei dieser Prozess, soll er gelingen, auch immer voraussetzt, dass in der Umwelt des Individuums
(an seinem »Ort«) Elemente der Welt als Gelegenheiten zur Aneignung zur Verfügung stehen. Das Subjekt entfaltet sich *in* seiner
Welt. »Je mehr es sich von einer gesellschaftlichen Objektivität aneignet, um so stärker bezieht es sich auch auf diese; es baut sich gewissermaßen in diese ein, wird dabei spätestens durch das Element
der Exteriorisation [indem es zum Ausdruck bringt, was es sich angeeignet hat, F. H.] für sich selbst und für andere in der Besonderheit seiner Aneignung und Aneignungsgeschichte identifizierbar.«
(S. 150) Jede Aneignung bedeutet dann auch eine Festlegung auf
eine bestimmte individuelle (Aneignungs-)Geschichte und realisiert alternative Möglichkeiten nicht. Das Subjekt ist ein bestimmtes und sichert sich in der Subjektivität als seinem eigenen und einmaligen Verhältnis zur Welt seine Freiheit.

Jede Bestimmung eines sozialpädagogischen Problems (in der
Moderne) muss von dieser allgemeinen Rahmung ausgehen und
jede Person als ein Subjekt anerkennen. Diese Anerkennung ist vo-
raussetzungslos, weil über Subjektivität, mag sie auch noch so
schwer zu erkennen sein, nicht von außen entschieden werden
kann. Das sozialpädagogische Problem erschließt sich in dieser
Perspektive als Problem, das das Subjekt in und mit seiner Welt hat
(vgl. konkretisierend Abschnitt 6.2). Allerdings ist nicht jedes dieser Probleme von vornherein ein sozialpädagogisches; definierbar
als solches wird es, wenn das Subjekt und die Möglichkeit seiner
Subjektivität gefährdet sind. Damit wird aber auch gleichzeitig der

Rahmen für das sozialpädagogische Handeln skizziert: Ähnlich wie bei Mollenhauers Definition der pädagogischen Handlungssituation bestimmen nach Winkler die je konkreten Aneignungsprobleme den Aufgabenhorizont des sozialpädagogischen Handelns.

»Normale« Probleme im Aneignungsvorgang bearbeitet das Individuum selbst. Es lässt sich zeitweise auf die Suche ein und ist insofern »nicht Subjekt«, hat aber nach erfolgter Aneignung an Subjektivität dazugewonnen. Problematisch wird es dann, wenn die Phase der »Nichtsubjektivität«, in der man dem, was man sich aneignen will, ausgesetzt bleibt, anhält und sich dann eine »Subjektivität der nicht gelungenen Aneignung« festsetzt.

Am Beispiel der Drogenabhängigkeit lässt sich der Gedankengang konkretisieren. Zunächst muss man festhalten, dass es nicht prinzipiell um den Konsum oder Nicht-Konsum von Drogen geht. Die Sozialpädagogik ist nicht auf die Durchsetzung bestimmter gesellschaftlicher Normen gerichtet, sondern auf die Sicherung von Subjektivität im Aneignungshandeln. Deshalb ist in dieser sozialpädagogischen Perspektive nur die akzeptierende Drogenarbeit zu begründen, liegt die Anerkennung des Subjekts dem sozialpädagogischen Handeln doch voraus. Im Falle einer Abhängigkeit allerdings, wenn das Individuum sich zwanghaft die Droge »aneignet«, also ihr und ihrer Wirkung *unterworfen* ist, kommt die Subjektivität des Subjekts im Aneignungshandeln nicht zum Zuge. Das Individuum lebt im *Modus der Differenz*. Dieser entsteht gerade nicht durch soziale Missbilligung (die aber alle Formen des abweichenden Verhaltens als soziale hervorbringt und seine Folgen verschärft), sondern durch das zwanghafte Verlangen nach der Droge, das die Möglichkeit der Subjektivität im Aneignungsverhalten verhindert. Sofern sie nicht ein bestimmtes Verhaltensmodell durchsetzen will, ist die sozialpädagogische Intervention nicht einfach Kontrollverzicht. Aber sie folgt den Spielregeln der Moderne, die auf selbstbestimmte Rückkehr zur »Vernünftigkeit« abzielen.

Michael Winkler differenziert den hier nur grob dargestellten Gedankengang und unterscheidet verschiedene Formen und Dynamiken des Aneignungsproblems (S. 154 ff.). Diese Unterscheidungen sind hilfreich für die Diagnosen des sozialpädagogischen Problems, wie sie beispielsweise von Klaus Mollenhauer und Uwe Uhlendorff (vgl. zusammenfassend Uhlendorff 2002) entwickelt worden sind. Doch können solche Unterscheidungen und diagnostischen »Instrumente« nur eine *anleitende* Funktion haben, weil eine objektivierte, erst recht eine standarisierte Form von Diagnosen nicht mehr sein kann als die äußere Hülle von kommunikativen Verständigungen darüber, was den Modus der Identität für das Subjekt einschränkt oder verhindert. Problematisch bzw. gar problemgenerierend werden Diagnosen dann, wenn sie die Anerkennung des Subjekts verhindern.

Winklers Interesse richtet sich gleichwohl auch auf das konkrete sozialpädagogische Handeln. Doch er konzipiert es nicht als »helfende Beziehung« oder als »pädagogischen Bezug«. In solchen Modellen wird allzu oft »Hilfsbedürftigkeit« vorab unterstellt und oft auch als »Abhängigkeit vom Helfer« auf Dauer gestellt. Als Komplementärbegriff zu »Subjekt« führt Winkler den des »Ortes« ein, weil mit seiner Hilfe die subjektivitätstheoretisch »passende« Handlungsform beschrieben werden kann. In der Geschichte der praktischen Sozialpädagogik finden sich viele Beispiele (ja es sind gerade die klassischen »Experimente«, die sich dadurch auszeichnen), dass an einem Ort Lebens- und Lernbedingungen geschaffen werden, die »den Individuen nicht bloß existenzielle Sicherheit geben, sondern Lern- und Entwicklungsmöglichkeiten eröffnen, die schließlich zu einem selbstbestimmten Leben führen, in welchem vor allem auch die Traditionszusammenhänge durch die Betroffenen selbst bestimmt und gestaltet werden«. (S. 265) Im Unterschied zu der Orientierung an »Beziehungen« ermöglicht der »Ort« die Hervorhebung von sachlichen Aspekten, also der gestalteten Bereitstellung von Aneignungsobjekten. In Siegfried Bernfelds Bericht vom »Kinderheim Baumgarten« wird beispielsweise deutlich, wie die Notwendigkeit, in einer chaotischen Anfangssituation eine minimale soziale Ordnung finden zu müssen, soziale Aneignungsaufforderungen bereitstellt und sich dabei sowohl Individualität wie Kollektivität entwickelt. Viele erlebnispädagogische Praktiken folgen heute derselben Logik.

Der Begriff des Ortes ist eine Kategorie, mit der nicht nur bestimmte Einrichtungen als Orte für sozialpädagogisches Handeln begründet werden können, sondern die auch als kritisches Instrument dient, um zu prüfen, ob diese Einrichtungen Subjektivität ermöglichen. Dabei kann es auch darum gehen, Aneignungsgehalte zur Verfügung zu stellen, die die Auseinandersetzung provozieren. Die Gestaltung der Orte ist nicht beliebig, sondern auf die Aneignungsgeschichte des Individuums und die Möglichkeit ihrer Fortsetzung in eine offene Zukunft hinein bezogen.

Das Modell des Sozialen, an dem sich die subjektivitätstheoretische Fassung der Sozialpädagogik orientiert, wird an den *Grundbestimmungen des sozialpädagogischen Handelns* noch einmal deutlich: Die Anerkennung der Adressaten als Subjekte macht sie gleich, die Anerkennung in ihrer Subjektivität begründet ihre individuelle Einmaligkeit. Gleichheit und Differenz sind konstitutiv für das Soziale. Die Selbsttätigkeit und die Gestaltung der sozialen Ordnung unter dem Gesichtspunkt, dass sie individuelle Selbstbestimmung und gemeinsame Ordnung gleichermaßen ermöglichen und fördern, sind weitere Kriterien. Weil über Subjektivität nicht objektiv entschieden werden kann, legitimiert nur der Adressat des sozialpädagogischen Handelns dieses Handeln. Dieses Postulat verstärkt aber zugleich die Widersprüchlichkeit, dass das Handeln nicht allein aus der Perspektive einer problematischen Aneignungsgeschichte heraus als notwendig anerkannt werden kann, vielmehr der Sozialpädagoge aus eigener Einsicht und Verantwortung tätig wird.

Schließlich zielt das sozialpädagogische Handeln auf die Auseinandersetzung mit den Lebensbedingungen, die die Alltäglichkeit der Adressaten konstituieren. Der sozialpädagogische Ort ist in gewisser Weise »Schonraum«, insofern die Aneignungsgeschichte des Individuums an der Stelle wieder aufgenommen werden kann, wo Störungen aufgetreten sind. Er soll offene Zukunft ermöglichen, ohne in die Ortlosigkeit der Utopie hinausführen zu müssen.

Das Soziale ist hier entworfen als Verwirklichung einer aufgeklärten, also reflexiven Modernität, die das Individuum nicht den Imperativen einer kapitalistischen Entfremdung unterwirft. Sozialpädagogik orientiert sich an den Ansprüchen, die die Moderne selbst auf die Tagesordnung gesetzt hat, und arbeitet sich an den Widersprüchen der ewig unvollendeten Moderne ab.

4.4.5 »Ort« und »Gerechte Gemeinschaft«

Die Ausdifferenzierung der Aggregatebenen Individuum/Gemeinschaft/Gesellschaft und die Bestimmung der sozialpädagogischen Aufgabe als »Tätigkeit an den Grenzen« kann einige Blockierungen in der Theoriediskussion auflösen: Die Vermischung von »Gemeinschaft« und »Gesellschaft« in der »Kommunitarismus-Debatte« (Böllert 2001) kann revidiert werden. Auch die Unterscheidung von Gemeinschaften, die auf »Gemeinsamkeitsglauben«

(Max Weber) beruhen, und Gemeinschaften, die – wie in modernen Gesellschaften – als »inszeniert« gelten, verliert an Bedeutung, weil die sozialwissenschaftliche Analyse zeigt, dass die Qualität von Beziehungen und die Stabilität von Bindungen in gemeinschaftlichen Lebensformen durch Gemeinsamkeitsglauben und Inszenierung gefördert werden, aber nicht von ihnen abhängen. Gänzlich hinfällig wird die These, dass inszenierte Gemeinschaften als »künstlich« und traditionale Vergemeinschaftungen als »stabil« gelten können.

Bedeutsam aber ist vor allem, dass »Gemeinschaft« in modernen Gesellschaften mit der Autonomie des Individuums ebenso vereinbar ist wie funktionale gesellschaftliche Strukturierungsprinzipien. Das macht sie gerade für die Sozialpädagogik interessant.

Eine zum Begriff der Gemeinschaft äquivalente Vorstellung entwickelt Michael Winkler mit der Kategorie des »Orts«. Diese Vorstellung hat in der Sozialpädagogik eine lange Tradition, von Pestalozzi bis zu den Gemeinwesenzentren und den SOS-Kinderdörfern.

Die Orientierung am Subjekt und an der Verpflichtung der sozialpädagogischen Praxis, ihm Lebensmöglichkeiten zur Wiedergewinnung von »Identität« anzubieten, bestimmt die Gestaltung des Ortes. Dieser soll Sicherheit bieten zum angstfreien Sichbewegen und Offenheit gewährleisten für die Selbstbildung des Individuums. Der Ort ist ein Lebensfeld, an dem die gesellschaftliche Determination unterbrochen ist, und insoweit »Schonraum«, zugleich enthält er jene An- und Herausforderungen, die das Individuum als »Aneignungsmaterial« zu seiner Weiterentwicklung benötigt. Die Struktur des Ortes (beispielsweise ein Heim, ein Jugendzentrum, eine Beratungsstelle), die Eigentätigkeit des Individuums und das sozialpädagogische Handeln bilden die drei Variablen des sozialpädagogischen Arbeitsprozesses. Mit der Orientierung am »Ort« wird dessen sozialisierende Funktion in den Vordergrund gestellt. Dabei kann der Ort des sozialpädagogischen Handelns ganz außerhalb der Lebenswelt seiner Adressaten aufgebaut werden (stationäre Unterbringung), er kann ein Element der Lebenswelt werden (Jugendzentrum), oder aber das Handeln wählt sich die Lebenswelt als seinen Ort aus (sozialpädagogische Familienhilfe), wenn die Kumulation der sozialpädagogischen Einwirkung und der sozialisatorischen Wirkung der Lebenswelt am besten die Selbstentfaltung der Adressaten erwarten lässt.

Die gegenüber dem Begriff der Gemeinschaft allgemeinere Kategorie des Ortes schließt die sozialen Beziehungen am Ort ein. Sie treten als Kollektiv- oder Gruppenbeziehungen und als Beziehungen zu Pädagogen und Pädagoginnen in Erscheinung. Ihre Gestaltung ist der Ermöglichung von Subjektbildung zugeordnet, und sie müssen, wenn Beziehungen für ein Subjekt gerade die belastende und neu anzueignende Realität darstellen, in den Hintergrund treten. Die Sozialität des Ortes steht zur Disposition und wird auf das Aneignungshandeln des Individuums hin orientiert. Sie kann dieses Handeln sozialisatorisch ermöglichen oder blockieren – die sozialpädagogische Intervention ist dementsprechend auszugestalten. Der Ort wird um das Verhältnis des Adressaten zu seinem Problem herum arrangiert.

In einer *Gerechten Gemeinschaft* treten die Regeln des Sozialen als Aneignungsgegenstand in den Vordergrund. Theorie und Praxis der Gerechten Gemeinschaft, der *just community*, wurden von Lawrence Kohlberg entwickelt. Sie ist in ganz verschiedenen Situationen, von der Highschool bis zum Jugendgefängnis, erprobt worden (vgl. Oser 1988; Brumlik 1992). Seinen Ausgang hat dieses Konzept bei einer Theorie der Entwicklung moralischen Urteilens genommen. Die Einbeziehung der Urteil-Handeln-Problematik hat die Integration des eindimensionalen psychologischen Konzepts in ein mehrdimensionales pädagogisches Modell ermöglicht. In diesem fließen viele Elemente zusammen, die aus der demokratischen und reformpädagogischen Tradition vertraut sind. Die Forschungsergebnisse zur Entwicklung des moralischen Urteils und die praktischen Erfahrungen aus den Experimenten einer *just community* hat Kohlberg zu einer »Theorie der moralischen Erziehung« verknüpft, die sich an einem Zielzustand der »Gerechtigkeit als Reversibilität« (Brumlik 1992, S. 266) orientiert. Dabei kommt es darauf an, die analytisch-beobachtende Perspektive mit der Perspektive des tatsächlich in eine praktisch-moralische Auseinandersetzung verwickelten Pädagogen zu verknüpfen. Einstellungswandel und Bildungsprozess sind bei den »Adressaten« nur möglich, wenn »sich auch LehrerInnen als TeilnehmerInnen engagieren und sich in einer Haltung vorgreifender Ernsthaftigkeit und symmetrischer Chancen als Mitglieder einer nach Gerechtigkeit zielenden Gemeinschaft verstehen« (S. 267).

Was für das Handeln der Pädagogen gilt, dass es nämlich denselben Regeln folgen soll, nach denen die pädagogischen Zielformu-

lierungen konstruiert sind, wird dann auch auf die Struktur eines
sozialpädagogischen Ortes übertragen. Die Demokratisierung sozialpädagogischer Einrichtungen ist notwendige Voraussetzung dafür, dass in einem partizipatorisch strukturierten Alltag Lernprozesse möglich sind. Dem pädagogischen Handeln selbst und der
institutionellen Struktur kommt die entscheidende sozialisatorische
Bedeutung zu. Selbst in Einrichtungen des Strafvollzugs können
durch demokratische Strukturierung von Meinungsbildungs-, An-
hörungs- und Konfliktlösungsverfahren Lern- und Bildungspro-
zesse in Gang gesetzt werden (vgl. Sutter/Baader/Weyers 1998).

Einige pragmatische Gesichtspunkte, die der Pädagogik der Gerechten Gemeinschaft zu Grunde liegen, hat Fritz Oser (1988) am
Beispiel der Schule verdeutlicht und zugleich in die Tradition des
(reform-)pädagogischen Denkens gestellt:
– Lernen am Gegenstand und der Eigenerfahrung
  Bezogen auf alltägliche Konflikte und Problemerfahrungen sollen immer wieder neu die erforderlichen Regulierungen entwickelt werden, die notwendig sind für einen demokratischen Umgang.
– Größere Identifikation durch Partizipation
  «Schüler verhalten sich oft den Normen einer Schule gegenüber
  wie Fremde. Sie hören zwar die Tugenden, die Lehrer predigen,
  aber für sie selbst gelten sie nicht.« (S. 8) Daraus ergibt sich die
  Aufgabe, die Norm als ein Gegenüber zu transformieren in eine
  Wir-Beziehung. In kleinen Schritten wird eine Beteiligung an
  der Aufstellung einer Norm der »Gerechtigkeit« angestrebt. Das
  Verhältnis von Individuum, Gemeinschaft und Gesellschaft soll
  so in eine Balance gebracht werden, dass sowohl der Autonomie
  des Individuums, der Verantwortung für eine bestimmte Ge-
  meinschaft und den Prinzipien der gesellschaftlichen Gleichheit
  und Gerechtigkeit Rechnung getragen wird.
– Verantwortliches Handeln durch Verantwortungsübernahme
  In dieser Hinsicht geht es vor allem um die Überwindung des
  Kognitivismus der Kohlbergschen Entwicklungstheorie. Die
  Operationen des moralischen Urteilens werden eingebunden in
  die soziale Kontrolle der konkreten Gruppe und sollen so von der
  Fixierung auf abstrakte Gedankenspiele befreit werden.
– Entwicklung als Ziel der Erziehung
  Entwicklung wird hier verstanden im Sinne der Stufen des mo-
  ralischen Urteilens, eingebunden in die Verpflichtungen alltägli-

chen Handelns. Einerseits soll keine Ablösung der Diskussion moralischer Dilemmata stattfinden, andererseits geht es um das anspruchsvolle Konzept einer moralisch gerechtfertigten Praxis.
– Demokratisierung der Lebenswelt
   Unterricht, Reflexion von Unterricht und Organisation des Schullebens zielen auf die Einbeziehung von jeweils mehr Personen in Entscheidungsprozesse ab, damit die Erfolge (und Misserfolge) von Lernprozessen stärker als Folge des eigenen Handelns begriffen werden können und dadurch das Gefühl von Verantwortung entsteht.
– Prinzip der pädagogischen Zumutung
   Lehrer und Lehrerinnen nehmen für sich in der Regel in Anspruch, sich für Unterricht und Schule zu engagieren, Verantwortung zu tragen und ihr auch nachzukommen, selbst wahrhaftig und gerecht sein zu wollen, und dass deshalb ihre berufliche Tätigkeit einen konkreten »Sinn« hat. Wenn sie gleichzeitig wollen, dass auch ihre Schüler solche Haltungen entwickeln, dann müssen sie ihnen dies auch zutrauen und zumuten, d. h. sie arbeiten immer auch mit der Unterstellung, dass auch Schüler wahrhaftig und gerecht sein wollen, zur Übernahme von Verantwortung fähig sind und fürsorglich miteinander umgehen können.
– Prinzip der Bindung
   Wie Janusz Korczak in seinem Buch »Wie man ein Kind lieben soll« gezeigt hat, setzt Erziehenwollen die persönliche Anteilnahme jenseits von Techniken und Kompetenzen voraus. Damit wird Erziehung in den Begründungszusammenhang eines Menschenbildes gestellt, das sich an Würde und Weltoffenheit, Autonomie und Verantwortungsfähigkeit, Fürsorglichkeit und Gerechtigkeit orientiert.

Das Soziale der Gerechten Gemeinschaft ist Medium der Subjektentwicklung; die strukturelle Veränderung der Situation geht der sozialpädagogischen Intervention voraus bzw. ist mit ihr identisch. Der pädagogisch Handelnde zieht sich aber nicht zurück, sondern bleibt Teil der Situation.

4.4.6 Der soziale Raum

Der Raumbezug der Sozial*politik* sind Gesellschaften, in der Regel nationalstaatlich verfasst und insoweit in einem bestimmten Territorium gelegen. Der Raumbezug der Sozial*pädagogik* ist in der Regel kleiner formatiert und bezieht sich auf kommunale Sozialarbeitspolitik, die lokale Ebene, das Gemeinwesen, das Stadtviertel. Der Raumbezug wird dabei sehr unterschiedlich erfasst: Der Bedeutungsumfang reicht von der räumlichen Hintergrundfolie für soziale Infrastrukturplanung bis hin zur Gegenstandsebene in der Gemeinwesenarbeit.

In den Sozialwissenschaften (z.B. der Kultur- und Sozialgeografie) wird der »Raum« häufig als ein »Behälterraum« verstanden, in dem sich etwas Bestimmtes befindet, oder als ein »Relationalraum«, der durch die Beziehungen der materiellen Objekte charakterisiert ist (vgl. Pott 2002, S. 69 ff.). Der Raum wird als den Handlungen der Menschen und den sozialen Strukturen »vorgelagert« gedacht. Die sozialwissenschaftliche Forschung thematisiert dagegen Raum eher als Teil der gesellschaftlichen Prozesse, die Raumvorstellung ist Teil der sozialen Strukturierungsleistung. Die physische Materialität bedarf – ebenso wie biologische Sachverhalte – der Deutung, damit sie von Menschen angeeignet werden kann – und dieser Prozess ist ein individueller und sozialer Vorgang. Insoweit im Raum Beziehungen und Unterscheidungen (z.B. öffentlich – privat) hergestellt werden und die Räumlichkeit dieser Relationen und Differenzen sozial entsteht, ist der Raum ein zentrales sozialpädagogisches Thema.

Die soziale Definition der Raumdimension steht dabei im Gegensatz zur Verräumlichung des Sozialen. Letzteres wirkt sich problematisch aus, weil beispielsweise sozialen Kollektiven, die auf einem Territorium leben, bestimmte Eigenschaften zugeschrieben werden (»der fröhliche Rheinländer«), auch wenn die Menschen sehr verschieden sind. Durch Verräumlichung erhalten solche Aussagen scheinbare materielle Richtigkeit, stellen aber nur Stereotypen dar.

Für die Geschichte der Sozialarbeit kann gelten: Am Anfang war der Raum. In Aktionsforschungsprojekten zogen am Ende des 19. Jahrhunderts Akademiker in die Arbeiterviertel und die Wohnquartiere der Einwanderer (*Toynbee Hall* und *Oxford House* in London, *Hull House* in Chicago u.a.) und gründeten *settlements* (Oelschlägel 2001). In diesen Gemeindezentren entwickelte sich eine Mischung aus Sozialarbeit und Kommunalpolitik, Kulturarbeit und pädagogischer Infrastruktur. Die kulturellen Traditionen der Migranten wurden ebenso unterstützt wie ihre organisierte Selbsthilfe. Die Zentren sind Kinderkrippe und Nachmittagsschule, Kultur- und Jugendzentrum, Fortbildungseinrichtung für Sozialpädagogen und politisches Aktionszentrum. Die Armut des sozialen Raums wurde als konstitutiv für die sozialen Probleme begriffen und das Zentrum als Ort der Aktivierung des Stadtteils verstanden. Die Stadt-Soziologie der *Chicago School* lieferte die theoretische Begründung ebenso wie das Gemeindeverständnis christlicher Gemeinschaften (Müller 1999).

Der den Raum als Gestaltungs- und Aneignungsaufgabe verstehenden Auffassung kann die »bürokratische« Tradition gegenübergestellt werden. Am Ende des 19. und Anfang des 20. Jahrhunderts greift die kommunale Sozialreform in Deutschland die »sozialen Schäden« der wuchernden Verstädterung auf und bearbeitet sie planvoll und verwaltungsmäßig systematisiert. »Die Fortschritte der medizinischen und sozialen Wissenschaften (Hygiene und Nationalökonomie) gaben ihnen [den ReformerInnen, F. H.] die Möglichkeiten, dem sozialen Elend planmäßig entgegenzuarbeiten« (Hammerschmidt/Tennstedt 2002, S. 67).

In dieser Konzeption will man den sozialen Raum »in den Griff bekommen«, um die in ihm sich entwickelnden Risiken beherrschen zu können; Planung und Steuerung stehen im Vordergrund.

Gerade in der Jugendhilfe gibt es seitdem immer wieder sozialraumorientierte Überlegungen, die eine der beiden Traditionslinien (oder beide) aufgreifen.

Der 8. Jugendbericht (BMJFFG 1990) beschreibt als eine Strukturmaxime der Jugendhilfe die Dezentralisierung/Regionalisierung. Während unter Dezentralisierung die Vorgänge der bürokratisch-technischen Auflösung von zentralen Einrichtungen und ihre Verlagerung in kleinere Versorgungsregionen verstanden werden, ist Regionalisierung ein konzeptionelles Element. »Regionalisierung meint die Einbettung der Arbeit in die gleichsam gewachsenen konkreten lokalen und regionalen Strukturen, wie sie gegeben sind in den Lebenswelt- und Alltagstraditionen und in den sozialen Versorgungsangeboten« (S. 86).

Mit dieser Perspektive zielt die Jugendhilfe darauf ab, die Aneignung des faktischen Lebensraumes zu fördern, ohne in regionalistische Beschränktheit zu verfallen. Gleichzeitig wird schon in diesem Bericht darauf abgehoben, dass Regionalisierung als Sparstrategie missbraucht werden kann, wenn sie nicht den allgemein geltenden sozialpolitischen Standards verpflichtet ist.

Im Verlauf der 1990er Jahre wurde »Sozialraumorientierung« zu einem »diffusen Konzeptbegriff« (Merchel 2001, S. 371), der mehr

Handlungsorientierung versprach, als er zu leisten vermochte. Ein
Grund für die programmatische Anreicherung des »Sozialraumbe-
zugs« war die Vermischung des Begriffs mit dem der »Lebensweltorientierung«. Mit diesem Begriff wird eine pädagogische Maxime
der selbstbestimmten Ressourcenerschließung in der je zuhande-
nen Lebenswelt formuliert, die handlungspraktisch bedeutsam ist.
»Demgegenüber bündelt sich im Begriff ›Sozialraumorientierung‹
stärker die Gestaltung des infrastrukturellen Rahmens« (S. 373).
Dieses (infrastrukturelle) Programm knüpft aber stärker an die sozialpolitische Tradition der sozialen Gestaltung kommunaler Politik an, für die die kommunale Ebene die geeignete »Bezugsgröße«
der Sozialpolitik darstellt. Inhaltlich bedeutsam ist der lokale
Raumbezug lediglich, wenn mit seiner Überschaubarkeit Demokratisierung verknüpft werden kann (vgl. Müller/Olk/Otto 1981).
    Während diese Tradition des Sozialraumbezugs die Ambivalenz
von technokratischer Dezentralisierung und demokratischer Sozialpolitik offenhalten konnte, wird die »Sozialraumorientierung« in
den 1990er Jahren auch als Begründung für *Neue Steuerungsmo-
delle* und Einsparungsstrategien verwendet. Diese Strategien zielen
auf Effektivitätsgewinn durch die Aktivierung von präventiven und
integrativen Ressourcen des »Sozialraums«. Diese Entwicklung
endet in der Schaffung von »Sozialraumbudgets«, die mit neuen
Formen der Kooperation zwischen den Akteuren der Jugendhilfe
einen effektiven Ressourceneinsatz erreichen sollen.
    Die infrastrukturelle Sozialraumorientierung folgt administrati-
ven Steuerungsinteressen, das Soziale im Raum wird als Dienst-
leistungseffektivität thematisch. Auf der anderen Seite der Jugend-
hilfediskussion hat sich ein pädagogisches Aneignungsprogramm
herausgebildet. Im Konzept der sozialräumlichen Jugendarbeit hat
es konkrete Gestalt angenommen (Böhnisch/Münchmeier 1990;
Deinet 1999). Diese Konzepte zielen darauf ab, das alltägliche Aneignungsverhalten von Jugendlichen in »ihrem« Sozialraum zu unterstützen.
    Im Konzept der »Stadtteilbezogenen Sozialen Arbeit« (Hinte
2002) werden die beiden Raumbegriffe heute wieder synthetisiert
betrachtet. »Grundsätzlich zielt Stadtteilbezogene Soziale Arbeit
auf die Veränderung sozialer Räume und nicht auf psychische
Strukturen von Menschen. Der soziale Raum ist zentraler Fokus für
Soziale Arbeit. Dabei wird der Begriff Sozialraum im doppelten
Sinne verstanden. Zum einen wird der Sozialraum definiert durch

Individuen selbst. […] Zum anderen wird der Sozialraum als Steue-
rungsgröße verstanden, definiert von Institutionen, die dort Personal und Geldströme konzentrieren« (Hinte 2002, S. 540).

Die Praxis, die sich unter diesem *Label* entwickelt hat, deckt die
ganze Breite von Möglichkeiten zwischen den genannten Polen ab.
Dies gilt dann auch für das »Quartiersmanagement« in Programmen zur »Sozialen Stadt«, das eine terminologische Modernisierung darstellt. Die Ambivalenz des Raums als einer politisch be-
herrschten Arena und als einer selbstbestimmten Lebenswelt lässt
sich nicht konzeptionell wegdefinieren, sondern nur praktisch bearbeiten.

Analytischer kann das Konzept der Sozialökologie verwendet
werden (Wendt 2001). Wie im Modell der ökologischen Sozialisationsforschung wird die Umwelt von Individuen komplex und kon-
zentrisch modelliert, wobei die Erfassbarkeit eines »ganzen Zusammenhangs« unterstellt wird (z. B. auch in dem sozialarbeiterischen Handlungsmodell »Person-in-ihrer-Umwelt«). Die Umwelt
wird dabei häufig in räumlichen Strukturen modelliert; zumindest
gehören die sozialen Räume zur Umwelt dazu. Auch dieses Modell
kann programmatisch »aufgeladen« werden, wenn man mit ihm einen »ganzheitlichen« Zugang und Zugriff verknüpft und ihm alle
Hoffnungen der Sozialarbeit wie Ressourcenmobilisierung, *empowerment* und *networking* aufbürdet. Das Denken in Strukturkatego-
rien des sozialen Raumes verleitet – angesichts der Sprachlosigkeit
konventioneller Gewohnheiten gegenüber der »Globalisierung«
verständlich – zum romantischen Raumbild der konzentrischen
Kreise um das Individuum. Auch für dieses Denken gibt es eine
lange Tradition bis zurück zu den *Settlements*, die eine überschau-
bare soziale Raumordnung entwickeln wollten – schon damals gegen die Globalisierung des Kapitalismus.

4.5 Alltag als Lebenswelt

»Alltagsorientierung« ist seit den 1970er Jahren in Deutschland ein
pädagogisches Programm für Theorie und Praxis. Vor allem Hans
Thiersch hat dieses Konzept ausgearbeitet und unter verschiedenen
Perspektiven diskutiert (z. B. Thiersch 1986). Die erstaunliche Karriere des Begriffs in der Pädagogik hängt auch damit zusammen,

dass der gesellschaftskritische *mainstream* in der pädagogischen Theorie der 1960er und 1970er Jahre mit Fragestellungen der beruflichen Praxis kaum vermittelt werden konnte. Mit der Alltagsorientierung wurde eine Formel geprägt, an die diese Fragestellungen anschlussfähig schienen und mit der sie zugleich wissenschaftlich diskutiert werden konnten. Dabei standen hinter der Formel sehr heterogene Auffassungen, von einer konservativ-restaurativen Theorieform über pragmatische Auffassungen bis hin zu Fortschreibungen der Kritischen Theorie (beispielsweise Sünker 1989; zur Kritik vgl. Hörster 1984).

Gerade Hans Thiersch hat sich mit der Heterogenität der Begriffsverwendung auseinandergesetzt und die Interessen, die hinter der Begriffsverwendung stehen, kritisch analysiert (Thiersch 1978 bzw. 1995). Er beschränkt sich allerdings nicht auf die zeitdiagnostische und wissenssoziologische Betrachtung, vielmehr untersucht er in sozialwissenschaftlich-distanzierter Beobachterperspektive die Struktur von Alltäglichkeit in modernen kapitalistischen Gesellschaften und – was schließlich die Besonderheit seines komplexen Denkens in Zusammenhängen und Widersprüchen ausmacht – er diskutiert die Bedingungen für die Möglichkeit eines gelingenderen Alltags in der Lebenspraxis der Menschen sowie der beruflichen Praxis von Sozialpädagogen. Thiersch nimmt die Risiken dieser Integration heterogener Perspektiven auf sich, weil er seine Überlegungen mitten im Spannungsverhältnis von Theorie und Praxis positioniert.

Im Hinblick auf die sozialpädagogische *Theorie* hält Thiersch daran fest, dass sie kritische Gesellschaftstheorie, phänomenologisch-hermeneutische Lebensweltanalyse und Theorie einer reflektierten Professionalität gleichermaßen enthalten muss. In der Perspektive der sozialpädagogischen *Praxis* hebt er darauf ab,
»– bewusst in der Alltäglichkeit anzusetzen,
– die darin gegebenen Chancen einer komplexen, betroffenen Handlungsorientierung zu nutzen und Räume zu schaffen, in denen qualifiziertes Handeln sich entfalten kann,
– […] den alltagsimmanenten Gefahren der Verengung und Entfremdung dadurch zu entgehen, dass Alltagswelten aufgehoben sind […] in neuen Formen einer Öffentlichkeit, die alltagsnah strukturiert ist,
– und sich der speziellen Grenzen solcher Alltäglichkeit bewusst zu sein.« (Thiersch 1995, S. 229 f.)

Auch an dieser Bestimmung wird deutlich, dass Alltagsorientierung kein eindimensionales pragmatisches Programm darstellt, sondern eine Handlungsorientierung vorschlägt und zugleich kritisiert, Perspektiven favorisiert und zugleich begrenzt, bestimmte Muster begründet und revidiert, in mancher Hinsicht die Stabilisierung der Alltäglichkeit fordert, in anderer Hinsicht ihre Destruktion erwartet. Insbesondere die Ambivalenzen professioneller Intervention werden herausgearbeitet, weil sie die reflexive und emanzipatorische Potenz der Alltäglichkeit stärken soll, aber gleichzeitig durch abstrakte Wissenschaftsgläubigkeit zur Entfremdung im Alltag beitragen kann.

Im Verlauf der 1980er und 1990er Jahre tritt an die Stelle des Begriffs der Alltagsorientierung der der Lebensweltorientierung. Die prinzipielle Offenheit des Alltagsbegriffs und der Verlust seines kritischen Impetus, den er in der Auseinandersetzung mit Modernisierungstechnologie und theoretischem Dogmatismus hatte, führten zum Verblassen dieser Orientierung. Auch Lebensweltorientierung wurde als Merkmal des Praxiskonzepts von Sozialer Arbeit bestimmt, zugleich als theoretische Fundierung dieses Konzepts aufgefasst. Lebenswelt wird als »ein strukturiertes Gefüge ganzheitlicher, räumlicher, zeitlicher und sozialer Bezüge« (Thiersch 1993, S. 13) verstanden und in ihren Strukturierungen als Handlungsfeld mit Ressourcen und Kompetenzen bestimmt. Lebenswelten sind eingespannt in sozialstrukturelle Lebenslagen, Soziale Arbeit zielt auf die Stärkung von Lebensbewältigung unter Bedingungen individualisierter Lebensführung ab. Soziale Arbeit interveniert und begrenzt sich, reflektiert auf die Strukturen der Lebenswelt generell und weiß um ihre spezifische Funktion, kennt ihren sozialpolitischen Rahmen und ist sich bewusst, dass für ihr Leben die Klienten selbst verantwortlich sind. »Lebensweltorientierung« wird also ähnlich komplex konzipiert wie »Alltagsorientierung«. Mit dem Begriff der Lebenswelt nimmt sie aber eine Kategorie auf, die schon eine Wissenschaftsgeschichte hat.

»Lebenswelt« ist ein in der Philosophie und Soziologie verwendeter Begriff. Er hat dabei unterschiedliche Bedeutungen und spielt in der Phänomenologie Edmund Husserls (1859–1938) und der phänomenologischen Soziologie von Alfred Schütz (1899–1959) eine zentrale Rolle.

Gegenüber den an abstrakten Begriffen sich abarbeitenden Theorien und gegenüber einem Objektivismus, der die Wirklichkeit unabhängig von der interpretierenden Wahrnehmung der Menschen analysiert, wird »Lebenswelt« als quasi natürliche Grundlage für die Philosophie und Soziologie behauptet. Die Lebenswelt wird vom Individuum und »seiner« Welt, d. h. der von ihm durch Empfindung wahrgenommenen Umwelt, gebildet. Weil die Welt, wie sie vor aller Erfahrung sein könnte, nicht zur sicheren Grundlage aller weiteren Erkenntnis gemacht werden kann, ist das die Welt erkennende »Ich« als das der wahrgenommenen Welt Jenseitige zu verstehen. In kritischer Auseinandersetzung mit allen Formen des Materialismus und Positivismus wird das erfahrende Subjekt zum transzendentalen Bezugspunkt der Lebenswelt (vgl. Janssen 1980). Die in seiner »natürlichen« Einstellung gegebene Welt kann als solche nicht die Basis eines wissenschaftlichen Systems werden, sondern nur als »Lebenswelt«. Die in der »natürlichen« Welteinstellung enthaltene Überzeugung, dass die Welt existiert, wird also »eingeklammert« und verliert ihre Geltung. Deshalb rückt die Beziehung zwischen der Art und Weise, wie das Subjekt wahrnimmt und etwas erkennen kann, und der Struktur der Lebenswelt in den Mittelpunkt einer phänomenologischen Analyse. Wenn das erkennende Subjekt verstanden wird als das Bewusstsein eines – durch seinen Leib in der Welt seienden – Wesens (Merleau-Ponty), dann wird die spezifische Relativität und Perspektivität der an einen Leib gebundenen Wahrnehmung deutlich. Die Lebenswelt als Korrelat »ihres« Menschen und der Mensch als Korrelat »seiner« Welt, eben der Lebenswelt: Dieses Spannungsverhältnis kennzeichnet die »Strukturen der Lebenswelt« (Schütz/Luckmann 1975).

Auf der einen Seite ist der Bezugspunkt der Lebenswelt das in ihr lebende Individuum, auf der anderen Seite hat sie einen offenen »Horizont«, der sich mit der Bewegung des Individuums und mit den Veränderungen seiner Aufmerksamkeit ebenfalls verändert. Die einzelne Erfahrung ist in diesem Horizont eingeordnet, er selbst kann durch die einzelnen Erfahrungen verändert werden. Die Lebenswelt ist bestimmt und offen zugleich. Andererseits sind ihre invarianten Strukturen einer »Wesensschau« zugänglich, und nur im Kontrast zu diesen können die relativen lebensweltlichen Erfahrungen als solche gekennzeichnet werden. Die in der lebensweltlichen Erfahrung enthaltenen Idealisierungen (»ich kann etwas immer wieder sehen, tun …«) bilden die Grundlage auch der wissenschaftlichen Wahrnehmung, weil in der Allgemeinheit ihrer Aussagen jene Idealisierungen aufgehoben sind. Als sprachlichkulturell fixiertes Wissen gehen diese Aussagen in die Lebenswelt ein und machen ihre Rationalität wie auch ihre Geschichtlichkeit aus.

Die Lebenswelt ist also immer auch eine geschichtliche Welt, nicht nur gegeben, sondern geschaffen und gestaltet. In der Aneignung seiner Welt übernimmt das Individuum immer schon eine soziale Wirklichkeit mit ihrer Geschichte und Bestimmtheit. Weil es aber seine Welt nur aus einer je einmaligen Perspektive wahrnehmen kann, vermischen sich in seinen Deutungsmustern das Soziale und das Individuelle. Zugleich lässt sich das Allgemeine der Strukturen von der Besonderheit bestimmter Lebenswelten in Raum und Zeit unterscheiden, die darüber hinaus nach sozialen Strukturen und kulturellen Mustern differenziert sind.

Die Anwendung dieser Unterscheidungen in der sozialwissenschaftlichen Forschung wird zur wissenschaftlichen Aufgabe. Indem die Forschung sich mit ihren Erkenntnissen an die praktischen Abläufe in der Lebenswelt rückbindet, folgt sie der Absicht, einen Beitrag zur Selbstaufklärung der Lebenswelt zu leisten. Wie dabei der Status des wissenschaftlichen Beobachters, der allerdings um die hermeneutische Einbindung seines Tuns in Lebenswelt weiß, mit dem Status eines an der Lebenswelt Teilnehmenden vermittelt werden kann, wird zur zentralen Frage einer praxisinteressierten Wissenschaft – wie der Sozialpädagogik beispielsweise. Im Modell der professionellen Tätigkeit werden diese Vermittlungen gedacht (vgl. Kapitel 6).

Im Kontext der Absicht, Theorie und Praxis zu vermitteln, verortet sich dann auch die Lebensweltorientierung. Sie wird allerdings auch in den Zusammenhang erziehungswissenschaftlicher Traditionslinien eingeordnet, so der hermeneutisch-pragmatischen und der phänomenologisch-interaktionistischen Tradition. Für die Sozialpädagogik bedeutsam werden diese Theorien dadurch, dass sie sich mit kritischer Zeitdiagnose (»Was sind die Probleme der Menschen, mit denen es die Soziale Arbeit zu tun hat, in der gegenwärtigen Gesellschaft?«) und Alltagstheorie verknüpfen. Der Begriff der Lebenswelt leitet mit seinen Unterscheidungen die Integration der verschiedenen Ansätze an und ermöglicht so eine Rekonstruktion konkreter Lebenswelten und die Grundlegung einer Intervention. Dies verpflichtet die Soziale Arbeit auf die Beachtung der lebensweltlichen Strukturen, also »die Erfahrungen in

Zeit, Raum, sozialen Bezügen, auf Pragmatik und Lebensbewältigung« (Thiersch/Grunwald/Köngeter 2002).

Lebenswelt- und Alltagsorientierung markieren ein Konzept, das
sich ganz nah an Praxis heranwagt und dem praktischen Alltagsbewusstsein eine Orientierung anbietet, das aber gleichzeitig aus dem
kritischen Gehalt – was Gesellschaft, Alltag und wissenschaftlich
angeleitete Intervention betrifft – und seiner breiten theoretischen
Fundierung gegenüber der Praxis eine reflexive Distanz bewahrt.
Das Soziale der menschlichen Beziehungen und Verhältnisse ist
fraglos gegeben und zugleich eine Gestaltungsaufgabe nach den
Maßstäben, die in seinem Anspruch zum Ausdruck kommen.

4.6 Gesellschaft als Zusammenhang von Systemen

»Die« Systemtheorie besteht heute aus einer großen Anzahl unterschiedlicher Konzepte und Spielarten. Auf dem Weg vom soziologischen Funktionalismus zum Konstruktivismus in der Systemtheorie sind verschiedene Zweige entstanden. Doch hat das
Systemdenken eine lange Tradition. Auch in der systemtheoretischen Interpretation der Sozialen Arbeit von Luhmann (1973) über
Staub-Bernasconi (1995a) bis hin zu Bommes und Scherr (2000)
haben sich unterschiedliche Ansätze herausgebildet, die mehr oder
weniger fröhlich miteinander diskutieren (vgl. beispielsweise Mer-
ten/Scherr 2003; Hollstein-Brinkmann/Staub-Bernasconi 2003).

Der Begriff »System« wird wohl in allen Wissenschaften und in
der Alltagssprache häufig verwendet. Wegen seines nahezu unbegrenzten Gebrauchs lässt er sich allgemein nur »schwach« definieren. Mit der Bestimmung »abgrenzbare Einheit« können die verschiedenen Definitionen auf den kleinsten gemeinsamen Nenner
gebracht werden. Die Behauptung einer Grenze und die Annahme
einer Ordnung jenseits der wahrgenommenen Grenze sind die mi-
nimalen Definitionsschritte.

Ein zentraler Unterschied besteht zwischen Systemtheorien, die
von der Existenz des zu beobachtenden Gegenstands ausgehen
(»ontologischer Systembegriff«), und Auffassungen, die die Beobachtung und Modellierung eines Systems als Konstruktion des Be-

obachters verstehen. Den beiden Auffassungen liegen unterschiedliche Vorstellungen zur Möglichkeit von Erkenntnis zu Grunde
(Realismus gegenüber Konstruktivismus). Beide Auffassungen
kommen über bestimmte Paradoxien ihrer jeweiligen Anfangsbe-
hauptungen nicht hinweg. Gegenwärtig wird die konstruktivisti-
sche Theorie häufig vertreten; sie hat in der Soziologie Niklas Luhmanns eine ausgearbeitete Form gefunden und wird in der
Soziologie der Sozialen Arbeit inzwischen auch häufig zu Grunde
gelegt. Die Systemtheorie destruiert viele Prämissen des Alltagsbewusstseins und der »natürlichen Weltauffassung«. Am wichtigsten
ist, dass die Einstellung des »natürlichen« Beobachters reflektiert
wird. Dabei zeigt sich, dass die Gewissheiten der naiven Wahrnehmung nur auf den Operationen des Beobachtens beruhen, die wir
beim Wahrnehmen nicht mehr thematisieren. Wissenschaft braucht
aber eine Wahrnehmung »zweiter Ordnung« als Grundlage, in der
der Beobachter sich als Teil des Beobachteten begreift und seine
naive Unterscheidung reflexiv auf sich selbst (selbst-referentiell)
bezieht und damit *seine* Beobachtung in das Modell der Beobachtung mit aufnimmt. Streng genommen befasst sich Systemtheorie
nur noch mit den Modellen, die beim Beobachten entstehen.

In ähnlicher Weise haben sich die Grundbegriffe der Systemtheorie von den Kategorien der traditionellen Sozial- und Erziehungswissenschaft entfernt und benötigen anscheinend komplette
Übersetzungen und »Wörterbücher« (Berghaus 2003). Diese Entwicklung wird kontrovers diskutiert (Cleppien 2002; Merten
2000), und die Konzepte des »ontologischen Systembegriffs« werden auch nach der konstruktivistischen Wende plausibel begründet.

Ihren Ausgang nimmt eine solche Betrachtungsweise bei der
praktischen Erfahrung und zielt darauf, »die zahlreichen Aspekte
des Problem- und Arbeitsfeldes der Sozialarbeit/Sozialpädagogik
[…] theoretisch zu erfassen« (Staub-Bernasconi 1995 b, S. 117).
Systemtheorie wird verstanden als Theorie einer gegenständlichen
Welt, ihres Werdens und Funktionierens. Die soziale Welt wird als
Zusammenhang von Strukturen und Prozessen verstanden, in dem
Menschen handeln, beispielsweise auch Sozialpädagoginnen. Deshalb gehören System- und Handlungstheorie zusammen. Der Gegenstand der Theorie sind konkrete Systeme, von ihrer Umwelt abgrenzbare Einheiten mit strukturierten Elementen. Menschen sind
(nicht eindimensional wie bei Luhmann: psychische Systeme)
»selbstwissensfähige Biosysteme« mit einer komplexen Bedürfnis-

struktur. Diese Bedürfnisse, von den physischen über die psy-
chischen bis hin zu den sozialen, sind ein zentraler Bezugspunkt
der Sozialen Arbeit. Der zweite Bezugspunkt sind die Sozialen
Systeme, in denen Menschen handeln. »Eine systemisch konzi-
pierte *Handlungstheorie* berücksichtigt nicht nur Individuen, sondern die verschiedensten sozialen AkteurInnen und sozialen Sys-
temebenen. Sie fragt nach aktuellen wie potentiellen Konflikten
wie Kooperationsformen, Vernetzungs-, Macht- und Durchset-
zungschancen in einem großen Geflecht handlungsbestimmender,
komplexer Determinationsformen« (S. 133).

Die Aufgabe der Sozialen Arbeit besteht nun darin, Problemkon-
stellationen zu untersuchen im Spannungsfeld von Bedürfnissen
und Ressourcen. Sie identifiziert Soziale Probleme und bearbeitet
sie unter der Perspektive, Konflikte zwischen individuellen Bedürfnissen und den Ressourcen einer Gesellschaft, die sich einem demokratischen und sozialen Anspruch zu stellen hat, zu lösen. Auch
das berufliche Handeln wird in diesem Zusammenhang von systemischen Imperativen komplex konzipiert und erfordert »Liebe,
Macht und Erkenntnis – eine Kombination, die an die Person der
Sozialtätigen hohe Anforderungen stellt« (S. 137).

Die von Silvia Staub-Bernasconi ausgearbeitete Systemtheorie
der Sozialen Arbeit ist ein umfassender Entwurf, der sich dadurch
auszeichnet, als »System« eine alles Relevante umfassende Vorstellung zu entwickeln. Handlungstheoretisch geht es um die Bearbeitung von Konflikten, also einen Gedanken, der auch für diese
Einführung grundlegend ist.

Eine zweite Variante der Systemtheorie Sozialer Arbeit hat Roland Merten entwickelt. Er verwendet die Kategorien der Luhmann'schen Systemtheorie zur Analyse moderner Gesellschaften
und der Funktion Sozialer Arbeit. Er arbeitet heraus, dass die Soziale Arbeit mit »Integration« eine eigenständige Funktion hat, die
ihre Autonomie begründet (Merten 1997). Sie ist ein Funktionssystem, dessen Funktion als System- und Sozialintegration bestimmt
wird. Mit der »Sozialintegration«, die eine lebensweltliche Zugehörigkeit meint, wird die systemtheoretische Terminologie über-
schritten und die soziale Welt als sinnhaft strukturierte in Rechnung
gestellt. Bei der Sozialintegration geht es um »die geordneten und
konflikthaften Beziehungen zwischen den Handelnden« (Merten
1997, S. 89); sie braucht Konsens, um wirksam zu sein, und bedient
sich symbolisch codierter Formen. Mit der Berücksichtigung von

System- *und* Sozialintegration greift Merten auf die Dualität der Grundbegriffe zurück, wie sie in der Theorie des kommunikativen Handelns von Jürgen Habermas entwickelt wurde (vgl. 4.7). Ihre Autonomie allerdings kann Soziale Arbeit nur dadurch demonstrieren, dass sie die Funktion »Integration« über »Helfen/Nicht-Helfen« codiert und diese anwendet, »prozessiert«. In der Bestimmung des professionellen Handelns wiederholt sich die Doppelung: Einerseits verfügt es über Prozessautonomie, andererseits muss es seine Leistungen in lebensweltliche Rationalität hinein vermitteln.

Ein anderer systemtheoretischer Zugang beobachtet die Art und Weise, wie im Verlauf der neueren Geschichte über Soziale Arbeit reflektiert wurde und wie diese Reflexionen sprachlich gefasst wurden (Hillebrandt 2002). Die Beobachtung dieser »Semantik« über Hilfe ermöglicht dann die Feststellung: »Die Hilfesemantik hat sich in der funktional differenzierten Gesellschaft auf ein exklusives Problem spezialisiert. Sie ist ausschließlich darauf ausgerichtet, wie individuelle Bedürftigkeit bearbeitet werden kann« (Hillebrandt 2002, S. 219). Die Verselbständigung der Bearbeitung eines besonderen Problems kommt in der Herausbildung eines »binären Codes« zum Ausdruck, durch den soziale Hilfe entscheiden kann, wer und was bedürftig und nicht bedürftig heißen soll. Soziale Arbeit ist, weil sie autonom über Bedürftigkeit entscheiden kann, ein operativ geschlossenes System.

Neben der Frage einer eigenständigen »Codierung« steht die nach der Eigenständigkeit der Funktion. In der Systemtheorie wird zwischen Systemen der Daseinsvorsorge (z. B. Wirtschaft) und der Daseinsnachsorge unterschieden. Für Bildung, Gesundheit und Hilfe haben sich Systeme der Daseinsnachsorge ausdifferenziert; sie bearbeiten Folgeprobleme der funktionalen Differenzierung. Die Ausdifferenzierung von eigenständigen Systemen hat nämlich in modernen Gesellschaften dazu geführt, dass das Verhältnis von Individuum und Gesellschaft nicht mehr durch eine irgendwie geartete »Zugehörigkeit« des Individuums zur Gesellschaft bestimmt werden kann. Gesellschaft »löst sich auf« in Systeme, das Individuum gehört zur Umwelt dieser Systeme. Seine Individualität ist durch »Exklusion« (Nicht-Zugehörigkeit zu Systemen) bestimmt. Individuen müssen über die Voraussetzungen verfügen, an Systemen teilzunehmen (sie müssen Rechte, Geld, Berechtigungszertifikate usw. haben). Die Systeme der Daseinsnachsorge können nun in den Fällen, wo Personen nicht über diese Voraussetzungen verfügen, stellvertretend für die »Inklusion« der Personen sorgen, sie bilden, heilen, ihnen Geld geben oder sie beraten. Diese Leistungen können auf Dauer nur professionell und organisiert erbracht werden, ehrenamtliche oder Laienhilfe reichen dazu nicht aus.

Die Leistungserbringung kann in diesem Modell nicht »solidaritätsstiftend« sein. Es gibt nur »als bedürftig definierte« (S. 225) Klienten, die behandelt werden; wenn sie die Definition nicht teilen, geschieht die Behandlung eben repressiv.

Weil es um Inklusion und nicht um Integration geht, spielen die subjektiven Intentionen und Orientierungen von Sozialarbeiter und Klient systematisch keine Rolle. Diese soziologische Theorie kann also das Prozessieren (Anwenden) eines Codes sehr genau erfassen und damit funktionale Bestandsvoraussetzungen des sekundären Systems der sozialen Hilfe definieren, die inneren Bedingungen für die Möglichkeit eines Gelingens von »Integration« werden systematisch *nicht* erfasst. In der Tat handelt es sich um eine »Fremdbeschreibung« (S. 225), die prinzipiell (nach den Regeln der Systemtheorie) die Binnenprozeduren von Systemen nicht verstehen, sondern nur seine äußeren Leistungen beobachten kann. Um nun diskutieren zu können, *welche* Leistungen als solche anerkannt werden sollen und welche Kriterien für die Anerkennung gelten sollen, sind Wertgesichtspunkte erforderlich, die aus der bloßen Präferenz für Funktion nicht abgeleitet werden können. Deshalb hat Micha Brumlik schon früh darauf hingewiesen, dass die Systemtheorie der Sozialpädagogik nur eine halbe Rationalität anbieten kann (Brumlik 1987).

Während Frank Hillebrandt und Roland Merten der Sozialen Arbeit einen eigenständigen Systemcharakter zuschreiben, weil diese eine unverwechselbare Funktion erfüllen, mit einer Codierung »Hilfe/Nicht-Hilfe« bzw. »hilfsbedürftig/nicht hilfsbedürftig« den Zugang zur Sozialen Arbeit und damit die Grenze des Systems autonom steuern kann, sind Michael Bommes und Albert Scherr in dieser Hinsicht skeptischer. Ihre Absicht ist nicht, eine disziplinäre Theorie der Sozialen Arbeit zu formulieren, sondern eine Soziologie als Kritik der Sozialen Arbeit zu entwickeln. Diese Perspektive schärft den Blick auf Soziale Arbeit und lässt sich kaum von ihrem Selbstverständnis beeindrucken. Bommes und Scherr untersuchen Soziale Arbeit mit den Instrumenten der Systemtheorie und heben – in Übereinstimmung mit den anderen Systemtheoretikern – hervor, dass die funktionale Differenzierung in modernen Gesellschaften nicht nur die enorme Leistungsfähigkeit der Systeme ermöglicht, sondern auch Folgeprobleme aufwirft.

Das Problem ist der Mensch, wenn er keinen Zugang mehr hat zu den ökonomischen, rechtlichen, erzieherischen oder gesundheitlichen Leistungen der einzelnen Systeme. Soziale Arbeit wird nun kompensatorisch tätig: »Diese Leistungen können weitgehend nur von dort bezogen werden und entsprechend besteht Hilfe nicht mehr vorrangig in der unmittelbaren Bereitstellung von Ressourcen der Lebensführung, sondern in der Vermittlung des Zugangs zu den Funktionskontexten, wo diese zur Verfügung gestellt werden. Sozialstaatliche Hilfeleistungen und Soziale Arbeit ersetzen in der Regel nicht schulische Erziehung, Berufsausbildung, Erwerbsarbeit, familiale Sozialisation usw., sondern sind primär darauf ausgerichtet, zu diesen Zugang zu verschaffen. […] *Die Funktion Sozialer Arbeit kann vor diesem Hintergrund als Inklusionsvermittlung, Exklusionsvermeidung bzw. Exklusionsverwaltung beschrieben werden«* (Bommes/Scherr 2000, S. 107).

Die kontroverse Diskussion zwischen den Systemtheoretikern bezieht sich hier nicht auf die Beschreibung der Funktion, sondern auf die Abgrenzbarkeit und Eigenständigkeit der Funktionen. Die Argumente, die dabei verwendet werden, haben Gewicht, sind aber oft auch auf andere Systeme wie das Erziehungs- oder Gesundheitssystem anwendbar. Auch die Unterscheidung zwischen primären und sekundären Funktionssystemen ist unscharf, weil diese Unterscheidung oft nicht mehr als eine zeitliche Abfolge beschreibt; weil moderne Gesellschaften den Differenzierungsprozess am Laufen halten, sind auch solche Unterscheidungen prinzipiell vorläufig.

Auf der Grundlage der soziologischen Systemtheorie können aber auch andere Fragen diskutiert werden. So hat Heiko Kleve die konstruktivistischen Elemente der Systemtheorie akzentuiert und analysiert damit die Differenzierungsfolgen moderner Gesellschaften. Diese Folgen einer an Leistungssteigerung interessierten Rationalisierung lassen sich als irrationale Erscheinungen diagnostizieren. *In* der modernen Gesellschaft entsteht so gesehen die Post-Moderne, die sich durch Ambivalenz auszeichnet. Die Moderne lässt sich als Versuch kennzeichnen, »Rationalität, Ordnung, Eindeutigkeit und Lösungen auf bisher ungelöste gesellschaftliche Probleme zu produzieren« (Kleve 1999, S. 369), ein Versuch, der gleichzeitig Irrationalität, Unordnung und neue Probleme erzeugt.

Soziale Arbeit ist von Anfang an genau in diesen Vorgang der Problemgenerierung durch Problemlösungen eingebunden und soll sich mit Armut und Krankheit, Behinderung und sozialer Ausgrenzung, Abweichung von den Regeln der Moderne oder dem Wandel von Familie auseinandersetzen.

Wenn die Moderne als Gesellschaftsform gelten kann, in der auf rationale Weise Eindeutigkeiten und Zweckmäßigkeiten hergestellt werden, so ist die Postmoderne (als ein Handlungsmodell, nicht als zeitliche Epoche) als System der Uneindeutigkeiten und Ambivalenzen zu begreifen. Die sozialpädagogische Professionalität wird dann als Handlungsform des Umgangs mit Ambivalenz zu beschreiben sein, die die Paradoxien und Mehrdeutigkeiten nicht wegdefiniert. Dies zeigt sich gerade bei der Aufgabe, mit Grenzziehungen umgehen zu müssen, wie sie für Soziale Arbeit typisch sind: Abweichung/Normalität, Hilfe/Kontrolle, Hilfe/Entmündigung, Autonomie/Heteronomie u. Ä. Soziale Arbeit ist ein Handlungssystem, das dann gebraucht wird, wenn die Leistungsfähigkeit der »rationalen« Systeme erschöpft ist. Sie ist »*zwischen allen* gesellschaftlichen Funktionssystemen« (S. 377) positioniert, ihre Identität ist die der Nicht-Identität (Theodor Bardmann), d. h. sie kann nur noch im Hinblick auf ihre methodischen Verfahren charakterisiert werden, die kontextabhängig und -spezifisch eingesetzt und variiert werden. Exemplarisch lässt sich dies an »Beratung« zeigen, die als sozialpädagogische gerade herausgelöst aus den »festen« Settings ihre Produktivität entfaltet. Der systemtheoretische Begriffsapparat wird von Kleve benutzt, um mit formalabstrakten Kategorien inhaltlich höchst Unterschiedliches zu analysieren. In praktischer Absicht kann sich die Reflexion von den festen Bedeutungen, die sich in der Gesellschaft herausgebildet haben, lösen und den angstfreien Umfang mit Ambivalenz als berufliche Aufgabe bestimmen.

4.7 Gesellschaft als System und Lebenswelt

In der bisherigen Darstellung von Theorien der Sozialpädagogik wurde schon deutlich, dass manche Theoretiker sich zwar auf einen Begriff, wie »Lebenswelt« *oder* »System«, konzentrieren, aber dann auch den jeweils komplementären Begriff aufnehmen. So entwickelt Hans Thiersch sein theoretisches Denken, indem er sich (u. a.) mit dem technokratischen Funktionalismus einer eindimensional verwissenschaftlichten Zivilisation auseinandersetzt und im Konzept der Lebenswelt ein Gegenbild entwirft. Mit der Orientierung am Alltag greift er zugleich eine Kategorie der kritischen Praxis-Philosophie auf. Im Alltag wirken einerseits die Entfremdungs- und Unterdrückungsmechanismen des kapitalistischen *Systems*, andererseits wird er von lebensweltlichen Selbstbestimmungsintentionen und -praktiken geprägt.

Roland Merten geht von der systemtheoretischen Analyse moderner Gesellschaften aus, reduziert sie aber nicht auf die Systemdimension, sondern hält mit dem Begriff der Sozialintegration an der Notwendigkeit einer Dimension des Sozialen fest, die auf der Verständigung von Subjekten beruht.

Heiko Kleve kritisiert die einseitige Rationalität des Modernisierungsprozesses und arbeitet mit dem Begriff der Ambivalenz eine spezifische Vermittlungsaufgabe der Sozialen Arbeit zwischen Systemrationalität und dem »Anderen« dieser Vernunft heraus. Insoweit zielen diese Überlegungen schon auf ein dialektisches Denken und eine Analyse des Sozialen, die nicht nur durch eine einzige Kategorie angeleitet wird.

Eine solche Theorie hat Jürgen Habermas ausgearbeitet (1981). Er unterscheidet erfolgsorientiertes Handeln, das auf das Eintreten einer bestimmten Wirkung abzielt, von verständigungsorientiertem Handeln, das nur als *soziales* Handeln möglich ist. (Erfolgsorientiertes Handeln lässt sich dagegen unterteilen in ein nicht-soziales, instrumentelles Handeln, das technischen Regeln folgt, und ein soziales, strategisches Handeln mit Einflussnahme auf einen »Gegenspieler«.) Das verständigungsorientierte Handeln wird als »kommunikatives Handeln« bezeichnet, bei dem die Beteiligten ihre Ziele unter der Bedingung zu erreichen suchen, »dass sie ihre Handlungspläne auf der Grundlage gemeinsamer Situationsdefinitionen aufeinander abstimmen können. Insofern ist das Aushandeln von Situationsdefinitionen ein wesentlicher Bestandteil der für kommunikatives Handeln erforderlichen Interpretationsleistungen« (Habermas 1981, Band 1, S. 385). Neben der handlungstheoretischen Grundlegung seiner Theorie nimmt Habermas auch die gesellschaftstheoretische Ebene auf und unterscheidet Formen der Integration von Gesellschaften. Dabei lassen sich Beziehungen zwischen Stufen der Systemdifferenzierung moderner Gesellschaften und Formen der sozialen Integration rekonstruieren. »Die Analyse dieser Zusammenhänge ist nur möglich, wenn wir die Mechanismen der Handlungskoordinierung, die die *Handlungsorientierungen* der Beteiligten aufeinander abstimmen, von Mechanismen unterscheiden, die nicht-intendierte Handlungszusammenhänge über die funktionale Vernetzung von *Handlungsfolgen* stabilisieren. Die Integration eines Handlungssystems wird in einem Fall durch einen normativ gesicherten oder kommunikativ erzielten Konsens, im anderen Fall durch eine über das Bewusstsein der Aktoren hinausreichende nicht-normative Regelung von Einzelentscheidungen hergestellt. Die Unterscheidung zwischen einer *sozialen*, an den Handlungsorientierungen ansetzenden, und der *systemischen*, durch die Handlungsorientierungen hindurchgreifenden *Integration* der Gesellschaft nötigt zu einer entsprechenden Differenzierung im Begriff der Gesellschaft selber. [… Dabei] wird die Gesellschaft aus der Teilnehmerperspektive handelnder Subjekte als *Lebenswelt einer sozialen Gruppe* konzipiert. Demgegenüber kann die Gesellschaft aus der Beobachterperspektive eines Unbeteiligten nur als ein *System von Handlungen* begriffen werden, wobei diesen Handlungen, je nach ihrem Beitrag zur Erhaltung des Systembestandes, ein funktionaler Stellenwert zukommt« (Habermas 1981, Band 2, S. 179).

Die Begriffe System und Lebenswelt werden zu Grundbegriffen der Gesellschaftstheorie. Gesellschaft soll gleichzeitig als System und als Lebenswelt konzipiert werden. Für die Analyse moderner Gesellschaften bedeutet dies, dass »Rationalisierung« als das umfassende Moment von Modernisierungsprozessen in System *und* Lebenswelt einer Eigendynamik folgt, dass aber auch wechselseitige Abhängigkeiten, Ungleichzeitigkeiten und »Übergriffe« zu untersuchen sind.

Die Ausdifferenzierung der Systeme, Organisationen und Interaktionen ist mit einem erheblichen Leistungszuwachs verbunden, so dass es möglich wird, unüberschaubare Komplexitäten von Märkten und Zugehörigkeiten zu bearbeiten. Die Rationalisierung der Lebenswelt geht einher mit der Dezentrierung von Weltbildern, mit Demokratisierung und einem weitreichenden Zuwachs an Reflexions- und Kommunikationskompetenzen.

Die Ausdifferenzierung sowohl im System als auch in der Lebenswelt wirkt sich wechselseitig leistungssteigernd auf die jeweils andere Sphäre aus. Kritisch zu untersuchen ist jedoch der Umstand, dass die Rückwirkungen der einen Sphäre auf die jeweils andere die Entwicklung nach der Eigenlogik einer Sphäre beeinträchtigen. Eine solche Beeinträchtigung lässt sich beispielsweise dort diagnostizieren, wo Imperative der demokratischen Lebenswelt (z. B. ein moralischer Konsens, bestimmte Möglichkeiten der Transplantationsmedizin *nicht* zu nutzen) die Marktkräfte binden (in diesem Fall: verhindern, dass es zu einem freien Organhandel kommt, bei dem Organspender umgebracht werden). Während dies selten zu beobachten ist, kann »Kolonialisierung der Lebenswelt« häufiger wahrgenommen werden: »die Imperative der verselbständigten Subsysteme dringen, sobald sie ihres ideologischen Schleiers entkleidet sind, *von außen* in die Lebenswelt – wie Kolonialherren in eine Stammesgesellschaft – ein und erzwingen die Assimilation« (Band 2, S. 522).

Die Möglichkeit, solche Kolonialisierungsprozesse analysieren zu können, ergibt sich auch daraus, dass Lebenswelt und System in der Theorie von Habermas relativ strikt und schroff getrennt sind. Die Kritik an der Theorie des kommunikativen Handelns hat dies vielfach moniert (vgl. Kunneman 1991). Diese Kritik lässt sich auf die Formel bringen, dass zwischen dem kategorialen und empirischen Gebrauch der Begriffe System und Lebenswelt zu unterscheiden ist. Eine konkrete empirische Organisation oder Institution oder auch Interaktion gehört nicht essentiell zu System oder Lebenswelt, sondern die konkreten Prozesse und Elemente sind daraufhin zu analysieren, inwiefern sie lebensweltliche Muster oder systemische Mechanismen realisieren. Manche Institutionen (wie die Schule) zeichnen sich durch die strukturelle Mischung von strategischen und kommunikativen Handlungen aus. In Institutionen, die – wie die Familie – der Lebenswelt zugerechnet werden, können in konkreten Fällen die strategischen Muster bis hin zur Unterdrückung und Gewalt gegen Männer/Frauen und Kinder ausgeprägt sein. Dies lässt sich nicht nur als Pathologie interpretieren oder als Einfluss von außen, sondern auch als Entmischung von strategischen und kommunikativen Elementen.

Habermas hatte Modernisierungsprozesse in der Weise analysiert, dass er eine Abkoppelung einer rationalisierten Lebenswelt von den Systemen Ökonomie und Staatsmacht diagnostizierte. Gleichzeitig werde »die Lebenswelt« in Abhängigkeit gebracht. Diese Abhängigkeit wirkt sich dann in einer ganz bestimmten Richtung aus: »Diese auf eine *Mediatisierung* der Lebenswelt

durch Systemimperative zurückgehende Abhängigkeit nimmt in
dem Maße die sozialpathologischen Formen einer *inneren Kolonia-*
lisierung an, wie kritische Ungleichgewichte in der materiellen Reproduktion (also die der systemtheoretischen Analyse zugängli-
chen Steuerungskrisen) nur noch um den Preis von Störungen der
symbolischen Reproduktion der Lebenswelt (d. h. von ›subjektiv‹
erfahrenen identitätsbedrohenden Krisen oder Pathologien) vermieden werden können« (Habermas 1981, Band 2, S. 452).

Mit der Differenzierung von kategorialer und empirischer Begriffsverwendung wird diese Diagnose der kapitalistischen Modernisierung nicht hinfällig, sie wird vielmehr verfeinert. Diese Differenzierung wird noch erweitert, indem zwischen Lebenswelt und
System eine Interferenzzone eingeführt wird, »wo die Logik der
materiellen und symbolischen Reproduktion *gleichzeitig* in Kraft
sind, ohne dass von vorneherein feststeht, welche die *Oberhand* bekommt, wie es im System und in der Lebenswelt der Fall ist« (Kunneman 1991, S. 315). In der Interferenzzone können wir viele Organisationen, Einrichtungen, Zusammenschlüsse usw. platzieren,
die nicht zu dem »harten Kern« der Ökonomie und Staatsmacht einerseits oder in die Sphäre argumentativer und demokratischer Verständigung oder Rücksicht nehmender Fürsorglichkeit der Lebenswelt andererseits gehören. Hier vermischen sich Disziplinierung,
Normalisierung, Medialisierung *und* kommunikative Rationalisierung im Sinne eines Zuwachses reflexiver Kompetenzen. »Hier, in
der Interferenzzone zwischen System und Lebenswelt, finden wir
daher auch die meisten Sozialwissenschaftler, die ausgefeiltesten
Formen vertikaler Überwachung und Erforschung, die noch durch
mannigfaltige Formen von Hilfe, Beratung, Therapie und Behandlung vervollständigt werden. In der Übergangszone zwischen System und Lebenswelt finden wir aber auch vielförmigen Widerstand
und Protest sowie Ansätze zu praktischen Lernprozessen und Experimenten für einen anderen Umgang mit kommunikativen Fragen
und Problemen« (S. 316).

In der Interferenzzone kann also umstandslos die Soziale Arbeit
platziert werden. Ihre strukturelle Ambivalenz ist typisch für die
Gleichzeitigkeit von systemischen und kommunikativen Elementen. Gleichzeitig ist über den Verlauf und den Ausgang professioneller Intervention nicht vorentschieden; vielmehr hängt es von der
tatsächlichen Gestaltung der Interaktion, die Autonomie im System
hat und nicht determiniert wird, ab, ob sie durch kommunikative

Verständigung aus der Hilfsbedürftigkeit herausführt. An dieser Stelle kann unmittelbar an das Praxisbeispiel mit Frau Pirger (1.5) angeschlossen werden.

Anschließen lässt sich hier auch an die Rezeption der Theorie des kommunikativen Handelns in der Sozialpädagogik. Thomas Rauschenbach und Rainer Treptow schreiben der Sozialpädagogik eine »intermediäre Stellung« (1999, S. 100) zu und können dabei auf eine lange Tradition eines »Dazwischen-Denkens« verweisen. Soziale Arbeit als pädagogische Intervention ist bezogen auf die symbolische Reproduktion der Lebenswelt und verdankt ihre Eigenständigkeit dem Umstand, dass Recht und Geld als *sozialpolitische* Leistungen lebensweltliche Zusammenhänge nicht sichern können. Neben Schule und Familie, die eher für die kulturelle Reproduktion und die Sozialisation von Personen zuständig sind, dient die sozialpädagogische Intervention der sozialen Integration in der Dimension von Gesellschaft. Damit werden die drei strukturellen Komponenten der Lebenswelt (Kultur, Gesellschaft, Person) »bedient«. Die intermediäre Stellung des sozialpädagogischen Handelns wird auch an seiner Handlungsrationalität deutlich: Es oszilliert zwischen strategischen und verständigungsorientierten Mustern und vermittelt zwischen ihnen. Diese Vermittlung kann als »Übersetzung« verstanden werden und dabei die Form sowohl manipulativer wie auch unterstützend-mäeutischer Praktiken annehmen (Gängler/Rauschenbach 1999). Die Übersetzungsarbeit bezieht sich auf die Erläuterung der systemischen Zwänge, ohne dass sie gemildert werden können, und auf die Verständigung über lebensweltliche Ressourcen, ohne sie hervorbringen oder erweitern zu können. Selbstreflexivität ist unter diesen Umständen, die Ambivalenzmanagement erfordern, die notwendige Bedingung für die Möglichkeit, den kolonialisierenden Zugriff zu vermeiden.

5 Die soziale Seite des Lebenslaufs

Die Sozialpädagogik ist in einer Zeit entstanden, in der pädagogische Reflexion sich nahezu ausschließlich auf Erziehung und Unterricht von Kindern und Jugendlichen richtete. Auch wenn bald die Funktion »Hilfe« hinzukam, war deren Verständnis im Zusammenhang von Sozialpädagogik auf junge Menschen bezogen, die Sozialarbeit dagegen befasste sich mit Erwachsenen. Zwei Veränderungen haben seitdem stattgefunden: Die Formen der Einflussnahme und der Sorge für Menschen haben sich erweitert und die zeitliche Dimension wurde entgrenzt – von der Wiege bis zur Bahre. Das institutionalisierte Gefüge der sozialpädagogischen Praxis lässt sich deshalb nur noch als differenzierte Organisation von Einrichtungen beschreiben, die den Lebenslauf begleiten.

5.1 Die Entgrenzung des Pädagogischen

Der Versuch, Sozialpädagogik über den Modus der Tätigkeit »Erziehen« zu bestimmen, verweist auf einen Zeitpunkt zurück, als diese Handlungsform das relevante Handlungsfeld abgedeckt hat. Inzwischen beziehen sich auch die anderen Grundbegriffe wie Unterricht, Lernen, Bildung und Sozialisation nicht mehr auf eine einzige Lebensphase und eine bestimmte Institution.

Innerhalb der Erziehungswissenschaft stellt sich diese Problematik unausweichlich, und zwar nicht nur in der Sozialpädagogik, sondern ebenso in anderen Teildisziplinen, z. B. in der Sonderpädagogik oder der Medienpädagogik. Weil sich die Erweiterung am deutlichsten im Bereich des beruflichen Handelns bemerkbar macht – denn im Alltag ist Lernen immer schon lebenslang üblich –, wird der Gegenstand der Erziehungswissenschaft insgesamt als »professionelle Lebensbegleitung« (Lenzen 1997) bestimmbar.

Erziehung und Unterricht sind immer schon der Gegenstand der »Knabenführung«. Sie waren seit jeher mit Beratung und Unterstützung, Kontrolle und Selektion verknüpft, ohne dass diese begleitenden Tätigkeiten explizit hervorgehoben werden mussten. Mit der Aufklärung zerbricht die vorgestellte Übereinstimmung dieser Tätigkeiten mit einer vorgegebenen kosmologischen Ordnung, die Bildung als Selbstbildung des Subjekts löst das alte Modell ab. Bildung als unabschließbares Projekt wird zur Aufgabe des Lebenslaufs. Das Individuum wird – in der gedanklichen Grundkonzeption – aus der vorgegebenen Ordnung der Gesellschaft herausgelöst und ihr gegenübergestellt. Erziehung kann sich nicht mehr als Disziplinierung – im Sinne der Einordnung in einen göttlichen Heilsplan – begründen, sondern nur noch paradoxal – als Erziehung zur Mündigkeit.

In ähnlicher Weise verhält es sich mit der Institutionalisierung der Grundfunktion »Hilfe«. Sie wird von Anfang an als »Hilfe zur Selbsthilfe« verstanden und soll in den verschiedenen Formen der materiellen und persönlichen Hilfe die Selbsttätigkeit wiederherstellen.

In der Konsequenz führt diese Überlegung dazu, dass pädagogische und helfende Tätigkeiten in dem ihnen zugrundeliegenden Paradox, dass sie auf Selbsttätigkeit angelegt sind, eine Gemeinsamkeit haben. In der Gesamtheit des Lebenslaufs und bei fortschreitender Differenzierung und Individualisierung müssen weitere Tätigkeiten berücksichtigt werden. Dies verlangt, die pädagogische Tätigkeit weiter zu fassen und sie als »lebensbegleitende kurative Tätigkeit« zu definieren.

Die Ausweitung der Erziehungswissenschaft stellt neue und höhere Ansprüche an ihre innere Struktur. Erziehungswissenschaft kann nur noch begründet werden

– als reflexive Handlungswissenschaft, die auch »die potentiellen Opfer ihrer eigenen Empfehlungen und der Aktivitäten ihrer Berufsrollenträger vor den Implikationen voreiliger, normativer und empirisch unhaltbarer Orientierungen schützt« (Lenzen 1997, S. 17);

– als interdisziplinäre Integrationswissenschaft, die Wissen aus den verschiedenen Nachbarwissenschaften nach eigenen Regeln komponiert, und

– als Bildungswissenschaft in einem anspruchsvollen Sinne, weil nur so dem Verhängnis einer umfassenden Erziehungsdiktatur vorgebeugt werden kann.

Die zeitliche und formale Entgrenzung des Pädagogischen ist aus
guten Gründen zum Gegenstand der Kritik geworden. Helmut
Schelsky hat diese Kritik im Begriff des »betreuten Menschen«
(Schelsky 1976) zusammengefasst: Die pädagogischen Praktiken,
die zur Förderung der Selbststeuerung eines aus den Zwängen der
vormodernen Gesellschaft entlassenen Menschen geplant werden,
stellen die alte Unmündigkeit wieder her. Dieser Gedanke begleitet
alle aufklärerischen Programme – und ist im Interesse der Selbstbestimmung auch notwendig. Denn die »Dialektik der Aufklärung« lässt sich nicht stillstellen. Ständig kann das, was emanzipa-
torisch gemeint ist, in Disziplinierung umschlagen.

Diese Überlegung wird von Michel Foucault systematisiert und
in Einzelstudien konkretisiert. Foucault zeigt am Beispiel des Gefängnisses (1998) und der Psychiatrie (1993), wie moderne Gesellschaften die Disziplinierung so weit institutionalisieren, dass das
Subjekt gewissermaßen zum Verschwinden gebracht wird. Dem
dienen selbst die modernen Sozialwissenschaften einschließlich
der Erziehungswissenschaft, die die Disziplinarmacht diskursiv ab-
sichern (Foucault 1974). Die Entgrenzung des Pädagogischen ist
für Foucault gerade der Ausdruck dafür, dass sich eine neue,
moderne Form der Macht etabliert hat, die auf die Disziplinierung
des Menschen »von innen her« setzt. An die Stelle der äußeren
Überwachung und Gewalt ist Selbstdisziplinierung getreten.

Mit den Kategorien Foucaults lässt sich nicht nur die Ausweitung des Pädagogischen kritisieren, sondern auch die Konzeption
der »Individualisierung« (Beck 1986) als Schein, als Illusion ent-
larven. Was als Freisetzung des Individuums gepriesen wird, ist nur
die Oberfläche einer Selbstdisziplinierung im Dienste der Macht.
Gegenüber der Analyse von Foucault ist nur schwer ein Einwand
möglich, und zwar deshalb, weil »die Macht« in der modernen Gesellschaft als allgegenwärtig erscheint. Ihre Ortlosigkeit ist freilich
auch der Umstand, an dem die Kritik ansetzt. Denn wie kann etwas
definiert werden, wenn seine Grenzen nicht festgelegt werden können? Wenn alles von der Macht her zu begreifen ist, wie ist dann
Begreifen möglich, das nicht zugleich Macht und nur Macht ist?

Nicht nur praktisch, sondern gleichermaßen theoretisch steht
auch – trotz Foucault – die Dialektik nicht still, die darin besteht,
dass ein Anspruch auf menschliche Subjektivität erhoben wird und
dieser Anspruch seinen Widerspruch in sich trägt. Zwar kann professionelle Reflexivität in praktischer Absicht die Antinomie der

»Hilfe zur Selbsthilfe« transparent machen, doch kann sie diese weder wegdefinieren noch unwirksam machen.

Die These von der professionellen Lebenslaufbegleitung wird *historisch* und *empirisch* relativiert. Im geschichtlichen Vergleich kann man eher einen Formwandel feststellen als das Entstehen von etwas ganz Neuem behaupten. Die sozialen Berufe haben das Erbe der Seelsorge angetreten, die in den zurückliegenden Jahrhunderten Begleitung – von der Kinder- und Jugendarbeit bis zur Sterbebegleitung – angeboten hatte. Auch manche Funktionen des Hausvaters, des Grundherren und des Zunftmeisters wurden von ihnen übernommen. Schließlich ist die Ausdifferenzierung von Funktionen, ihre Verberuflichung und Professionalisierung das Besondere des Modernisierungsprozesses schlechthin. An die Stelle einer autoritär strukturierten und repressiv die Unterordnung verlangenden Lebenswelt ist eine abstrakt organisierte Gesellschaft getreten, die Sozialkontrolle und -disziplinierung in hohem Maße durch die Medien sichert; deshalb begegnen der Sozialpädagogik ihre typischen Handlungsformen im Nachmittags- und Vorabendfernsehen (Winkler 1999).

Die zweite Relativierung besteht in einem empirischen Argument: Die tatsächlich realisierte Betreuung ist nicht so weit verbreitet, als dass man von einer »betreuten Gesellschaft« sprechen könnte (Brumlik 2002). Dabei kommt es auf die Definition von »Betreuung« an. Micha Brumlik greift aus der Gesamtheit der personenbezogenen sozialen Dienstleistungen diejenigen heraus, die im engeren Sinne tatsächlich so bezeichnet werden können: »Eine Person wird betreut, wenn sie den im Rahmen einer Kultur erwarteten Vorstellungen von Eigenständigkeit in ihren leiblichen Lebensvollzügen und basalen Kulturtechniken zu entsprechen, auf längere Zeit nicht ohne Leistungen anderer Personen genügen kann und diese Leistungen auch tatsächlich erbracht werden« (Brumlik 2002, S. 101). Wenn man also den Kindergartenbesuch und die Jugendarbeit nicht berücksichtigt, kommt man auf eine Betreuungsquote von 1,5 % der Bevölkerung (Tagesgruppen, Heime, Anstalten, betreutes Wohnen usw.). Selbst wenn man den Kindergartenbesuch u. Ä. hinzurechnet, ergibt sich nur eine Quote von 4,5 %. »Im sozialpädagogischen Bereich lässt sich also von einer ›betreuten‹ Gesellschaft in keiner sinnvollen Weise sprechen« (S. 102). Deutlich höher sind die Quoten im Gesundheitswesen und im Bildungsbereich.

Auch bei den Erwerbstätigen zeigt sich ein ähnliches Bild. Die
Sozialen Berufe haben zwar kontinuierlich zugenommen, doch ist
die Gruppe der Lehrenden noch größer, die der Beschäftigten im
Gesundheitswesen etwa doppelt so umfangreich. Die empirischen
Daten setzen der These von der Lebenslaufwissenschaft Pädagogik
Grenzen. Erweitert um den Bildungsbereich (z. B. Altenbildung)
erhält sie mehr Kontur.

Die Foucault'sche Kritik, dass die Entgrenzung des Pädagogischen nur den Machtdiskurs perfektioniere, schränkt die These aus
systematischen Gründen ein; denn der Lebenslauf kann zwar de-
skriptiv erfasst werden, aber ihm ist immer auch die eigene Vorstellung eines gelingenden Lebens inhärent (Brumlik 2002). Dies bedeutet, dass das Konzept des professionellen Zugriffs auf den
Lebenslauf durch den Bildungsbegriff ausbalanciert werden muss.

5.2 Biografische Ordnung der sozialpädagogischen Praxis

Die Diskussion über die »betreute Gesellschaft« leidet auch darunter, dass der Begriff der »Betreuung« zu eng ist, um die insgesamt
gemeinten Handlungsformen zu erfassen. Auch der von Lenzen
(1997) formulierte Vorschlag, von einem neuen »kurativen gesellschaftlichen Teilsystem« zu sprechen, ist problematisch. Dabei ist
nicht nur die systemtheoretische Engführung, die Brumlik (2002)
kritisiert, zu erwähnen, sondern auch die Etikettierung »kurativ«.
Zwar gibt es in diesem Zusammenhang *auch* kurative Aspekte,
doch sind die erziehenden und bildenden, sorgenden und beratenden, kustodialen und kontrollierenden, aktivierenden und präventiven Formen mit dem Ausdruck »kurativ« nicht erfasst. Es zeigt
sich zunächst keine Alternative dazu, von »Sozialpädagogik« im
weiteren Sinne zu sprechen.

Für die Darstellung der unübersichtlichen Praxis wird hier ein
»biografischer Zugang« gewählt, weil die praktischen Aufgaben
der Sozialpädagogik auch von der Strukturierung des Lebenslaufs
bestimmt werden. Die Pluralisierung und Differenzierung der Lebenslagen haben in der modernen Gesellschaft zwar eine Individualisierung des Lebenslaufs mit sich gebracht, so dass keine star-

ren Muster den Ablauf der Lebensphasen bestimmen. Andererseits hat für immer mehr Menschen eine Standardisierung in der Weise stattgefunden, dass das sozialversicherungspflichtige Arbeitnehmerverhältnis zur zentralen Voraussetzung einer in diesem Rahmen einigermaßen selbstbestimmten Lebensführung geworden ist. Das Herausfallen aus diesem Status ist mit Abhängigkeit verbunden oder führt zu psychosozialen Krisen. Darüber hinaus sind die auf dem Lebensalter beruhenden Abschnitte (Kindheit, Jugend, Erwachsenenstatus, Alter) weiterhin die zentralen Grundlagen für Selbstdefinitionsmuster und soziale Zuordnungskategorien. (I.)

Die Statuspassagen haben sich differenziert, Alter und Geschlecht sind jedoch weiterhin von zentraler Bedeutung. Dies zeigt sich gerade auch an der Institutionalisierung der Sozialpädagogik: Sie setzt in den Situationen an, wo die Bedingungen für eine altersspezifische Normalität oder für die durchschnittliche Bewältigung einer Statuspassage fehlen. Normative Annahmen über einen typischen Lebenslauf bilden nach wie vor die Grundlage für sozialpädagogische Einrichtungen und Angebote. Das staatlich gesicherte Hilfesystem setzt voraus, dass Kindheit durch Familien gesichert ist, Jugend durch erfolgreichen Schulbesuch und Berufsausbildung in einen Erwachsenenstatus mit Erwerbs- oder Familienarbeit einmündet und dass alte Menschen sich selbst versorgen oder in ihrer Familie versorgt werden. (II.)

In welchem Umfang die »Basisinstitutionen« auch unter den Bedingungen eines ausgebauten Sozialstaats die Lebensführung sichern, zeigt sich, wenn man die Leistungen des Systems Privathaushalt quantifiziert. Der Beitrag der Familien zur Humanvermögensbildung ist höher als der Wert des reproduzierbaren Sachvermögens (5. Familienbericht). Ein erheblicher Teil sozialpolitischer Regelungen – von der gesamten Familienpolitik über die Bildungspolitik einschließlich der Ausbildungsförderung und der sozialpolitischen Regulierung der Erwerbsarbeit bis hin zur Wohnungsbaupolitik – bezieht sich auf die Sicherung der »Basisinstitutionen«.

Eine zweite Ebene der sozialstaatlichen Intervention (III.) bezieht sich auf die Grundrisiken der Lohnarbeiterexistenz und die Reproduktion der Arbeitskraft. Diese Interventionssysteme sollen Reproduktion im weitesten Sinne sichern, von der Sozialisation der nachwachsenden Generation über die Sicherung eines bestimmten Standards der Lebensführung bis hin zur Organisation einer Lebensweise im Alter, die in einer Gesellschaft als der Würde des Menschen (noch) entsprechend akzeptiert wird.

Wenn die gesellschaftlich normierten Entwicklungsaufgaben nicht »reibungslos« gelöst oder situativ begründete Belastungen nicht mehr uneingeschränkt mit den Routinen des Alltagslebens bewältigt werden, stehen »Normalisierungsangebote« bereit. (IV.) Sie haben typischerweise Beratungscharakter, weil es um die Bereitstellung von Wissen und Informationen geht, aber auch um die Erarbeitung von Problemlösungen für Schwierigkeiten, die die Autonomie der Lebenspraxis nicht prinzipiell einschränken.

Wenn die Konflikte zwischen Individuum, Gemeinschaft und Gesellschaft über situative Belastungen hinausgehen, wenn Konfliktkonstellationen sich »chronisch« verfestigen und insoweit Strukturprobleme manifest werden, kommt ein anderer Typus von Interventionen zum Zuge. (V.) Diese werden eher als »Eingriff« organisiert, denn die Individuen fühlen sich so unter Druck, dass sie mit ihren basalen Kompetenzen überfordert sind. Auf dieser Ebene werden Soziale Probleme bearbeitet, die sich im Rahmen von Armutsverhältnissen dauerhaft herausgebildet haben. Das Leben im Alltag ist prinzipiell prekär, die Autonomie der Lebenspraxis gefährdet, und zwar unter Umständen so weitgehend, dass ein neuer Ort des Alltagslebens organisiert werden muss.

Eine letzte Ebene (VI.) von Interventionen überschreitet teilweise die »sozialpädagogische Systemgrenze«. Hier bestimmen nicht mehr pädagogische Handlungsformen die Logik der Einrichtungen. Zwar sind sie teilweise für die Einleitung von Interventionen relevant (wie beispielsweise bei der Inobhutnahme oder der Herausnahme aus einem Lebens- oder Aufenthaltsort nach dem KJHG), aber die Intervention muss justiziell entschieden werden. Die Institutionen werden durch medizinisch-psychiatrische Indikationen oder strafrechtliche Sanktionen definiert, sozialpädagogische Handlungsformen sind subsidiär, im Falle des Verlassens der Institutionen aber von zentraler Bedeutung. In anderen Fällen, wenn eine Einrichtung unumkehrbar mit dem Ende des Lebens verbunden ist, erfüllt die sozialpädagogische Begleitung eine elementare humane Aufgabe für Individuen und ihren gemeinschaftlichen Lebenszusammenhang.

Die hier dargestellte Ordnung ist heuristisch, die einzelnen Ebenen sind nicht trennscharf abgrenzbar und die Darstellung folgt der Logik der Praxis. Diese ist *sozialpolitisch* in dem Sinne bestimmt,

Tab. 1: Biografische Ordnung der Sozialpädagogik

	Kindheit	Jugend	Erwachsenenstatus	Alter
VI Sozialpädagogisch relevante Ausgliederung	• Inobhutnahme • Herausnahme (§ 43 KJHG) 21	• Jugendpsychiatrie • Jugendstrafvollzug 22	• Psychiatrie • Strafvollzug 23	• Asyle • Hospize • Sterbebegleitung 24
V Sozialpädagogische Krisenbearbeitung von Strukturproblemen	• Pflegefamilie • Adoptionsvermittlung • Tagesgruppen 17	• Heimerziehung • Jugendgerichtshilfe • Drogenhilfe 18	• Obdachlosenprojekte • Wohnungslosenhilfe • Suchtbehandlung • Bewährungshilfe • Schuldnerberatung 19	• Stationäre Altenhilfe 20
IV Sozialpädagogische Normalisierungsangebote	• Erziehungsberatung • Hort • Hausaufgabenhilfe • Sozialpäd. Familienhilfe 13	• Jugendwohnheime • Schulsozialarbeit • Jugendsozialarbeit 14	• Kliniken • Wohngeld • Beratung, z. B. Verbraucherberatung 15	• Ambulante und offene Altenarbeit 16
III Sozialpädagogische/ Sozialpolitische Normaleinrichtungen und Absicherungssysteme	• Tagesbetreuung von Kindern • Elternbildung 9	• Jugendarbeit 10	• Kranken-/Arbeitslosenversicherung 11	• Renten-/Pflegeversicherung 12
II Basisinstitutionen	• Familie 5	• Schule • Berufsausbildung 6	• Erwerbsarbeit • Familienarbeit 7	• Familie • Partnerschaft 8
I Grundstruktur des Lebenslaufs	Kindheit 1	Jugend 2	Erwachsenenstatus 3	Alter 4

dass die sozialstaatlichen und die gesellschaftlich organisierten Interventionen – dem Subsidiaritätsprinzip folgend – möglichst begrenzt gehalten werden sollen; das Prinzip der Selbsthilfe soll Vorrang haben vor dem der Fremdhilfe. Das *sozialpädagogische* Handlungsprinzip folgt einer Steigerungslogik in dem Sinne, dass die je vorhandenen Alltagskompetenzen nicht ersetzt, sondern gestärkt werden sollen (*empowerment*). In der Ordnung des Kinder- und Jugendhilfegesetzes sind diese Prinzipien konsequent angewandt. Die Gefahr dieser Logiken besteht dann darin, dass die jeweils erreichten Niveaus der Einschränkung von Lebenschancen durch verzögerte und kontrollierende Intervention verfestigt werden und das Prinzip der *sozialen Gerechtigkeit* – im Sinne der Umverteilung von Ressourcen und der Sicherung von Bedingungen des guten Lebens – nicht zum Zuge kommt. Die offensive Interpretation des *Subsidiaritätsprinzips* würde eine »großzügige« Bereitstellung von Unterstützungsressourcen, damit die je »kleineren« Lebensformen ihre Autonomie sichern können, begründen.

In den zentralen Bereichen der Basisinstitutionen werden in der Gegenwart Entwicklungen deutlich, die die Instabilität des sozialen Systems offenlegen: Familien bilden nicht den fraglos gegebenen Rahmen für gelingende Kindheit (Armut in Alleinerziehendenhaushalten, Gewalt und sexuelle Ausbeutung u. Ä. in Familien); Jugendliche schließen diese Lebensphase nicht mit einem Übergang ins Erwerbsleben ab (Arbeitslosigkeit, Lehrstellenmangel usw.); Arbeitslosigkeit stellt dauerhaft die Grundlagen der Gesellschaft in Frage, die sozialen Sicherungssysteme werden im Rahmen einer neoliberalen Gesellschaftspolitik abgebaut, die soziale Sicherung im hohen Alter wird problematisch. Hinzu kommt, dass die geschlechtsspezifische Aufteilung von Erwerbs- und Familienarbeit schon lange nicht mehr legitimiert ist.

5.3 Praxisfelder der Sozialen Arbeit

Die hier vorgeschlagene Ordnung orientiert sich an zwei Kategorien: an der Altersklassifizierung und der Steigerungslogik des sozialpädagogischen Problemgehalts. Dabei treten Problemzusammenhänge und Praxisfelder in den Hintergrund, die durchaus bedeutsam sind und bei einem alternativen Klassifikationsschema

(z. B. Klassifikation nach Sozialen Problemen) im Vordergrund stehen würden. Einige seien exemplarisch benannt:
– Migration/Soziale Arbeit mit Migranten;
– Drogen und Sucht/Intervention und Prävention;
– Gewaltverhältnisse/Soziale Arbeit mit Opfern und Tätern;
– Geschlechterverhältnisse/Geschlechtsspezifische Arbeitsansätze;
– Konformität und Abweichendes Verhalten/Prävention und Intervention.

Die Problemzusammenhänge und thematischen Strukturierungen der einzelnen Kategorien, Basisinstitutionen und Praxisfelder können im Rahmen einer »Einführung« nicht eingehend dargestellt werden. Knappe Charakterisierungen und Literaturhinweise sollen eine erste (Problem-)Orientierung ermöglichen. Systematisch ausgearbeitet ist die sozialpädagogische Theorie der Lebensbewältigung im biografischen Kontext von Lothar Böhnisch (2001). Einen Überblick über die wichtigsten Praxisfelder vermittelt der Band von Karl August Chassé und Hans-Jürgen von Wensierski (2002).

(1) Kindheit
    Die Lebensphase Kindheit hat sich erst in der modernen Gesellschaft als solche herausgebildet und dann gewandelt. Die Vergesellschaftung der Kindheit (Individualisierung, Medien, Konsum) bringt Kinder direkt mit Chancen und Risiken des Wandels in Kontakt, der Lebensraum von Kindern ändert sich strukturell (demografischer Wandel, Auflockerung des Sozialraums, Verstädterung), die strukturelle Kinderfeindlichkeit der Gesellschaft kulminiert in der Kinderarmut. (Zehnter Kinder- und Jugendbericht 1998; Honig 1999; Beisenherz 2002; Butterwegge 2000; Krüger/Grunert 2002)

(2) Jugend
    Für »die« Jugend lassen sich ähnlich starke Veränderungen wie für die Kindheit diagnostizieren. Die Jugendzeit hat sich verlängert und dabei in Teil-Phasen untergliedert, die Verschulung des Jugendalters hat erheblich zugenommen, die Formierung der Jugend durch Konsum und massenkulturelle Vergesellschaftung folgt einer starken Dynamik, Geschlechterverhältnisse und soziale Ungleichheiten haben jedoch ihren großen Einfluss behalten. Bildungs- und Ausbildungserfolg entscheiden in hohem Maße über die soziale Platzierung; deshalb sind auch viele sozialpädagogische Aktivitäten darauf bezogen.

(Jugendberichte der Bundesregierung und der Länder; Shell-Jugendstudien seit 1981, zuletzt: Deutsche Shell 2002 und 2000; Markefka/Nave-Herz 1989; Hurrelmann 1997; Krüger/Grunert 2002)

(3) Erwachsenenstatus

Die Generation der Erwachsenen ist ein Stiefkind der ausdrücklichen Thematisierung in der Literatur. Dabei ist gerade der mit allen Rechten und Fähigkeiten des Bürgers ausgestattete Status der Erwachsenen der lebendige Ausdruck des Menschseins. Je nachdem, welche Dimensionen man berücksichtigt, wird die Zeit des Erwachsenseins durch die Verlängerung des Jugendalters zur Postadoleszenz einerseits, durch das Vorziehen der Altersphase (Frühverrentung beispielsweise) andererseits verkürzt. Blickt man dagegen auf die Vorverlegung der Volljährigkeit und die Einbeziehung der älteren Jugendlichen in die Sphären des Konsums und sozialkultureller Selbständigkeit auf der einen Seite, die »Jugendlichkeit« des frühen Alters auf der anderen Seite, dann dehnt sich das Erwachsenenalter erheblich aus. (Kade 2001)

(4) Alter

Auch das Alter ist mehrdimensional bestimmbar: Kalendarisches, biologisches, seelisch-geistiges und soziales Alter lassen sich unterscheiden. Das Alter hat sich in der Moderne als Lebensphase, in der man/frau aus der Erwerbstätigkeit ausgegliedert ist, besonders deutlich verlängert. Es erfordert einen komplexen Sozialisationsprozess, der durch die Differenzierung nach »jungen Alten«, »Alten«, »Hochbetagten« und »Langlebigen« in Phasen eingeteilt werden kann. Die gesellschaftlichen Erwartungen verlangen von den Alten Konsum, Mobilität und Aktivität – auch das neue Altenbild fordert stereotype Konformität. Die Erforschung des Alters wird von mehreren Disziplinen wahrgenommen und mündet in die Formierung einer multidisziplinären Gerontologie. (Gerling/Naegele 2001)

(5) Familie

Die Familie ist im Verständnis der Gegenwart die Kern- oder Kleinfamilie und in dieser Form das Produkt der modernen Gesellschaft. Mit der Industrialisierung haben sich die traditionellen Formen der Vergemeinschaftung und Haushaltsorganisation in der »Ökonomie des Ganzen Hauses« aufgelöst. Die

Funktionen der Haushaltsführung, der Kindererziehung, der Pflege, der Rekreation und Realisierung der Sexualität wurden an Ehe und Familie gekoppelt. »Familie« wird allerdings in der Gegenwart zunehmend als »dauerhaftes Zusammenleben von Personen aus zwei Generationen« verstanden; die Bindung des Begriffs an das bürgerliche Ehe- und Familienmodell hat sich gelöst, weshalb auch von »familialen Lebensformen« die Rede ist. Generationenbeziehungen bleiben haushaltsübergreifend bestehen und werden vielfach als wechselseitige Hilfeleistung realisiert. Die Familie ist der wichtigste Produzent sozialpädagogischer Leistungen und deshalb der hauptsächliche Konsument sozialpolitischer Unterstützungssysteme. Die Kinder- und Jugendhilfe ist systematisch auf Familie bezogen und will ihre Funktionsfähigkeit sichern. Die »sozialpädagogische Ordnung der Familie« macht sie wie keine andere Institution zum normativen und faktischen Bezugspunkt der Sozialen Arbeit. (Ecarius 2007; Allert u. a. 1994; Erler 2003; Nave-Herz/Nauck 1989; Kaufmann 1990; Liegle 2001; Böhnisch/Lenz 1999; Uhlendorff u. a. 2006)

(6) Schule und Berufsausbildung

Der Erwerb kulturellen Kapitals wird über Berechtigungszertifikate gesteuert. Welchen Platz in der Gesellschaft man – zumindest zeitweise – besetzen kann, hängt vom Schul- und Ausbildungserfolg ab. Die Sozialpädagogik hat ihre Aufmerksamkeit lange Zeit auf die Übergänge (Einschulung, Schule – Ausbildung/Beruf und Ausbildung – Berufstätigkeit) gerichtet sowie auf die Abstützung des Schulbesuchs, soweit die Familie dies nicht zu leisten vermag. Wenn die Familie die notwendigen Voraussetzungen für den reibungslosen Schulbesuch nicht bietet, weil die Schule ihre Selektionsfunktion verstärkt oder ein Motivationsverlust deshalb eintritt, weil zwischen Bildungs- und Beschäftigungssystem eine Kluft besteht, werden sozialpädagogische Stabilisierungsangebote zu einer konstitutiven Bedingung des Schulerfolgs von benachteiligten Kindern und Jugendlichen. Die öffentliche Dramatisierung von Sozialen Problemen (Gewalt und Drogen an Schulen beispielsweise) und die Einsicht in den Umstand, dass die Pflichtschule die einzige Institution ist, in der alle Kinder und Jugendlichen für Beeinflussungsabsichten tatsächlich erreichbar sind (Prävention), machen Schule zum Objekt der sozialpädagogischen Be-

gierde. (Bettmer/Prüß 2001; umfassende Informationen: jähr-
liche Berufsbildungsberichte der Bundesregierung; Braun/
Wetzel 2006)

(7) Erwerbsarbeit und Familienarbeit
Fast alle Erwachsenen sichern ihre ökonomische Selbständigkeit durch Erwerbstätigkeit auf der Grundlage eines Arbeits-
vertrages oder gestalten ihre Abhängigkeit durch Arbeit in Familie und Haushalt. Für Produktion, Reproduktion und
Konsumtion sind beide Tätigkeitsformen gleichermaßen wichtig; die gesellschaftliche Anerkennung ist dagegen sehr ungleich verteilt. Die sozialen Sicherungssysteme sind auf die
Erwerbstätigkeit zentriert und kommen den Familienangehöri-
gen nur mittelbar zugute. Der Sicherung und Wiederherstellung der Erwerbsfähigkeit und der Haushaltsführungskom-
petenz bzw. der Erziehungsfähigkeit sind sozialpolitische
Institutionen und sozialpädagogische Hilfen gewidmet. Sie
alle sind als Hilfe zur Selbsttätigkeit normiert (z. B. Arbeitsförderungsgesetz, Bundessozialhilfegesetz). (Böhnisch/Arnold/
Schröer 1999; Lampert 2001)

(8) Familie und Partnerschaft
Die Lebensform des Alters ist die »nachelterliche Gefährten-
schaft« von Paaren oder der Einpersonenhaushalt. Nur ver-
gleichweise wenige Personen wohnen in Heimen, noch weniger in Wohngemeinschaften. Auch die Mehrgenerationenfami-
lie, die heute mehr denn je möglich wäre, lebt nicht in einem
Haushalt zusammen, sondern – in der Regel mit mehr oder weniger intensiver Austausch- und Hilfebeziehung – haushalts-
mäßig getrennt. Die sozialen und pflegerischen Leistungen
werden also überwiegend im Privathaushalt erbracht. Der Erhaltung seiner reproduktiven Funktionen dient überwiegend
auch die Pflegeversicherung. Der sozialen Integration der kleinen Haushalte mit ein bis zwei Personen dienen einige Aktivitäten der Altenarbeit. (Umfassend: Altenberichte der Bundesregierung: 1 [1993] bis 4 [2002])

(9) Tagesbetreuung von Kindern und Elternbildung
Innerhalb der Jugendhilfe ist die Tagesbetreuung von Kindern
der umfangreichste Bereich. Zwei Drittel der Ausgaben werden für ihn verwendet. In Deutschland ist die Betreuung der 3-
bis 6-Jährigen in Einrichtungen (Kindergarten, Kindertagesstätte) nahezu vollständig gesichert. Der Kindergarten gilt als

Sozialisationsinstanz, die soziales Lernen in der Kindergruppe ermöglicht, nachdem Familien klein geworden sind und Nachbarschaften »ausgedünnt« wurden. Der Kindergarten hat einen eigenständigen Bildungs- und Erziehungsauftrag und bereitet auf die Schule vor. In der DDR war auch die Tagesbetreuung der unter 3-Jährigen flächendeckend eingerichtet; dies ermöglichte eine hohe Beschäftigungsquote und die Selbständigkeit der Mütter durch Erwerbstätigkeit. Das zentrale Motiv für die Versorgung mit Kindergartenplätzen ist auch heute noch die Absicht, Erwerbstätigkeit beider Eltern zu ermöglichen. Bedeutsam war auch der Kompromiss zum § 218 im Deutschen Bundestag.

Familien- und Elternbildung wird überwiegend von den Freien Trägern (Kirchen, Wohlfahrtsverbände) organisiert und umfasst auch die Vorbereitung auf die Elternschaft. (Jordan 2000; Thesing 2001)

(10) Jugendarbeit

Die Jugendarbeit ist ein vielgestaltiges sozialpädagogisches Handlungsfeld, das Gegenstand einer intensiven theoretischen Erforschung und wissenschaftlichen Reflexion ist. Wichtige Wurzeln liegen in der Jugendbewegung, der sozialdemokratischen Tradition kommunaler Jugendpflege, in den kirchlichen und verbandlichen Reproduktionsinteressen sowie im Vereinswesen. Die Jugendarbeit findet in Jugendverbänden und anderen Organisationen mit Mitgliedschaft statt, wobei vor allem der Sport im Verein zu einem relevanten Sozialisationsfaktor geworden ist. Die offene Jugendarbeit erreicht in ihrer kommunalen Version vor allem benachteiligte Jugendliche, heute insbesondere Migrantenjugendliche. Im KJHG ist die Jugendarbeit und die Förderung der Jugendverbandsarbeit rechtlich normiert (§ 11 und 12 SGB VIII). (Thole 2000; Böhnisch/Gängler/Rauschenbach 1991; Thimmel 2001; Deinet/Sturzenhecker 2000)

(11) Kranken- und Arbeitslosenversicherung

Die Sicherung der Reproduktionsfähigkeit der Erwachsenen ist eine sozialpolitische Aufgabe, weniger eine sozialpädagogische. Die Versicherungen für den Krankheitsfall, bei Arbeitslosigkeit und Invalidität gehören zu den sozialstaatlichen Grundlagen, die schon mit der Bismarck'schen Sozialgesetzgebung am Ende des 19. Jahrhunderts geschaffen wurden. Sie wurden durch Systeme der Rehabilitation (medizinische Leistungen und solche der beruflichen Reintegration) und der Arbeitsförderung (z. B. durch Umschulung und Weiterbildung) ergänzt. Die Leistungen werden von den Sozialversicherungsträgern und der Arbeitsverwaltung finanziert und von einer Vielfalt von Leistungsträgern und Anbietern erbracht. Mit der Leistungserbringung verbunden ist elementare Beratung, die den gesamten Prozess begleitet. Der sozialpädagogische Gehalt dieses intensiven und umfangreichen Beratungssystems wird theoretisch noch wenig berücksichtigt. Insbesondere bei den Maßnahmen der Arbeitsmarktpolitik, die auch vom Europäischen Sozialfonds finanziert werden, handelt es sich um ein relevantes sozialpädagogisches Handlungsfeld. Wenn Arbeitslosigkeit nicht nur ein vorübergehendes Phänomen darstellt, muss Soziale Arbeit sich mit den psychosozialen Folgen dieser Ausgrenzungserfahrung auseinandersetzen.

Die auf die Familienarbeit bezogene Einrichtung der »Müttererholung« wird vom Deutschen Müttergenesungswerk getragen und finanziert. Ein ganz anderer Ansatz ergibt sich, wenn die Gewalt gegen Frauen und Unterdrückungsverhältnisse in der Familie wahrgenommen werden. Eine neue Perspektive kann nach der Zuflucht im Frauenhaus aufgebaut werden. (Jahrbücher des deutschen Müttergenesungswerks; Brückner 2002; Böhnisch/Arnold/Schröer 1999; Lampert 2001; Wolski-Prenger 2002)

(12) Renten- und Pflegeversicherung

Auch für die Lebensgrundlage im Alter sorgen Versicherungen (und Pensionen für die Beamten). Unter den Bedingungen lebenslanger Erwerbsarbeit und den demografischen Voraussetzungen eines günstigen Verhältnisses von Beschäftigten/Rentenbeziehern ist eine relativ hohe Durchschnittsrente möglich gewesen. Bedeutsam sind allerdings Unterschiede in der Versorgung zwischen Männern und Frauen sowie den Niedrigeinkommensbeziehern und den Besserverdienenden (Angestellte beispielsweise). Die Durchschnittswerte verdecken also die Armut im Alter. Für die Zukunft lassen die demografischen Veränderungen und die eingeleiteten und noch ausstehenden Neuordnungen der Rentenberechnung wieder massenhafte Armut und Unterversorgung im Alter erwarten. Insbesondere die Einschränkungen von medizinischen Leistungen werden wieder das Elend des Alters herbeiführen. Die Pflegeversicherung hat dieses Elend verhindert und vermindert, doch wird auch sie nach ökonomischen und sozialpolitischen Maßgaben umgesteuert. (Altenberichte der Bundesregierung)

(13) Unterstützung der Familienerziehung

Die Kinder- und Jugendhilfe als Gesamtsystem zielt in erster Linie auf die Unterstützung der Familie. Das KJHG wird deshalb auch als Familienhilfegesetz bezeichnet. Rechtlich wird zwischen der Förderung der Erziehung in der Familie (§ 16 – § 21 SGB VIII) und den Hilfen zur Erziehung (§ 27 – § 41) unterschieden. Institutionell hat sich insbesondere die Erziehungsberatung verfestigt, wobei häufig Ehe-, Erziehungs- und Lebensberatung in »Stellen« integriert sind. Auch der Hort hat sich als »feste« Einrichtung etabliert. Die sozialpädagogische Familienhilfe hat sich in wenigen Jahrzehnten als ausgesprochen hilfreich erwiesen, um krisenhafte Zuspitzungen von Konflikten aufzufangen, zu bearbeiten und neue Ressourcen zu erschließen.

Die Hilfen richten sich auf die Bewältigung von Krisen, auf die Re-Stabilisierung von familialen Lebensformen, auf die Sicherung des Kindeswohls beim Übergang der Familienformen (Scheidung, Trennung, Familienneubildung). Sie sollen auch die elterliche Erwerbstätigkeit erleichtern und zum Schulerfolg beitragen; die Ganztagsschule bietet hier neue Gestaltungsmöglichkeiten für die Jugendhilfe. (Jordan 2005; Menne 2002; Textor 2002; Nielsen 2002; Hundsalz 1995; bke 2000; Textor 1998; Rothe 1999; Helming/Schattner/Blüml 1999; Rolle/Kesberg 1989; Birtsch/Münstermann/Trede 2001; Schröer/Struck/Wolff 2002; Berry/Pesch 2000; Jahrbücher für Erziehungsberatung 1994 ff.; Romeike/Imelmann 1999)

(14) Jugendhilfe I

Der rechtliche Rahmen des KJHG bildet die Grundlage auch für dieses Handlungsfeld. Durch § 41 ist die Ausweitung der Hilfen auf junge Volljährige gesichert. Neben den »Hilfen zur Erziehung«, die für Jugendliche vornehmlich den Erziehungsbeistand, die soziale Gruppenarbeit und die intensive sozialpädagogische Einzelbetreuung vorsehen, hat sich die Jugendsozialarbeit als ein größeres Handlungsfeld in verschiedenen Formen ausdifferenziert. Im Kontext hoher Jugendarbeitslosigkeit, der Pluralisierung der Übergänge zwischen Bil-

dungs- und Beschäftigungssystem, von Ausbildungsstellen-
mangel, der Auflösung von verhaltensstabilisierenden Milieus
für Jugendliche, unter Bedingungen der wachsenden Mobilität
und Migration (»Zweite Generation«, »mitgenommene« Aus-
siedlerjugendliche, junge Flüchtlinge), »Schulmüdigkeit« und
anderen Problemlagen ist die Jugendsozialarbeit ein relevantes
Arbeitsfeld geworden. Im Rahmen der Land-Stadt-Migration
und in den Nachkriegszeiten war sie jedoch schon länger wichtig gewesen. Förderung der Ausbildung und soziale Integration
stehen im Vordergrund; die Hilfen zur Erziehung sollen darüber hinaus die Bewältigung von jugendlichen Entwicklungsaufgaben unter Krisen- und Benachteiligungsbedingungen unterstützen. (Galuske 2002; Seithe 2002; Fülbier/Münchmeier
2001; Deutsches Jugendinstitut 1998; Birtsch/Münstermann/
Trede 2001; Schröer/Struck/Wolff 2002)

(15) Beratung für Erwachsene

Zur Unterstützung von Erwachsenen, insbesondere mit Familien, gibt es sozialpolitische Instrumente, die sich – ähnlich
wie das Wohngeld – auf Armutslagen richten. Personenbezogene soziale Dienstleistungen sind als Beratung institutionalisiert und sollen temporäre Krisen, aber auch Orientierungspro-
bleme bewältigen helfen. Schließlich befriedigen sie Informa-
tionsbedürfnisse. Hier ist auch die Verbraucherberatung zu
nennen.

Die Sozialarbeit in Kliniken und im Gesundheitswesen generell wird in diesem Zusammenhang hier erwähnt, weil sie sehr
häufig Übergangshilfen (Kliniken – Rehabilitation usw.) bereitstellt und auf neue Lebensformen vorbereitet. Für sie gilt
offenkundig, dass die Übergänge zwischen den Bereichen
(hier zu Feld 19) fließend sind. Die präventiven und kurativen
Potentiale der Sozialen Arbeit haben im Gesundheitswesen in
neuerer Zeit große Bedeutung erhalten. (Burghardt/Enggruber
2005; von Kardorff 2002; Homfeldt/Hünersdorf 1997; Mühl-
lum u. a. 1997; Homfeldt 2002; Sting/Zurhorst 2000; Sicken-
diek/Engel/Nestmann 1999)

(16) Offene und ambulante Altenarbeit

Die Veränderungen des Alters erzeugen in der Regel keine
neuen Problemlagen. Insofern der Lebenslauf aber schon mit
Benachteiligungen und Krisen verbunden war, sind situative
Hilfen auch im Alter notwendig. Hinzu kommen begrenzte

Einschränkungen, die durch ambulante Dienste behoben werden können. Insgesamt geht es darum, die Lebensqualität im Alter (Bildung, soziale Beziehungen, Freizeitgestaltung) durch offene Arbeit und Beratung zu sichern. (Schweppe 1996; Schweppe 2002b; Becker u.a. 2000; Belardi/Fisch 1999; Künzel-Schön 2000)

(17) Kinderschutz

Die Familie gilt als der Rahmen, innerhalb dessen Kinder angemessen aufwachsen können. Wenn ihre Herkunftsfamilie ein sicheres Aufwachsen nicht gewährleisten kann infolge Armut, Sucht, Gewalt, sexueller Ausbeutung usw., wird eine Familie als Pflegefamilie gewählt. Wenn Kinder zur Adoption freigegeben werden oder in Ländern mit Verelendungsverhältnissen keinen Lebensort finden, vermitteln die Jugendämter Adoptiveltern.

Kinder und Jugendliche können in der Familie verbleiben, wenn ihre Entwicklung durch soziales Lernen und schulbezogene Förderung in einer Tagesgruppe gesichert werden kann. Es wird dabei angenommen, dass es sich bei den Entwicklungsproblemen um strukturelle Defizite in der Familie handelt, die zwar eine Herausnahme nicht rechtfertigen, aber eine intensive Form der begleitenden kompensatorischen Förderung notwendig machen. In allen Fällen wird auf eine einvernehmliche Regelung mit den Eltern hingearbeitet. (Birtsch u.a. 2001; Münder u.a. 1998; Swientek 1993; Nienstedt/Westermann 1998; Schröer u.a. 2002; Colla u.a. 1999; Schone u.a. 1997; Münder/Mutke/Schone 2000; Fegert u.a. 2001; Online-Service der Kinderschutz-Zentren: www.kinderschutz-zentren.org)

(18) Jugendhilfe II

Hilfen für Jugendliche sind als »ernsthafte« Intervention konzipiert, die auch die Merkmale der Disziplinierung aufweist, wenn die familiale Integration dauerhaft konfliktreich ist, wenn sich abweichendes Verhalten entwickelt hat oder Drogenabhängigkeit entstanden ist. Die Funktion der Integration ist in diesem Feld mit Sanktionsandrohungen (z.B. durch das Strafrecht) verbunden und das pädagogische Handeln steht unter dem Druck, äußere Anpassungszwänge mit individuellen Motivationen zu vermitteln und zugleich an der Entstehung von Selbststeuerung zu arbeiten. (Chassé 2002; Birtsch u.a. 2001; Schröer u.a. 2002; Becker/Simon 1995; Eckert/Bathen

1995; Trenczek 1996; Peters/Trede/Winkler 1998; Bürger
1998; Forschungsprojekt JULE 1998; Hansbauer 1999)

(19) Armut und Abweichung im Erwachsenenalter

Armut und Abweichung als konkrete Ausprägung der systematischen Dimensionen sozialer Ungleichheit und sozialer
Differenz können zu verfestigten Krisenlagen führen. Marginalität charakterisiert diese Lebenslagen, zumal sich die Be-
nachteiligung in diesen beiden Dimensionen kumulativ ver-
schränkt. Formen der Beratung (Sucht-, Schuldnerberatung)
sind hilfreich, wenn sich die Desintegration auf *eine* Dimension der Lebenslage bezieht. Da, wo Armut sich verfestigt hat
und die Wohnraumversorgung prekär geworden ist, bezieht Sozialarbeit sich auf die Folgen der Ausgliederung, teilweise
auch auf Aktivierung und Stabilisierung von sozialer Integration. Realistischerweise und gelegentlich auch aus normativen
Überlegungen geht es letzten Endes um die Sicherung von
noch akzeptablen Lebensumständen am Rande der Gesellschaft. (Preußer 1993; Groth/Schulz-Racholl 2002; Just u. a.
1994; Münder u. a. 1999; Ebli 1995; Iben 2002; Kunstreich/
Lindenberg 2002; Wolf 2001; Loviscach 1996)

(20) Stationäre Altenhilfe

Die Unterbringung von Personen in Heimen hat Tradition seit
dem Mittelalter. Mit der Ausdifferenzierung des »Armenhau-
ses« in der Neuzeit sind dann verschiedene Typen der Unterbringung entstanden. Die Wohnraumversorgung von alleinste-
henden oder pflegebedürftigen alten Menschen ist unter den
Bedingungen fortgeschrittener Individualisierung zunehmend
zu einem Problem geworden – obwohl die meisten alten Menschen bis zu ihrem Tod in ihrer Wohnung verbleiben. Wegen
der sozialpolitischen Präferenz der ambulanten (kostengünsti-
geren) Versorgung, aber auch wegen der individuellen Präferenz für ein Verbleiben in der Lebenswelt des Alters geschieht
der Übergang in Einrichtungen in der Regel sehr spät. Diese
sind deshalb teuer (verbunden mit Pflege) und als Inbegriff der
letzten Lebensphase abschreckend. Das verstärkt die genannten Präferenzen. (Schweppe 1996; Koch-Straube 1997; Kruse/
Wahl 1994)

(21) Kinderschutz II

Wenn das Wohl von Kindern gefährdet ist, kann das Wächter-
amt der »staatlichen Gemeinschaft« (§ 1 SGB VIII) den recht-

lich abgesicherten Eingriff in die Autonomie der Lebenspraxis legitimieren. Diese Form der Intervention braucht eine triftige Begründung und soll eine überzeugende Lebensperspektive für das Kind sichern. Diese riskanten Interventionen bedürfen einer reflektierten Professionalität, der Teamarbeit und der organisierten Unterstützung. (Literatur: vgl. [17])

(22) Ausgrenzung von Jugendlichen

Begrifflich lassen sich Strafe und Erziehung, psychische Krankheit und sozialer Konflikt gut unterscheiden. Auch die rechtliche Ordnung regelt die jeweilige Intervention detailliert. Faktisch sind die zugrunde liegenden Probleme, die Praktiken des gesellschaftlichen und professionellen Umgangs, die Diagnosen und die Interventionen nicht präzise zu trennen. Diagnostische Überschneidungen und Hin- und Herpendeln der betroffenen Jugendlichen (zwischen Heimerziehung und Jugendpsychiatrie beispielsweise) sind an der Tagesordnung. Sozialpädagogik ist integriertes Element der Institutionen der Kinder- und Jugendpsychiatrie und des Jugendstrafvollzugs und kann ein breites Spektrum von Funktionen und Aufgaben (für den Jugendlichen, die Einrichtung und das multiprofessionelle Team, für den Weg aus der Einrichtung heraus) übernehmen. (du Bois/Ide-Schwarz 2001; Fegert/Schrapper 2004; Münder u. a. 2006; Ostendorf 1997, Trenczek 1996; Müller/Otto 1986; Müller/Trenczek 2001)

(23) Psychiatrie und Strafvollzug

Im Prinzip verhält es sich strukturell bei den Erwachsenen wie bei den Jugendlichen. Besonderes Gewicht haben bei den Erwachsenen die biografisch eingetretenen Verfestigungen von problematischen Mustern der Lebensführung. Hinzu kommen die Folgen des Lebens in Totalen Institutionen (Hospitalisierung). Soziale Arbeit innerhalb der Anstalten ist wegen des geschlossenen Rahmens der Totalen Institution dauerhaft prekär, aber wichtig. Die Dezentralisierung der Anstaltspsychiatrie und die Förderung alternativer Wohn- und Versorgungsformen haben den Spielraum einer Sozialen Arbeit vergrößert. (Clausen/Dresler/Eichenbrenner 1996; Bossard/Ebert/Lazarus 1999; Maelicke 2002; Hörster 2002b; Köhler 2005)

(24) Sterbebegleitung

Die »Modernisierung« erfasst alle Lebensbereiche und unterwirft sie ihrer Rationalität. Auch Tod und Sterben werden aus ihrer traditionalen kulturellen Rahmung herausgelöst und modern »entsorgt«, d. h. privatisiert, in Spezialeinrichtungen abgedrängt, technisch bearbeitet oder kommerzialisiert. Zwar hat die Seelsorge noch eine wichtige Funktion und es gibt neue soziale und gemeinschaftliche Formen der Sterbebegleitung und Vorbereitung auf den Tod (Hospizbewegung), doch stellt sich auch für die Sozialen Berufe die Aufgabe, Sterbende zu begleiten und ihre Familien zu betreuen. Die insgesamt zu bearbeitende Konfliktkonstellation ist typisch für sozialpädagogische Handlungsfelder. (Kübler-Ross 1992; Mennemann 1998 und 2001; Ochsmann 1991)

6 Sozialpädagogisches Handeln

Die Frage, was das Besondere des sozialpädagogischen Handelns ausmacht, durchzieht die Geschichte des Nachdenkens über die Sozialpädagogik und ihre Theorien. Eine grundsätzliche Problematik besteht darin, dass sich der »sozialpädagogische Blick« i. A. auf die Interaktion und Kommunikation in einer bestimmten Situation konzentriert und dass dabei die Gestaltung von Lebensbedingungen aus dem Blickfeld rückt. Es geht also zunächst darum, (1.) die Gegenstandsbestimmung zu öffnen auf ein breites Feld von Handlungen in einer bestimmten Situation und von Handlungen, die Lebensbedingungen gestalten: Planung, Verwaltung, Sozialmanagement, Organisationsentwicklung – politisches und öffentliches Handeln gehören zur Sozialpädagogik dazu. Sodann lässt sich ein sozialpädagogisches Handeln als Interaktion mit Einzelnen, Gruppen und größeren Gebilden (sozialpädagogisches Handeln »im engeren Sinne«) unterscheiden von »sozialpädagogischem Handeln im weiteren Sinne«, das der Logik anderer Handlungsformen (z. B. Planung) folgt, aber gleichzeitig auf die Bearbeitung von Konflikten zwischen Individuen und Gesellschaft abzielt. Dieser theoretische Begriff des Handelns ist nicht (bzw. nur teilweise) mit Berufsbezeichnungen und -tätigkeiten verknüpft. Bei einer solchen Dehnung des Begriffs muss man sich aber der Vermischungen und Überschneidungen bewusst sein und darf ihn nicht mit Handlungsanweisungen verbinden, weil sonst eine »Pädagogisierung« von – beispielsweise – planerischen Handlungslogiken die Folge wäre.

Eine zweite Bemerkung schließt sich daran an: (2.) Sozialpädagogisches Handeln ist nicht nur berufliches Handeln, sondern eine Handlungs*form*. Sie wird im Alltagshandeln – ähnlich wie »Erziehen« – ebenso wie in beruflich definierten bestimmten Situationen realisiert. Die Bezeichnung »Laienhandeln« ist dabei, weil sie von der Norm des Berufs ausgeht, schon diskriminierend. Auch die Begriffe Selbsthilfe, Freiwilligentätigkeit, Bürgerschaftliches Engagement oder Ehrenamt sind in Absetzung zu beruflicher Institutio-

nalisierung und Expertenkulturen entstanden. Die Handlungsform
ist also zu unterscheiden vom »Erbringungsverhältnis«.

Darüber hinaus (3.) ist die Wissensgrundlage des sozialpädagogischen Handelns sehr heterogen. Das Handeln kann angeleitet
werden von

– traditionsorientiertem Erfahrungswissen, im Alltag erworben
  und von intuitiven Angemessenheitseinschätzungen getragen,
– fachlich geordnetem Berufswissen, in einer Ausbildung erworben, reflektiert und als pragmatisch erfolgreich bestätigt, oder
– wissenschaftlich legitimiertem Reflexionswissen in einer vollständig handlungsentlasteten Situation erarbeitet und geprüft,
  das sich ebenso in der Begleitung von Handlungsroutinen wie in
  der Auflösung von Blockaden und Verfestigungen bewährt hat.
Keinesfalls dürfen diese Differenzen mit Qualitätsstufen verwech-
selt werden. Denn aus allen Wissensformen können Handlungen
begründet werden, die analytisch richtig oder falsch, situativ angemessen oder unangemessen, normativ gerechtfertigt oder unge-
rechtfertigt sind.

Schließlich ist (4.) auf den historischen Charakter des sozialpädagogischen Handlungsverständnisses hinzuweisen. Als Teil des
Handlungsverständnisses haben sich Methoden herausgebildet, die
als gedankliche Modelle eines geplanten Vorgehens vor allem den
Verberuflichungsprozess der Sozialen Arbeit bestimmt haben.
Diese Methodenkonzepte sind jeweils in speziellen gesellschaftlichen Problemlagen und im Kontext von politischen Programmati-
ken entstanden, die ihren spezifischen Sinn ausgemacht haben
(Müller 1999 und 1997). Zwar haben sich diese Konzepte später in
einem Abstraktionsprozess aus dem ursprünglichen Handlungszu-
sammenhang herausgelöst, ihre Anwendung schafft aber wiederum
eine Einheit des sozialpädagogischen Handelns, das als Gesamtheit
der Bedingungen der Situation und ihrer Dynamik einschließlich
des methodisch strukturierten Anteils zu verstehen ist.

Das Wissen um die Komplexität des Handlungszusammenhangs
verursacht Angst, wenn nicht gleichzeitig das Bewusstsein der
Kompetenz besteht. Studium und Ausbildung integrieren deshalb
Elemente der Erprobung und Übung ebenso wie der Selbsterfah-
rung. Dies soll gewährleisten, dass die Auflösung gewohnter Hand-
lungsroutinen durch kritisch-fachlichen Wissenserwerb mit dem
Neuaufbau reflektierter Kompetenzen synchron verlaufen kann.
Auch die Berufseinmündung wird – wenn sie »vernünftig« geregelt

ist – mit reflexiven Formen der Begleitung gestaltet. Die Einübung von Methoden und Verfahren dient oft mehr der Überwindung von inneren Handlungsunsicherheiten als der umsichtigen Strukturierung von Handlungssituationen. Die sozialpädagogische Methodendiskussion bezieht sich deshalb aus guten Gründen ebenso auf die »Anwendung« von Methoden wie auf die Strukturierung ihrer »Binnenlogik«. (Galuske [2]2001; Rauschenbach/Ortmann/Karsten 1993; Noack 2001; Spiegel [2]2006; Stimmer [2]2006)

Wenn man das Modell des 3. Kapitels aufnimmt, sind sozialpädagogische Handlungen zu reflektieren in einem Dreiecksverhältnis von

– *Situation*, die sich analytisch erschließen lässt unter Berücksichtigung der Einmaligkeit und Allgemeinheit,
– *Konzept*, das die Programmatik einer Einrichtung und die Konzepte des methodisch strukturierten Vorgehens einschließt,
– *Kompetenz* als der Fähigkeit, allgemeines Wissen sowie reflektierte Handlungsmuster situationsangemessen und fallspezifisch zu realisieren.

Sozialpädagogisches Handeln ist – wie Erziehen – intentional und zielt auf die Veränderung einer Relation ab. Über die Absichten hinaus, mit denen Individuen in der Interaktion wechselseitig einander gegenübertreten, ist diese Intentionalität eine Meta-Intentionalität gegenüber der Situation. Diese bedarf, soll sie sich nicht als Herrschaftsbeziehung ausbilden, der Offenlegung, Transparenz und Aushandlung.

6.1 Handeln als »Aushandeln«

Wenn sich sozialpädagogisches Handeln nicht einfach in den Konflikt zwischen Individuum und Gesellschaft verstricken und zum Teil des Konfliktes werden soll (wie im oben geschilderten Fall in der Person der Bezirkssozialarbeiterin), dann ist dieses Handeln ein Aushandeln darüber, »worum es eigentlich geht«. Im Hinblick auf Hilfegewährung in der Sozialarbeit haben diesen Aspekt Micha Brumlik und Wolfgang Keckeisen (1976) genauer untersucht und ein sozialpädagogisch angemessenes Konzept von Hilfsbedürftigkeit diskutiert. Die sozialstaatlich institutionalisierte Hilfe zeichnet sich dadurch aus, dass sie praktisch nicht zurückgewiesen werden kann. Der Hilfeempfänger kann erwarten, dass die Hilfe nach berechenbaren Regeln gewährt wird, dass also bei der Entscheidung über die Realisierung eines Hilfeprogramms im Einzelfall nicht willkürlich entschieden wird. Aber es gibt neben dem allgemeinen Recht auf Hilfe auch die Pflicht, die Hilfe anzunehmen. Wer die »Zwangshilfe« verweigert, muss mit Sanktionen rechnen. Die Sozialpolitik seit der Jahrhundertwende 2000 ist dadurch gekennzeichnet, dass die Arbeitslosenhilfe und die Sozialhilfe einander angenähert werden, damit das Kontrollinstrumentarium und die Sanktionen, die das BSHG bereitstellt, schärfer angewandt werden können. Die rechtliche und bürokratische Regulierung von Hilfegewährung schließt den Willen des Hilfeempfängers also weitgehend aus, selbst die Zumutbarkeitsregelungen sind bei der Reform der Arbeitsverwaltung reduziert worden.

In der Tradition der Sozialarbeit gibt es auch Versuche, die Hilfsbedürftigkeit nicht rechtlich oder bürokratisch zu begründen, sondern auf der Grundlage wissenschaftlicher Konzepte. Doch auch dabei zeigt sich das Problem, dass die wissenschaftliche Analyse »von außen kommend« verobjektivierend Kriterien anwendet, die, wenn sie soziologisch begründet sind, gesellschaftliche Maßstäbe des angepassten Funktionierens implizieren, wenn sie psychoanalytische Deutungen zugrunde legen, an den lebensweltlichen Selbstinterpretationen der Hilfeempfänger vorbeigehen. Auch der relativistische Verzicht auf die Feststellung von Hilfsbedürftigkeit im Sinne »wertneutraler« Beschreibungen stellt keine Problemlösung dar, weil er keine Praxis einleitet und eigenständig begründet, vielmehr Praxis als bürokratischer Vollzug funktioniert. Der professionelle Helfer hat mit dem Verzicht auf die Definition von Hilfsbedürftigkeit dann lediglich seiner Angst vor der Verwicklung in den Hilfeprozess Rechnung getragen und kann seine Mitverantwortung für den Ausgang der Interaktion leugnen.

Offensichtlich gibt es also keine Alternative: Es ist notwendig, sich mit Hilfsbedürftigkeit im Einzelfall auseinanderzusetzen. Für eine pädagogische Praxis muss dabei die diagnostische Orientierung an der Vergangenheit des Individuums und seiner Lebensbedingungen erweitert werden um die Dimension der Zukunft. Die sozialpädagogische Diagnose von Hilfsbedürftigkeit untersucht also immer auch mögliche Entwicklungen, um praktisch, das heißt hier die Hilfsbedürftigkeit lebenspraktisch überwindend, werden zu können.

Für die Realisierung eines solchen Konzepts sind drei Grundlagen hilfreich:

– Das Handlungskonzept orientiert sich persönlichkeitstheoretisch am Symbolischen Interaktionismus; dieser hat plausibel gezeigt, dass der Aufbau der Person, die Entwicklung des Individuums in einem stetigen Interaktionsprozess von Individuen und Gesellschaft steht, der niemals ganz abgeschlossen werden kann. Auch die »helfende Beziehung« in der sozialpädagogischen Interaktion ist Teil der Personwerdung und kann unter dem Gesichtspunkt betrachtet werden, inwieweit ihre Impulse für den Hilfeempfänger Blockierungen einer autonomen Subjektivität auflösen. Die von der Sozialpädagogik artikulierten Situationsdefinitionen – und das kann am *Fall Pirger* wieder konkret nachvollzogen werden – verfestigen die Karriere einer Person, der Hilfe aufoktroyiert wird, oder ermöglichen deren »Wachstum«.
Im Falle von Frau Pirger ist die Bezirkssozialarbeiterin spätestens mit der Entscheidung des Gerichts in einem bürokratischen und rechtlichen Verständnis des Falls gescheitert. Dieses Scheitern bezieht sich aber sowohl auf ihr berufliches Selbstbild wie die Entwicklung von Frau Pirger; denn die Sozialarbeiterin konnte ihr keine Anregungen für die Überwindung ihrer »Verstocktheit« anbieten. Die sozialpädagogische Familienhelferin ist dagegen auf den Identitätsbildungsprozess von Frau Pirger konstruktiv eingegangen, und sie kann auch ihr berufliches Selbstbild positiv mit dem »Fall« verbinden (wobei noch einmal auf die – didaktisch motivierte – stereotype Polarisierung bei der Interpretation des Falls hingewiesen sei).

– Vergangenheitsorientierte Anamnesen und Diagnosen übersehen häufig die verdrängten Hoffnungen und überformten Möglichkeiten der »Hilfsbedürftigen«. Dies gilt im Besonderen für die Adressaten der Sozialpädagogik, bei denen abweichendes Verhalten, Devianz, Drogengebrauch oder andere Formen des »Ausstiegs« aus der Alltagswelt den Anlass der sozialpädagogischen Intervention darstellen. Das aus solcher Diagnose resultierende Programm der Re-Sozialisation orientiert sich eher am Ziel funktionaler Einfügung als an den nicht-realisierten Möglichkeiten des Individuums. In diese persönlichen Bedürfnisse, Hoffnungen und Wünsche fließen natürlich in besonderem Maße Gegenbilder zu den erfahrenen Beschränkungen ein. Deshalb ist

die kritische Auseinandersetzung mit den utopischen Vorstellungen ebenso notwendig wie der Verzicht auf ihre Destruktion
(zum notwendigen utopischen Gehalt von sozialpädagogischen
Handlungsentwürfen vgl. Treptow 1985).

– Im Hinblick auf die Definition von Hilfsbedürftigkeit (oder auch
anderer interventionsbedürftiger Umstände und Merkmale) soll
diese weder »wegdefiniert« (also als Scheinproblem behauptet)
noch »aufoktroyiert« werden. »Diese Maximen unterstellen die
Möglichkeit eines begründeten und weitgehend sanktionsfreien
Verhandelns über Ursachen, Folgen und eventuelle Lösungsper-
spektiven von gemeinhin als hilfsbedürftig gekennzeichneten
Zuständen bzw. als abweichend definiertem Verhalten und setzen somit beim ›Klienten‹ zunehmende Einsicht sowie beim
›Helfer‹ weitgehende Offenheit und Vorurteilsfreiheit voraus«
(Brumlik/Keckeisen 1976, S. 258). Um also Interventionsbedürftigkeit festzustellen, bedarf es eines »diskursiven« Verfahrens, in dem die beiden Interaktionsteilnehmer, Sozialpädagoge
und Klient, ihre jeweiligen Ansprüche, warum ihre Definitionen
der Situation Geltung haben sollen, kommunikativ verhandeln.
Dabei soll diese Auseinandersetzung nicht nur eine verbale
Kommunikation sein, sondern sie bedarf – wie an der sozialpädagogischen Familienhilfe gezeigt – eines umfassenden Verstän-
digungs- und Unterstützungsprozesses. Brumlik und Keckeisen
nennen einen solchen Prozess *Beratung*. Beratung unterstellt die
Handlungsfähigkeit der Beteiligten und eine Zurechenbarkeit, in
der die Verantwortlichkeit für das eigene Argumentieren und
Handeln zum Ausdruck kommt. Die Zustimmung des Klienten
zur gemeinsamen Definition von Hilfsbedürftigkeit ist das Kriterium für eine gelungene Kommunikation. Damit erhält die ge-
fundene Übereinstimmung *Verbindlichkeit*. Sich auf diesen Prozess einzulassen, bedeutet für die Sozialarbeiterin ein Risiko,
weil sie nach einem intensiven Kommunikationsprozess möglicherweise auch Lösungen vertreten muss, die nicht mit dem
Muster der »dienstlichen« Erwartungen übereinstimmen. Ein
solcher Konflikt ist prinzipiell immer möglich. Der Klient andererseits geht, wenn er die Verbindlichkeit verletzt, das Risiko ein,
die Anerkennung der Sozialpädagogin zu verlieren. In dem
Maße, wie die anerkennende Beziehung zu ihr identitätsrelevant
geworden ist, birgt dies für den Klienten ein ebenso großes Risiko wie für die Sozialpädagogin.

Die kommunikative Verständigung über Interventionsbedürftigkeit ist in diesem Sinne keine technisch abgrenzbare Phase der Interaktion. Sie ist ein übergreifendes Prinzip, das den ganzen Arbeitsprozess strukturiert. Weil Klienten der Sozialen Arbeit teilweise nur unter äußerem Zwang, unter Leidensdruck oder bei Androhung »größerer Übel« zum Klienten werden, ist die Annahme einer Bereitschaft und Fähigkeit zur diskursiven Verständigung *kontrafaktisch*. Der Sozialarbeiter muss so tun, als ob diese Bereitschaft bestünde. Auch wenn er wahrnimmt, dass sie nicht besteht, muss er an der kontrafaktischen Annahme festhalten. Sein Verhalten ist also von deutlichem Optimismus und von »vorauseilendem« Vertrauen bestimmt. Ohne diese Vorleistung hat der »Zwangsklient« keine Chance, sich auf eine diskursive Verständigung ernsthaft einzulassen. Das Risiko des Sozialpädagogen, enttäuscht zu werden, lässt sich nicht wegdefinieren; seine Aufgabe besteht über lange Zeit darin, an der Transformation einer »aufgezwungenen Behandlungsbereitschaft« in eine »gewollte Handlungsmotivation« zu arbeiten.

6.2 Arbeitsbündnis als Grundlage

Auf der begrifflichen Grundlage des Symbolischen Interaktionismus sollte deutlich gemacht werden, dass die Kommunikation zwischen Sozialpädagoge und Klient nicht einfach ein bestimmtes rollenförmiges Interaktionsverhältnis voraussetzen kann, sondern dass das Problem auf der einen und die Zuständigkeit auf der anderen Seite auszuhandeln sind. Wie kann dann die darauf folgende Kommunikation *modelliert* werden? Burkhard Müller ([2]1991) hat das Konzept des »Arbeitsbündnisses« entwickelt, das ein solches Modell enthält.

Den Ausgangspunkt bilden zwei Vermittlungsaufgaben:
– Sozialpädagogisches Handeln ist in die Alltagswelt eingelassen; weil es die soziale Sinnwelt seiner Adressaten beeinflussen will, muss es sich in ihr bewegen und geht doch nicht in ihr auf. Es braucht eine (wissenschaftliche) Reflexionsebene, um sich selbst begründen und kontrollieren zu können. Wäre dies nicht möglich, dann könnten sich unbegriffene Helfersyndrome und unreflektierte Kontroll- und Herrschaftsbedürfnisse austoben. Als

*sozial*pädagogisches Handeln ist es Teil der sozialen Welt und
soll in seiner Struktur ein Modell der Veränderung selbst sein,
als sozial*pädagogisches* Handeln bedarf seine Meta-Intentionalität der reflexiven Transparenz.

– Zum anderen geht es um die Realisierung einer sozialpädagogischen »Grundhaltung« und methodischer, d. h. bewusst geplan-
  ter Strukturiertheit. Damit Veränderungen des Klienten und seiner Situation in Gang kommen können, bedarf es seiner
  Identifikation mit dem Sozialpädagogen oder der von ihm angebotenen Lösung. Die »Grundhaltung« bildet die Bedingung für
  die Möglichkeit der Identifikation. Die Grundhaltung konstituiert aber nicht den Beruf, sondern ihr Gegenteil: ein geplantes
  und geordnetes Instrumentarium der Vorgehensweise. Neben der
  Vermittlung dieser beiden Imperative (spontane, emotional ge-
  färbte Authentizität und methodische Distanziertheit) bedarf es
  der reflexiven Kontrolle beider Elemente, denn sie können sich
  beide *gegen* den Klienten richten als *gut gemeinte Manipulation*.
  Auf allen Ebenen des Handelns, von der ehrenamtlichen Betreuung bis hin zur professionellen Beziehung, kann sich Experten-
  macht ausbreiten.

Das Konzept *Arbeitsbündnis* wird auf der Grundlage der Psychoanalyse entwickelt. Diese bietet für die Experte-Klient-Beziehung
ein Modell an, in dem das Verstehen des Klienten zum Gegenstand
professionellen Wissens wird. Das Verstehen soll sich aber nicht
auf den Klienten als solchen beziehen, weil sonst die »Zuständigkeit« des Experten sich auf die ganze Person beziehen würde und
damit seiner Übermacht keine Grenzen gesetzt wären. Gerade weil
der Sozialpädagoge als Experte für »das Soziale« einen im Prinzip
nicht vordefinierten und diffusen Handlungsbereich vor sich hat, ist
die Aufgabe der Begrenzung besonders wichtig. Das psychoanalytische Professionsmodell enthält einen hilfreichen Begrenzungsvorschlag: Es konzentriert sich auf die Beziehung zwischen dem
Klienten und *seinem* Problem. Damit wird eine auch für die Sozialpädagogik zentrale Unterscheidung eingeführt, die zwischen
Klient und »Sache«, um die es geht. Die Sozialpädagogik operiert
zwar mit dem methodischen Prinzip der Ganzheit, indem sie in
Rechnung stellt, dass zunächst eine prinzipielle Offenheit für die
Analyse des Problems notwendig ist. Die diffusen »Ganzheitlich-
keits«-Forderungen können aber nicht zum Arbeitsprinzip gemacht
werden.

Nach der psychoanalytischen Beziehungslehre bietet sich der Therapeut als Projektionsfläche für die unbewusste Psychodynamik des Klienten an, der gerade in dieser Dynamik befangen ist, indem er nicht mehr zwischen sich selbst und seinem Problem unterscheiden kann. Mit der »Übertragung« kommt der therapeutische Prozess in Gang, entscheidend ist dann, dass der Therapeut seine Projektion auf den Klienten (»Gegenübertragung«) kontrollieren kann, damit nicht er sich zusätzlich in die unbegriffene Dynamik verstrickt. Erst durch die Gegenübertragungskontrolle wird der Therapeut frei zum Verstehen, weil ihn sein »einfühlendes« Verstehen nicht in die Problemdynamik hineinzieht.

Bei der Übertragung dieses Modells auf die Sozialarbeiter-Klient-Beziehung erscheinen zwei Umstände besonders wichtig: Das Verstehen bleibt Grundlage des Geschehens, und der Zusammenhang des Verstehenkönnens (und seiner Grenzen) mit der Lebensgeschichte des Sozialpädagogen bleibt erhalten. Zum anderen soll in der professionellen Beziehung nicht das »Verstehen« selbst gesteigert werden, sondern die Reflexion dieser Fähigkeit. »Nicht um eine Professionalisierung mitmenschlichen Verstehens geht es hier, sondern, wenn schon, um Professionalisierung der Geduld; es geht um die Fähigkeit, systematisch die eigenen Wünsche an das Gegenüber in Zweifel zu ziehen, die immer schon verstanden haben wollen; um die Fähigkeit, das eigene Nichtverstehen und die Fremdheit des Gegenübers nicht zuzudecken, sondern auszuhalten« (Müller 1985, S. 88 f.).

Sozialarbeit ist nun keinesfalls Therapie. Insofern geht es prinzipiell nicht um »Übertragung« eines Modells. Aber die Regeln, etwas deutend zu verstehen und gleichzeitig abstinent (Gegenübertragungskontrolle) zu bleiben, gelten für alle »analytischen Situationen«, in denen die Muster wechselseitiger Manipulation überwunden werden sollen.

Das Besondere des sozialpädagogischen Handelns ist also nicht eine bestimmte Methode, sondern eine besondere Art der Rahmung dieses Vorgehens. Die konkrete Ebene der Kommunikation wird »sozialpädagogisch«, indem sie reflexiv erweitert und gleichzeitig realisiert und zur Disposition gestellt wird. Die Sozialpädagogin bleibt in der Kommunikation präsent, also beispielsweise in der Form des alltäglichen Gesprächs, überwindet aber das Gefangensein in den eingespielten Bedeutungen dieser alltäglichen Kommunikation.

Das Arbeitsbündnis ist in dieser Weise ein Rahmen für professionelle Handlungssituationen. Arbeitsbündnisse können ganz unterschiedlich ausgestaltet werden und dienen vor allem der Begrenzung von Macht und damit der Schaffung eines Raumes, in dem der Klient sich entfalten kann und die Kompetenz zur selbstbestimmten Lebensführung (zurück-)gewinnt.

Bei einem Arbeitsbündnis kommt es also nicht darauf an, dass die Sozialpädagogik »viel« tut, etwa ein bestimmtes Ergebnis herbeiführt. Frau Pirger beispielsweise bearbeitet Schritt für Schritt die vielen Probleme, die sie hat. Die sozialpädagogische Familienhelferin schafft den Rahmen für diesen Aufarbeitungsprozess.

Ob die Familienhelferin Frau Pirger gelegentlich auch Erledigungen abnimmt, die diese auch selbst machen kann, oder nicht, ob sie also gewissermaßen »technisch« richtig oder falsch handelt, ist nicht ausschlaggebend. Andererseits ist ihre Anwesenheit in der Familie nicht ohne strukturierten Plan, sie ist nicht zu Plauderstündchen sozialpädagogische Familienhelferin. *Wie* sie gearbeitet hat, wird an dem Bericht kaum sichtbar. In den Darstellungen der sozialpädagogischen Tätigkeit ist dies häufig ein Problem. Das Ergebnis der Familienhilfe, dass Frau Pirger den Arbeitsprozess reflektiert darstellt, spricht dafür, dass es sich um ein gelungenes Arbeitsbündnis gehandelt hat.

6.3 Formen des sozialpädagogischen Handelns

Die Breite der sozialpädagogischen Handlungsformen und -felder macht eine Strukturierung nötig, wenn nicht nur diffuse und abstrakte Charakterisierungen möglich sein sollen. Eine solche Ordnung, die insbesondere den Bezugspunkt »Situation« im einleitend genannten Dreiecksverhältnis konkretisiert, hat Burkhard Müller entwickelt (Müller 1984b).

Er unterscheidet folgende Tätigkeiten:
– Zusammenleben mit den Klienten im Alltag;
– Entwicklung und Realisierung von Angeboten, die freiwillig in Anspruch genommen werden, und
– Ausführung und Verwaltung von Eingriffen und Leistungen, die gesetzlich definiert sind und bei denen die Zusammenarbeit mit den Adressaten gesichert werden muss.

Ähnlich wie bei der Aufteilung in Erzieher- und Vollzugsrollen (vgl. Kap. 2) spielt bei dieser Aufteilung das Kriterium der Funktion eine Rolle. Darüber hinaus wird das Kriterium »Lebensweltnähe« wichtig, wobei der eine Pol (»Zusammenleben«) die Gemeinsamkeit der Lebenswelt umfasst, der andere Pol die organisatorisch schärfer umrissenen Tätigkeiten, bei denen ein lebensweltliches »Eintauchen« in die Welt der Klienten kaum in Frage kommt. Dazwischen stehen informierende und beratende Funktionen mit komplementärer Rollenausprägung.

Die Unterscheidung von typischen Tätigkeiten ermöglicht es zugleich, die zentralen Aufgaben in den jeweiligen Feldern genauer zu formulieren:

– Wird das gemeinsame Zusammenleben (exemplarisch im Heim) so gestaltet, dass es tatsächlich die Integrität und Selbständigkeit der Jugendlichen befördert?

– Wie können Angebote der Information, der Beratung und der Unterstützung (exemplarisch: offene Jugendarbeit) so konzipiert und umgesetzt werden, dass die Bedürfnisse der Adressaten tatsächlich aufgegriffen und ernst genommen werden und gleichzeitig Potentiale zur selbstbestimmten Lebensführung gestärkt werden?

– Wie werden Leistungen (z.B. in der Wohnungslosenhilfe) »regelgerecht« verwaltet und gleichzeitig Spielräume im Interesse der Klienten so genutzt, dass die Kontrolle transformiert werden kann »in eine Anwaltschaft« für die Klienten (Müller 1984b, S. 1048)?

Das Schema wäre missverstanden, wenn man es im Sinne einer scharfen Trennung von Tätigkeitsfeldern auffassen würde. Eine Typologie ist ein Instrument zur Untersuchung, und dabei zeigt sich, dass in bestimmten Teilen der Wirklichkeit Überschneidungen und Vermischungen vorherrschen. Tagesgruppen beispielsweise sind nach dem Kinder- und Jugendhilfegesetz ausdrücklich charakterisiert als eine Mischung aus den Prinzipien, die die Typologie konstituieren.

Die Typologie ist auch geeignet, die besonderen Anforderungen an Sozialpädagogen zu beschreiben, die mit den jeweiligen Aufgaben verbunden sind. Burkhard Müller unterscheidet dabei pragmatisch-handwerkliche Fähigkeiten, die auf der Ebene des »Besorgen-Könnens« zur Bewältigung der Aufgaben erforderlich sind. Diese Fähigkeiten überschneiden sich sehr stark mit Kompetenzen, wie sie zum alltäglichen Zusammenleben aller BürgerInnen und zur Erledigung von nicht-beruflichen Tätigkeiten gebraucht werden. Auf dieser Ebene gibt es eine Überschneidung mit der Tätigkeit von Freiwilligenorganisationen.

Worin unterscheidet sich dann aber die beruflich erbrachte Tätigkeit? Müller ordnet den Unterschied zwischen Laien- und Berufskompetenz der Ebene der »Selbstreflexivität« zu. Beruflich Handelnde sollen ihre praktische Tätigkeit auf eine bestimmte Art reflektieren und aus der Reflexion heraus gestalten und verändern können. Nicht was gemacht wird, sondern wie es gemacht wird, macht den Unterschied aus. Ein beratendes Gespräch ist alltäglich zwischen allen Menschen möglich; die Intensität der vorausgehenden Planung (Konzept), die Strukturiertheit des Gesprächsverlaufs (Methoden) und die Erarbeitung von Schlussforderungen (Evaluation) unterscheidet das fachliche Gespräch vom Alltagsgespräch. Darüber hinaus gibt es allerdings berufs- und fachspezifische Wissensbestände auch auf der Ebene der pragmatischen Anforderungen, über die nicht jedermann verfügt. Die graduelle Erweiterung des Alltagswissens, die systematische Strukturiertheit dieses »Erweiterungswissens«, die durch eine Ausbildung gewährleistet wird, und die prinzipiell erweiterte Reflexivität machen den Übergang vom Laien zum beruflich Handelnden aus. Der Anspruch, professionell zu handeln, wird dann auf diese Grundlagen aufgesetzt; ohne diese Grundlage »hängt er in der Luft«.

Reflexivität und Professionalität sind Ansprüche, die durch eine bestimmte Wissensform realisiert werden sollen. Zum einen handelt es sich um Wissen zur Selbstreflexion, zur Wahrnehmung des eigenen Handelns, seiner Bedingungen und Folgen, damit die Einflussnahme auf den Interaktionspartner transparent wird. Zum anderen handelt es sich um (sozial-)wissenschaftliches Wissen, das die Situation und die Situationsdefinition dieses Interaktionspartners dem beruflich Handelnden durchsichtig machen soll. Die doppelte Richtung der Reflexion, auf das Eigene und das Andere, ist die Besonderheit der pädagogischen Reflexivität.

Weil das professionelle Handeln sich insbesondere durch die Art der Reflexivität und nur begrenzt durch die inhaltliche Besonderheit der Wissensbestände vom Laienhandeln unterscheidet, ist die Legitimation eines eigenen Berufs oder gar einer eigenen Profession nicht einfach. Während sich viele Berufe schon durch die Besonderheit des pragmatischen Könnens oder durch die Alltagsferne des besonderen, zur Berufsausübung erforderlichen (wissenschaftlichen) Wissens *offenkundig* legitimieren können, haben Sozialpädagogen Schwierigkeiten zu erläutern, »wofür sie eigentlich bezahlt werden« (Aly 1977). Dies ist kein Zufall. Denn die Tätigkeiten (nicht unbedingt die Reflexionsaktivitäten) sollen transparent sein, weil sie auf die Herstellung oder Wiederherstellung von pragmatischen Alltagsfähigkeiten abzielen. Während der Patient beispielsweise die Handgriffe, wie eine offene Wunde genäht wird, nicht zu lernen braucht, zielt das Handeln beim Typus »Zusammenleben bewältigen« auf die Einübung von Alltagsfertigkeiten ab, die gemeinsam mit dem Sozialpädagogen praktiziert werden. Auch im Beratungsgespräch und bei der Vermittlung von sozialstaatlichen Leistungen ist ein Gütekriterium für die Qualität des beruflichen Handelns seine Verständlichkeit, sein Modellcharakter und sein Motivierungsgehalt.

Insbesondere beim Handlungstyp »Zusammenleben bewältigen« liegen die widersprüchlichen Anforderungen von Alltagsnähe und gesteigerter Reflexivität nahe beieinander. Beispielsweise kommt es in der Heimerziehung (oder in der Sozialpädagogischen Familienhilfe, wie der Fall Pirger zeigt) auf gute Beziehungen, auf akzeptierende, verständnis- und liebevolle Zuwendung also, an (vgl. auch Müller 1984a). Diese Beziehungsmuster bewegen sich ganz in der Nähe familialer Beziehungsmuster, unterscheiden sich aber gleichzeitig prinzipiell von diesen, weil sie beruflich eingegangen werden. Die Anforderung, so zu handeln, als handle es sich um Familienbeziehungen, und gleichzeitig so zu handeln, als sei dies gerade nicht der Fall, erzeugt einen gewaltigen Widerspruch, der nur durch hohe Reflexivität bewältigt werden kann. Den Widerspruch in eine der beiden Richtungen wegdefinieren zu wollen, löst die besondere Produktivität des sozialpädagogischen Verhältnisses auf.

Bei den sozialpädagogischen *Dienstleistungen* zielt die Reflexion auf den Widerspruch zwischen Offenheit gegenüber einem diffusen Adressatenfeld und seinen vielfältigen Bedürfnissen einerseits und der methodischen Notwendigkeit zur »Schließung« der Interaktion andererseits, damit ein zu bearbeitendes Problem fokussiert werden kann und ein »Arbeitsbündnis« zwischen Sozialarbeiterin und Klient entsteht.

Bei der *Verwaltung sozialstaatlicher Leistungen* ist die Anforderung der Regelkonformität institutionell fundiert: Damit die Zielsetzung »Erweiterung der Autonomie des Klienten« realisiert werden kann, ist das Ernstnehmen der Einmaligkeit des jeweiligen Klienten notwendig. Allgemeine Regeln und Fallspezifizität sind gleichzeitig zu beachten und reflexiv zu bearbeiten.

Tab. 2: Typologie sozialer Arbeitsfelder.
        Quelle: B. Müller 1982, S. 140

Aufgabentypus Kompetenztypus	SOZIALISATION Zusammenleben bewältigen	LEBENSHILFE Dienstleistungsangebote für spezifische Klientengruppen	SOZIALHILFE Administration sozialstaatlicher Eingriffe u. Leistungen
pragmatisch-handwerkliche Kompetenz (›Besorgen-Können‹)	Hausfrauen-Hausväter-Heimwerker-kompetenzen Fähigkeiten zu ›sentimental work‹	Gruppenspezifisches Dienstleistungsrepertoire: (gewusst, was, wann, wie, wo) Interventionstechniken	Gesetzeskenntnisse, administrative Kompetenz ›Beamtentugenden‹
Selbstreflexive Kompetenz	Fähigkeiten zur reflexiven Verarbeitung von ›Beziehungen‹ (bes. manipulativer u. stereotypisierter Beziehungsmuster)	Fähigkeiten zur reflexiven Verarbeitung von Arbeitsbündnissen (bes. inadäquater) zwischen Sozialarbeiter und Klienten	Fähigkeiten zur reflexiven Verarbeitung institutionalisierter Macht (bes. struktureller Gewalt)
intentionale Richtung der Reflexivität	Revidierbarkeit der gegenseitigen ›Zumutungen‹ durch kommunikative Verarbeitung	Transformation von Konsum- und Versorgungsangeboten in Akte der Unterstützung autonomer Selbsthilfe	Revidierbarkeit der Ohnmacht von Klienten, gegenüber den in ihr Leben intervenierenden Institutionen ihre Rechte zu wahren

6.4 Die Methodenfrage

Die Reflexion über die sozialpädagogischen Handlungsformen folgt der Entwicklung ihres Gegenstands. Formbestimmungen sind also historische Konstruktionen und müssen offen bleiben für aktuelle und zukünftige Veränderungen. Die Ausdifferenzierung von Formen folgt dem Funktionswandel, und dieser ist mit dem Wandel im Verständnis von Sozialpädagogik verbunden.

So verhält es sich auch mit den Methoden. Mit dem Begriff Methode wird *der geplante Weg der Vorgehensweise* bezeichnet. Doch schon diese einfache Definition muss reflektiert werden, damit die weitere Analyse nicht auf einen Holzweg gerät.

Das betrifft die Definitionsmerkmale:

– Geplantes Handeln wird vom situativ-spontanen Handeln unterschieden; würde das letztere aber aus dem beruflichen Handeln ausgeschlossen, dann würde sich das geplante Handeln zu einem gegenüber der jeweiligen Handlungssituation völlig entfremdeten Handeln verwandeln.

– Mit »Weg« assoziiert man die zielgenaue Gerichtetheit einer Bewegung. Sozialpädagogische Handlungsverläufe sind aber auch zirkulär, weil bestimmte Fragen immer wieder aufgegriffen werden müssen; Regressionen werden bearbeitet, und wenn die Handlungslogik als »Aufwärtsspirale« rekonstruiert werden kann, stellen sich Erfolgsgefühle ein.

– Mit »Vorgehensweise« wird ein bestimmtes Verfahren der Bewegung angesprochen. Diese »Bestimmtheit« erfasst aber nur den Handlungsausschnitt, der den Beteiligten bewusst zugänglich, wahrnehmbar, planbar ist. In aller Regel macht die geplante Dimension nur einen kleinen Teil der Totalität des Handelns und der Situation aus.

Die Reflexion über Methoden relativiert nicht deren Wert, sie arbeitet ihn heraus. Dies zeigt sich an der Methodengeschichte der Sozialen Arbeit (vgl. Müller 1999 und 1997). Die Soziale Arbeit hat im Verlauf des 20. Jahrhunderts verschiedene Methoden entwickelt. Als »klassische« werden die Soziale Einzel(fall)hilfe, die soziale Gruppenarbeit und die Gemeinwesenarbeit bezeichnet. C. Wolfgang Müller hat deren Entstehen rekonstruiert und gezeigt, dass jeweils

– historisch-gesellschaftliche Problemlagen,

– die normativen Situationsdefinitionen von Personen und Gruppen,
– die mehr oder weniger gesicherten Wissensgrundlagen zu Zusammenhängen des Sozialen und
– die Art und Weise der institutionell-organisatorischen Implementation

die Herausbildung eines Methodenkonzepts beeinflussen. Die Herauslösung eines formalisierten Verfahrens aus diesen Kontexten ist möglich, würde aber ohne Reflexion und Modifikation auf den je gegebenen Anwendungsrahmen zu einer Technik reduziert werden.

Die Folgerung aus diesen Einsichten läuft nun jedoch nicht darauf hinaus, einer unstrukturierten Offenheit und Beliebigkeit das Wort zu reden. Zwar können einzelne Personen auf ihre Kompetenz vertrauen und in der Situation intuitiv handeln wollen. Dies ist jedoch erst dann gerechtfertigt, wenn methodisches Wissen und Können erfahrungsgesättigt verinnerlicht wurde und wenn solche Praktiken für eine Überprüfung transparent sind. In diesem Handlungsmodell wird das *Konzept* ganz durch *Kompetenz* ersetzt, die sich in der *Situation* angemessenes Vorgehen zutraut.

Normalerweise aber ist ein explizites Konzept erforderlich, in dem neben den Methoden weitere Elemente berücksichtigt werden. Karlheinz Geißler und Marianne Hege verstehen das Konzept als ein »Handlungsmodell, in welchem die Ziele, die Inhalte, die Methoden und die Verfahren in einen sinnhaften Zusammenhang gebracht sind« (1999, S. 23).

Die Reflexion von Methoden wird in zwei Handbüchern neuerdings systematisch betrieben (Galuske 2001 und Stimmer 2000). Michael Galuske erschließt in ähnlicher Weise wie C. Wolfgang Müller den historischen und sozialpädagogikspezifischen Kontext von Methoden und verdeutlicht auch den Interessenstandpunkt der Methodendiskussion. Eine methodische Planung des Handelns hat nicht nur die Ausgangssituation des Klienten aufzuarbeiten, sondern auch die des Sozialpädagogen zu berücksichtigen. Die Methodisierung des Handelns dient nämlich auch (ich meine: vor allem) der Reduktion von Komplexität und der Bewältigung von Angst. Sozialpädagoge und Sozialarbeiterin stehen nämlich vor der Aufgabe, in der Totalität des Alltaglebens zielgerichtet handeln und ein prüfbares Ergebnis erreichen zu müssen. Auch wenn ihr Handeln nicht evaluiert wird, wollen sie selbst wissen, was sie tun und mit welchen Folgen sie es tun. Methoden reduzieren Unübersichtlichkeit; das Handeln soll dann strukturiert und der Situation angemessen flexibel sein. »Strukturierte Offenheit« nennt Hans Thiersch (1993) diese Anforderung.

Während die älteren Handlungslehren der Sozialarbeit häufig eine Quasi-Technologie entwickelt haben – und die mit einer Technologie verbundene Einflussmacht durch eine Berufsethik gebändigt werden sollte –, wird diese Auffassung heute nicht mehr vertreten, auch wenn oft *implizite* Technologien entwickelt und versprochen werden. Die Akzeptanz modischer Ansätze beruht oft darauf, dass ein geordnetes Vorgehen gleichzeitig Erfolg und Reduktion von Unsicherheit verspricht. Reflexive Verfahren (Stimmer 2000, S. 195 ff.) dürften jedoch genau diese Ziele nachhaltiger erreichen.

Das entscheidende Argument gegen jede Art von Technologien ist – neben dem systemtheoretischen Gedankengang, der die Unmöglichkeit einer technologischen Beeinflussung autopoietischer Systeme behauptet – prinzipieller Natur: Über die Ziele und die Angemessenheit der einzelnen Schritte auf dem Weg dorthin entscheiden die Sozialarbeiter und Sozialpädagoginnen nicht allein, sondern nur zusammen mit ihren Klienten. Diese müssen nämlich (vgl. 3.6.2) die angestrebte Veränderung selbst vollbringen.

Franz Stimmer entfaltet in seinem Methodenbuch insbesondere die Binnenordnung des methodischen Handelns. Er arbeitet die Konzepte – im Sinne von Geißler/Hege – systematisch aus und stellt die einzelnen Vorgehensweisen bis hin zu bestimmten Situationsinterventionen vor. Die Analyse von Situationen hat bei ihm einen systematischen Stellenwert; auch dafür referiert er strukturierte Modelle.

Situationsanalysen werden in anderen Konzepten als *Diagnosen* begriffen und in Modelle professioneller Fallarbeit integriert. Burkhard Müller (1994) beispielsweise erweitert den alten Pfadfinder-Leitsatz »Sehen – urteilen – handeln« um die Kategorie »auswerten« und formuliert ihn neu: *Anamnese – Diagnose – Intervention – Evaluation.* Der enge Zusammenhang der Schritte in diesem Prozessschema verlangt, die Methoden der Intervention immer auf Angemessenheit und Kontextsensibilität zu reflektieren.

Ein Modell der engen Verknüpfung von Diagnose und methodisch strukturiertem Handeln haben auch Klaus Mollenhauer und Uwe Uhlendorff entwickelt.

In einem »Handlungsforschungsprojekt«, in einem Projekt also, in dem sowohl praktisch angemessen gehandelt als auch wissen-

schaftliche Erkenntnis gewonnen werden sollte, entwickelten sie
Verfahren, die es ermöglichen, die Jugendlichen auf einer gemeinsamen Erlebnisreise gut kennen zu lernen und ihnen gleichzeitig
die »richtigen« Aufgaben zu stellen. Sie gehen aus von den lebensweltlichen Selbstbeschreibungen der Jugendlichen und ordnen
diese nach »Lebensthemen«. Dabei zeigt sich, dass

– die Jugendlichen sich auf sich selbst, vor allem ihre körperlichen
  Eigenschaften und Fähigkeiten beziehen, auf ihre instrumentel-
  len Fertigkeiten, mit den Dingen der Umwelt umzugehen;
– sie Beziehungen und ihre Erfahrungen in sozialen Netzwerken
  thematisieren und typisieren und
– ein Bild von sich selbst entwerfen im Rahmen ihrer Zugehörigkeiten.

Die in diesen drei Dimensionen angesprochenen Kompetenzen und
Probleme werden in einer »hermeneutisch-diagnostischen Interpretation« verdichtet und mit praktischen Aufgabenstellungen in
Verbindung gebracht, von deren Bewältigung die Pädagogen sich
einen Kompetenzzuwachs versprechen. Die geplanten Tätigkeiten
werden in der Evaluation dann mit den tatsächlich realisierten ver-
glichen (Mollenhauer/Uhlendorff 1999). Die enge Verknüpfung
von Untersuchung und Definition von Aufgaben für die Jugendlichen, die das pädagogische Handeln »wie eine Methode« anleiten,
führt zu einem einfachen Schema der Strukturierung, das allerdings zur Realisierung sowohl der hermeneutischen Diagnose als
auch zur Formulierung von Bewältigungsaufgaben für die Jugendlichen einer professionellen Kompetenz bedarf.

Tab. 3: Hermeneutisch-diagnostische Interpretation und
Handlungsanleitung modifiziert nach Mollenhauer.
Quelle: U. Uhlendorff 1999, S. 135

Fallbeispiel	Thema	Tätigkeiten
Sächliche Verhältnisse: leibgebundene Subjektivität in Beziehung zur materiellen Umwelt		
Beziehungsverhältnisse in der sozialen Wirklichkeit		
Ich- oder Selbst-Verhältnisse		

Der hermeneutische Charakter dieses Konzepts wird bewusst »zwischen Wissenschaft und Praxis« (S. 133) angesiedelt und bringt damit die professionelle Struktur zum Ausdruck. Der Pädagoge bewegt sich in der Welt, in der die Jugendlichen leben, und strukturiert sowohl das Verstehen und seine Interpretation als auch sein praktisches Vorgehen, das auf das Finden von Aufgaben *in* dieser Welt abzielt. Deren Lösung soll alltagspraktisch hilfreich sein und auch eine Chance zum Lernen und zum Kompetenzerwerb enthalten.

6.5 Professionalisierung

Professionalisierung bezeichnet den Prozess der Herausbildung einer bestimmten beruflichen Handlungsform in modernen Gesellschaften. Drei Dimensionen sind für diesen Vorgang konstitutiv: 1. Tätigkeiten werden verberuflicht, es bildet sich eine Gruppe von Berufsrollenträgern, die bestimmte Qualifikationsanforderungen erfüllen muss und in einer eigenen Organisationsform ein mehr oder weniger hohes Maß an Selbststeuerung erreicht. 2. Die berufliche Tätigkeit wird dann methodisiert, erfordert ein zunehmend differenziertes und schließlich wissenschaftliches Wissen. 3. Professionen legitimieren sich mit einem spezifischen Wertbezug, d. h. das Selbsterhaltungsinteresse tritt zurück hinter die Ethik einer universalistischen Orientierung bei der Bearbeitung zentraler gesellschaftlicher Problemlagen. Weil die Grundlage der professionellen Tätigkeit ein privilegiertes Wissenssystem darstellt, über dessen angemessene Anwendung nur die Professionsangehörigen selbst entscheiden können, kontrollieren sie auch den Zugang zur Profession, also die Ausbildung, und auch den Ausschluss aus der Profession. Diese Merkmale von Professionen werden in der funktionalistischen Theorie der Professionalisierung besonders hervorgehoben.

Im Gegensatz dazu befassen sich interaktionistische Professionstheorien mit den immanenten Paradoxien beruflichen Handelns. Deren Erkenntnis und Bewältigung sowie die Reflexion des Bewältigungshandelns, das nicht auf eine Beseitigung, sondern Bearbeitung der Paradoxien zielt, werden als eigentlich professionelle Leistung definiert. Deshalb wird Professionalisierung nicht an äußeren Merkmalen (z. B. einer Standesorganisation mit dem Privileg, den Zugang zur Berufsgruppe kontrollieren zu können), sondern an der Qualität und Reflexivität von Problemlösungen in sozialen Dienstleistungsberufen festgemacht (vgl. Riemann 2000).

Eine machttheoretische Perspektive auf Professionalisierung thematisiert dagegen direkt und kritisch die äußeren Merkmale und führt sie auf Strategien gesellschaftlicher Selbstsituierung zurück. Dabei erobern sich Experten für eine bestimmte Problemlösung ein Marktsegment von Dienstleistungen und verschaffen sich so Einfluss, Prestige und Privilegien (vgl. Daheim 1992).

Die Systemtheorie versteht Professionen als spezielle Sozialsysteme, die bei der Prozessierung ihrer Funktionen keine Technologien entwickeln können, weil sie auf sich selbst steuernde Systeme (z. B. Personen) einwirken und sich dabei auf eine Vermittlungstätigkeit konzentrieren. Sie vermitteln wissenschaftliches Wissen mit ihren Beobachtungen des jeweiligen Falls. Eine besonders hervorgehobene Erscheinung ist die »Universalisierung des Klientenstatus«, insoweit jede Person in bestimmten Lebenslagen zum Klienten für Professionen werden kann.

Die Strukturtheorie der Professionalisierung konzentriert sich auf den Vermittlungsaspekt und interpretiert professionelles Handeln als stellvertretende Deutung von Problemlagen und Krisen, aus der heraus Problembearbeitungsmöglichkeiten entwickelt werden – bei gleichzeitiger Respektierung der Autonomie der Lebenspraxis des Klienten. Diese vor allem auf Ulrich Oevermann (1997) zurückgehende Professionalisierungstheorie orientiert sich an drei Zentralproblemen moderner Gesellschaften: der Begründung von gesellschaftlicher Ordnung unter dem Gesichtspunkt von Gerechtigkeit; der Wiederbeschaffung leiblicher und psychosozialer Integrität und der Prüfung der Geltungsansprüche von Weltbildern, Werten, Normalitätsentwürfen und Theorien. Soziale Arbeit hat in aller Regel die Merkmale der klassischen Professionen der Ärzte und Rechtsanwälte nicht erreicht, auch wenn sie im 20. Jahrhundert auf einen kontinuierlichen Prozess der Verberuflichung und Akademisierung der Ausbildung an Fachhochschulen und Universitäten zurückblicken kann. Als Hindernis der Professionalisierung wird die Einbindung in Dienstleistungsorganisationen angesehen; Organisation und Profession treten in einen scheinbaren Gegensatz, der in der interaktionistischen Theorie jedoch als Professionalisierungshindernis verschwindet.

Übereinstimmend arbeiten diese modelltheoretischen Zugänge heraus, dass Professionalität sich durch die Vermittlung von Widersprüchen, gegensätzlichen Anforderungen, Paradoxien, Handlungslogiken, Wissensformen oder Ambivalenzen auszeichnet. Deshalb ist die Orientierung an Modellen der klassischen Profession weniger ergiebig als die Untersuchung von Handlungen und der Versuch, aus deren Besonderheiten ethnografisch eine Theorie der Professionalität, also einer bestimmten Qualität von Handlungen, zu entwickeln.

Ulrike Nagel (1997) hat die Statuspassage vom Studium in den sozialen Beruf untersucht und zur Beschreibung der dabei aufgedeckten Vorstellungen den Begriff der »engagierten Rollendistanz« geprägt. Damit wird zum Ausdruck gebracht, dass das persönliche Verhältnis zu beruflichen Rollen im Kontext der eigenen Biografie reflektiert wird und als Balance von Engagement in den Rollenerwartungen und distanzierter Reflexivität über die Möglichkeiten und Grenzen des Engagements konzipiert wird. Die Statuspassage dient der Bildung eines professionellen Habitus; dieser wird so entworfen, dass die Ressourcen des persönlichen Engagements für die ganze Erwerbsbiografie ausreichen sollen.

Ulrike Nagel prüft die von ihr entwickelte These an den Paradoxien beruflichen Handelns, die Fritz Schütze (1992, 1997) aus empirischen Studien herausgearbeitet hat. Soziale Arbeit hat die allgemeinen Anforderungen an die Bearbeitung von Paradoxien in spezifischer Weise zu erfüllen (Schütze 1992, S. 146 ff.):

– Die im wissenschaftlichen Wissen entwickelten diagnostischen Typologien dürfen wegen ihrer sozialen Normativität nur besonders vorsichtig auf den Einzelfall bezogen werden.
– Die Fallbearbeitung ist nur möglich bei Annahmen über die weitere Problementwicklung, obwohl die empirische Basis für eine solche Prognose besonders schwankend ist.
– Die professionelle Intervention muss so lange hinausgezögert werden, bis man sicher sein kann, nicht durch zu frühes Aktivwerden die Handlungsfähigkeiten der Klienten zu blockieren.
– Die Sozialarbeiterin verfügt über ein diagnostisches Wissen, von dem die Klientin weiß und das diese als bedrohlich empfinden kann, und gleichzeitig gefährdet die Mitteilung dieses Wissens ebenso wie das Nicht-Mitteilen das notwendige Vertrauensverhältnis.

– Der Sozialarbeiter orientiert sich an beruflichen Orientierungs-
 und Sicherheitsstandards und soll gleichzeitig die Entschei-
 dungsfreiheit des Klienten nicht beeinträchtigen.
– Der Fall soll in seiner biografischen Gesamtheit berücksichtigt
 werden und zugleich ist die Beschränkung auf die spezifische
 Problemlage erforderlich, weil sonst ein »ganzheitlicher« Über-
 griff auf die Person des Klienten droht.
– Wie bei allem pädagogischen Handeln muss eine Balance gefunden werden zwischen Anleitung und Vormachen einerseits und
 der Versuchung, den Klienten unselbständig zu machen.

Thomas Olk (1986) hat sein Modell einer »alternativen Professionalität« an dem Umstand orientiert, dass sozialpädagogisches Handeln gerade als professionalisiertes Expertenhandeln in der Lebenswelt stattfindet, also die Alltagsrationalität (z. B. in den
sprachlichen Erläuterungen, auch in den nicht-sprachlichen Äuße-
rungen) teilt. Zugleich aber ist dieses Handeln Teil eines beruflich
organisierten Interventionssystems (Ausdifferenzierung komplementärer Rollen, besonderes Setting, Erwartungen an »Experten«).

Expertenrolle und Klientenrolle haben sich vor jeder Interaktion
schon ausdifferenziert und müssen *ausgefüllt und gleichzeitig
überwunden* werden. Der Experte muss die Grenzen seines Wissens und die Unmöglichkeit einer technologischen Intervention
verdeutlichen, darf also *nicht* auf Erwartungen des Klienten, dass
eine Problemlösung ohne sein Zutun möglich sei, eingehen. Weil in
der Sozialen Arbeit häufig Interaktionen in Gang kommen (vgl. das
Beispiel von Frau Pirger), die nicht ganz freiwillig eingegangen
werden, muss zwischen Hilfe und Kontrolle vermittelt werden: Dif-
fuses Mandat und unklare Problemdefinition müssen aufgearbeitet
werden. Das zweite Vermittlungsproblem besteht darin, Aktivitäten
des Klienten für die angestrebte Problemlösung zu motivieren,
ohne expertokratische oder bürokratische Macht einzusetzen, weil
Machteinsatz die Eigenaktivität der Klienten zu ersticken droht.
Ohne *persönliches* Engagement des Sozialpädagogen scheint diese
Vermittlung nicht gelingen zu können.

Das Moment, das die Vermittlung ermöglicht, wird in der pädagogischen Handlungstheorie schon lange diskutiert. Johann Friedrich Herbart (1776–1841) bestimmte den »Takt« als das Gefühl,
das zwischen Theorie und Fall angemessen vermitteln könne:
   »Nun schiebt sich aber bey jedem noch so guten Theoretiker,
wenn er seine Theorie ausübt (…) zwischen die Theorie und die

Praxis ganz unwillkürlich ein Mittelglied ein, ein gewisser Tact nämlich, eine schnelle Beurtheilung und Entscheidung, die nicht, wie der Schlendrian, ewig gleichförmig verfährt, aber auch nicht, wie eine vollkommen durchgeführte Theorie wenigstens sollte, sich rühmen darf, bey strenger Consequenz und in völliger Besonnenheit an die Regel, zugleich die wahre Forderung des individuellen Falles ganz und gerade zu treffen. Eben weil zu solcher Besonnenheit an die Regel, zu vollkommener Anwendung der wissenschaftlichen Lehrsätze, ein übermenschliches Wesen erfordert werden würde: entsteht unvermeidlich in dem Menschen, wie er ist, aus jeder fortgesetzten Uebung eine Handlungsweise, welch zunächst von seinem Gefühl, und nur entfernt von seiner Überzeugung abhängt.« (Herbart 1809/1989, S. 285)

Lothar Böhnisch greift auf Herman Nohls Begriff des Pädagogischen Bezugs zurück und die Unterscheidung zwischen einer funktional begründeten Rolle und der in der Interaktion immer mitgegebenen menschlichen Begegnung (Sozialarbeiterrolle – Sozialarbeitersein). »Während sich der Rollenbegriff auf die verallgemeinerbaren professionellen Funktionen bezieht, welche Gesetz, Beruf und Fachlichkeit vorschreiben, meint das ›Sozialarbeitersein‹ die Gegenseitigkeit von Betroffenheit, Berührtsein und Aufgefordertsein in der sinnlich-emotionalen Beziehung, welche sich im Hilfeprozess entwickelt« (Böhnisch 2001, S. 288).

Während die beiden zuletzt referierten Modelle theoretisch entwickelt wurden, gibt es auch zur Frage des spezifischen Vermittlungsmomentes empirische Zugänge. Cornelia Schweppe (2002) macht in ihren Untersuchungen über Studienbiografien in der Sozialpädagogik deutlich, dass individuelle biografische »Verstrickungen« die Wahl des Studienfachs und die Art seiner Aneignung bestimmen und dass diese Verstrickungen auch die berufliche Perspektive prägen. Das Studium kann als fachliche Verdoppelung der Verstrickung oder aber in der Form einer »biografischen Wende« (Schweppe 2000) wirksam werden. Diese Ambivalenz kann nur durch Erweiterung von Selbstreflexion bearbeitet werden.

Am Ende der knappen Übersicht über die Modelle der sozialpädagogischen Professionalität muss darauf hingewiesen werden, dass die empirischen Studien zur Performativität von Professionalität relativ ernüchternde Ergebnisse zeitigen (Schweppe 2003b; Bock 2003, Ackermann/Seeck 1999; Thole/Küster-Schapfl 1997).

Das könnte ein Hinweis darauf sein, dass Professionstheorie vorrangig ein »Projekt der akademischen Reflexionseliten der Sozialen Arbeit« (Scherr 2002a, S. 229) ist. Daraus ergibt sich die Konsequenz, die Soziale Arbeit als »bescheidene« Profession (Fritz Schütze) zu konzipieren.

7 Studium

Das Personal der Sozialen Arbeit (Züchner/Cloos 2002) ist schwer überschaubar. Die Bezeichnungen sind vielfältig; sie reichen von der Erzieherin bis zur Diplompädagogin, die Tätigkeitsschwerpunkte und Ausbildungsprofile sind heterogen, die Selbstverständnisse sind spezifisch auf ein Feld oder allgemein auf Funktionen bezogen. Das im Arbeitsbereich selbst tätige Personal kann nach den Gesichtspunkten *beruflich/ehrenamtlich, fachlich einschlägig/nicht einschlägig qualifiziert, in einer sozialpädagogischen Funktion* oder *in komplementären Funktionen tätig* unterschieden werden. Die durch den Bologna-Prozess eingeleitete Reform der Hochschulstudiengänge erweitert das Spektrum.

Die Sozialen Berufe sind typische Frauenberufe mit reproduktiven, haushaltsnahen Dienstleistungsaufgaben, die sich nicht durch hohes Prestige und hohe Bezahlung auszeichnen. Die Gegenwart ist indessen durch einen Prozess der Verfachlichung und Professionalisierung gekennzeichnet (Rauschenbach/Züchner 2001). Am Ende des vergangenen Jahrhunderts waren – nach einem erheblichen Wachstumsschub in den 1990er Jahren – mehr als 1,1 Millionen Personen als sozial Tätige erfasst, davon werden 700.000 den sozialpädagogischen »Kernberufen« mit einer einschlägigen Qualifikation zugerechnet (ca. 400.000 ErzieherInnen, 223.000 SozialpädagogInnen und SozialarbeiterInnen).

Die Sozialen Berufe sind – trotz vieler Klagen auf hohem Niveau – eine Wachstumsbranche in der Dienstleistungsgesellschaft. Auch wenn die Bezahlung und das Ansehen der Berufe nicht ihrer gesellschaftlichen Funktion entsprechen, bilden sie ein kontinuierlich wachsendes Arbeitsmarktsegment (vgl. Böttcher/Klemm/Rauschenbach 2001; Otto/Rauschenbach/Vogel 2002, Band 4: Arbeitsmarkt und Beruf).

7.1 Die Ausbildungs- und Studiengänge

Mit der Jahrhundertwende wurde eine tiefgreifende Veränderung
der Hochschulstudiengänge eingeleitet. Im Bologna-Prozess sollen
die Studien in ganz Europa eine einheitliche Grundstruktur erhalten. In Deutschland ist die Veränderung besonders weitreichend,
weil mit der Ausdehnung der Studiengänge an Fachhochschulen
eine Angleichung aller Studiengänge mit Diplom-Abschluss stattgefunden hatte und kürzere Studiengänge fehlten.

Mit der Verwissenschaftlichung und der zeitlichen Ausdehnung
der Fachhochschulstudiengänge war vorher schon ein Aufschwung
der Ausbildungsgänge zum »Sozialassistenten« eingetreten; mit
dieser Berufskategorie soll der Bedarf an praxisnah ausgebildetem
und billigem Personal befriedigt werden. Welches Gefüge der Berufe im sozialen Bereich sich horizontal und vertikal durch die Abschlüsse *Bachelor* und *Master* und durch die Einführung eines
neuen Tarifsystems im öffentlichen Dienst ergibt, lässt sich schwer
absehen. Die Grundstruktur des bisherigen dreiteiligen Systems
wird ausdifferenziert werden, die fachlichen Akzente werden möglicherweise im neuen Gewand erhalten bleiben. Vorläufig ist der
überwiegende Anteil der Beschäftigten im »alten« System ausgebildet worden. Deshalb soll seine Struktur zunächst dargestellt werden.

Die größte Berufsgruppe, die der ErzieherInnen, wird an Fachschulen für Sozialpädagogik in einem schulisch organisierten Bil-
dungsgang ausgebildet. Der Ausbildung geht ein einjähriges Vor-
praktikum voraus, während der zwei Ausbildungsjahre gibt es
weitere Kurzzeitpraktika; das Ganze wird mit einem Anerkennungsjahr abgeschlossen. Deshalb kann man von einem schulisch-
praktischen Ausbildungsgang sprechen (Rauschenbach/Züchner
2001). Die Aufteilung der Ausbildungsinhalte zur Hälfte auf Unterricht, zur Hälfte auf Praxis wird unterschiedlich bewertet; in neuerer Zeit wird zunehmend eine Ausbildung auf *Bachelor*-Niveau mit
einem höheren Anteil theoretischen Wissens gefordert. In Deutschland gibt es ca. 370 Fachschulen.

Studiengänge in Sozialarbeit und/oder Sozialpädagogik werden
an ca. 60 Fachhochschulen und Gesamthochschulen angeboten.
Zusätzlich gibt es in Baden-Württemberg die Berufsakademien, die
in »dualer« Form mit wiederkehrenden Praxisphasen ebenfalls den
Titel des »Dipl.-Soz.päd.« verleihen. Dieses Modell wird auch in

den neuen Bundesländern (Sachsen, Thüringen) kopiert. Das Studium dauert 6–8 Semester mit integrierten Praktika und/oder einem abschließenden Anerkennungsjahr.

Das Verhältnis zwischen theoretischen und praktischen Anteilen bringt das Gewicht des theoretischen Studiums zum Ausdruck. Die Rahmenordnung der Kultusministerkonferenz vom 11. 10. 2001 für den »Studiengang Soziale Arbeit« an Fachhochschulen definiert den Diplomstudiengang als Grundstudium mit drei theoretischen Semestern und Hauptstudium, das mit der Diplomprüfung abgeschlossen wird.

Nach dem Grundstudium sollen in der Diplom-Vorprüfung die folgenden Fächer geprüft werden:

(1) Grundlagen der Fachwissenschaft Soziale Arbeit. Hierzu gehören insbesondere:
   – Geschichte der Sozialen Arbeit
   – Theorien der Sozialen Arbeit
   – Professionelles Handeln in der Sozialen Arbeit
   – Organisation der Sozialen Arbeit
   – Einführung in die Forschungsmethoden der Sozialen Arbeit
   – Werte und Normen der Sozialen Arbeit
(2) Rechtliche und sozialpolitische Grundlagen der Sozialen Arbeit
(3) Geistes- und humanwissenschaftliche Grundlagen der Sozialen Arbeit
(4) Gesellschaftswissenschaftliche Grundlagen der Sozialen Arbeit

An den Bestimmungen für die Diplomprüfung wird das fachliche Profil dieses Studiengangs deutlich:

Fachwissenschaft Soziale Arbeit:
– Berufsethik der Sozialen Arbeit
– Zielgruppen der Sozialen Arbeit
– Professionelles Handeln in der Sozialen Arbeit
– Organisation der Sozialen Arbeit
– Theorien der Sozialen Arbeit
– Ästhetik und Wahrnehmung
– Rechtliche und sozialpolitische Fragestellungen der Sozialen Arbeit
– Forschung und Entwicklung in der Sozialen Arbeit

Hinzu kommen Prüfungen in den Bezugswissenschaften und im Wahlpflichtbereich.

Der Studiengang »Soziale Arbeit« wird ausdrücklich als Vereinheitlichung der Studiengänge Sozialarbeit und Sozialpädagogik verstanden. Damit ist ein gewisser Vereinheitlichungsprozess an den Fachhochschulen abgeschlossen zu einem Zeitpunkt, wo sich durch die *Bachelor*- und *Master*-Studiengänge eine neue Heterogenität ausbreitet (zum Stand der Diplomstudiengänge vgl. detailliert: Berger 2001).

Der Diplomstudiengang Erziehungswissenschaft mit der Studienrichtung Sozialarbeit/Sozialpädagogik (oder der ziemlich ähnliche grundständige Studiengang Sozialpädagogik an einigen Universitäten, z. B. Lüneburg, Dresden) ist der kleinste Studiengang für die Sozialen Berufe. Er ist durchschnittlich neunsemestrig ausgelegt und wird an etwas weniger als 50 wissenschaftlichen Hochschulen angeboten. Die Studienrichtungen geben dem Studiengang sein praxisbezogenes Profil (Sozialpädagogik, Erwachsenenbildung, Sonderpädagogik u. a.), das durch Praktika im Gesamtumfang von 4–6 Monaten angereichert wird. Charakteristisch für diesen Studiengang ist seine erziehungswissenschaftlich-theoretische Ausrichtung (vgl. Otto/Rauschenbach/Vogel 2002, Band 2: Erziehungswissenschaft: Lehre und Studium).

Die Diplomprüfungsordnung der Universität Dortmund vom 31. 8. 2001 zeigt exemplarisch die Grundstruktur des Studiengangs:

Im Grundstudium werden die Fächer Allgemeine Erziehungswissenschaft, Studienrichtungsbezogene Erziehungswissenschaft sowie Soziologie/Psychologie angeboten. Das Studium ist modularisiert; im Grundstudium enthält es die Module:

Modul G 1: Grundfragen der Erziehungswissenschaft
- Struktur- und Grundlagenwissen
- Einführung in die Wissenschaftstheorie der Erziehungswissenschaft

Modul G 2: Historisch-systematische Theorien
Modul G 3: Empirisch-erziehungswissenschaftliche Theorien
Modul G 4: Forschungsmethoden in der Erziehungswissenschaft
In der Studienrichtungsbezogenen Erziehungswissenschaft müssen folgende Module studiert werden:
a)   Modul G 5 Einführung in die Studienrichtungen
b)   Wahlweise eines der Module der Studienrichtungen
        G 6 (Grundstudium Sozialpädagogik/Sozialarbeit)
        G 7 (Grundstudium Berufspädagogik/Erwachsenenbildung)

G 8 (Grundstudium Organisationspädagogik/Schul-
    entwicklung)
c)   Modul G 9 Praktikum
In den Fächern Soziologie/Psychologie muss ein Modul (10) ge-
wählt werden.
    Das Hauptstudium sieht folgende Fächer vor:
I.   Allgemeine Erziehungswissenschaft
II.   Studienrichtungsbezogene Erziehungswissenschaft
III. Praxissemester
IV.   Wahlpflichtfach
Im Fach Allgemeine Erziehungswissenschaft ist folgendes Modul
verbindlich:
• Historisch-systematische Theorien
• Empirisch-erziehungswissenschaftliche Theorien
• Wissenschaftstheorie der Erziehungswissenschaft
• Forschungsmethoden in der Erziehungswissenschaft
Im Fach »Studienrichtungsbezogene Erziehungswissenschaft«
können die folgenden Studienrichtungen gewählt werden:
(a) Sozialpädagogik/Sozialarbeit,
(b) Berufspädagogik/Erwachsenenbildung,
(c) Organisationspädagogik/Schulentwicklung.
In der Studienrichtung Sozialpädagogik/Sozialarbeit werden
»Grundlagen« und sechs Schwerpunkte (Pädagogik der frühen
Kindheit, Sozialpädagogische Kinder- und Jugendarbeit, Erziehungshilfen, Soziale und pädagogische Arbeit mit besonderen Zielgruppen, Sozialadministration/Sozialplanung/Sozialmanagement,
Soziale Gerontologie) unterschieden.
    Bei den Schwerpunkten und Wahlpflichtfächern haben die Uni-
versitäten ihr jeweiliges besonderes Profil entwickelt, für die übrigen Studienelemente haben sie – im Kontext der Rahmenordnung
der Kultusministerkonferenz – übereinstimmende Studienstruktu-
ren geschaffen.
    In der zweiten Hälfte des ersten Jahrzehnts ist absehbar, dass ge-
legentlich der Diplomstudiengang weitergeführt wird (z. B. TU
Dresden), überwiegend aber dieser Studiengang durch das Bache-
lor-Master-System abgelöst wird.

7.2 Die neuen Studiengänge

Die Integration Europas ist wirtschaftlich, politisch und rechtlich weit fortgeschritten. Für die kulturelle und soziale Dimension gilt dies nicht. Aus dieser Diskrepanz haben sich dauerhaft Übergangsprobleme zwischen Bildungs- und Beschäftigungssystem ergeben. Um die Flexibilisierung in diesem Übergangsbereich zu erreichen, haben einige europäische Länder mit der Sorbonne-Erklärung 1998 begonnen, einen Vereinheitlichungsprozess in der Hochschulbildung einzuleiten. Mit der Erklärung von Bologna 1999 wurde ein Prozess in Gang gesetzt, an dessen Ende im Jahr 2010 ein einheitlicher europäischer Hochschulraum erreicht werden soll.

Die erstaunliche Effektivität dieses Prozesses wurde dadurch erreicht, dass gerade nicht nach dem Modell der EU (bürokratische Top-Down-Durchsetzung nach Einigung der Regierungen), sondern rechtlich ungeregelt *der Glaube erzeugt wurde, dieses Ziel anzustreben sei richtig und unausweichlich.* Die Attraktivität europaweiter Flexibilität und eines erweiterten Möglichkeitsraumes wurde mit normativ gehaltvollen Zielsetzungen zu einer mächtigen Reformstrategie verbunden. Was in der Dimension des »einfachen« Arbeitsmarktes schon lange Realität ist, nämlich europaweite Arbeitsmigration, wurde als vielversprechende Perspektive auch für den akademischen Arbeitsmarkt entworfen. Die kontinentale Kompatibilität der Studiengänge, Realisierung eines transnationalen Bildungsraumes und Mobilität der Lehrenden und Studierenden waren die attraktiven Ziele.

In Deutschland, wo trotz Verzehnfachung der Studierenden in den letzten 50 Jahren vor allem die Universitäten nur an ihrem alten Studienmodell festhielten und keine Differenzierung zugelassen haben, wurden weitere Ziele in den Reformkatalog aufgenommen: Stärkere Berufsorientierung des Studiums, Vermeidung langer Studienzeiten, Reduzierung der Studienabbruchquote. Auch wenn nicht gut überschaubar, so lassen sich doch Tendenzen, wie diese Ziele erreicht werden, erkennen: Teilweise wird – durch »Verschulung« – das Studium gestrafft, kürzer studiert und die Abbruchquoten sinken. Die erste Generation der Bachelor-Absolventen wird vom Arbeitsmarkt auch aufgenommen – freilich gibt es dabei viele fach- und sektorspezifische Differenzen. Zugleich setzt sich eine starke formelle Hierarchisierung durch und die europäische Mobilität wird im Bachelor-Studium eher reduziert. Denn Studienzeitverkürzung und Erweiterung der europaweiten Mobilität gleichzeitig erreichen zu wollen, würde eine bürokratische Maschinerie der Koordinierung voraussetzen – also genau das, was durch die EU-Standardisierung realisiert wurde und vielfach kritisiert wird. Koordination von Studiengängen und -plänen ist also nur in Einzelfällen mit hohem Aufwand möglich. Für die Masterstudiengänge, aus denen sich die europäische Führungsschicht rekrutiert, gibt es hier mehr Möglichkeiten. Deshalb wurden in Deutschland vor allem 6- und 7-semestrige Bachelor-Studiengänge realisiert, damit für die Führungsschicht Spielraum entsteht; diese Entwicklung ergab sich vor allem aus der Orientierung der meisten Lehrenden an den Hochschulen, die sich vor allem eine Beschäftigung mit dieser Studienphase wünschen.

Im Bologna-Prozess sollen die Hochschulstudiengänge in drei Ebenen gegliedert werden: 6–8-semestrige Bachelor-, 2–4-semestrige Master- und 3-jährige Promotions-Studiengänge. In Deutschland können die ersten beiden Stufen an Fachhochschulen und Universitäten absolviert werden. Die Promotionsphase ist den Universitäten vorbehalten, wobei durch Kooperation zwischen den beiden Hochschultypen Veränderungen in Gang kommen.

Weitreichend sind die Veränderungen durch weitere Reformelemente. Die Zulassung von Studiengängen soll nicht mehr durch staatliche Entscheidungen (Ministerien), sondern durch Akkreditierungsagenturen erfolgen. In diesen haben die Fachvertreter und Vertreter der Berufspraxis mehr Gewicht als im alten Verfahren. Akkreditierung und regelmäßige Evaluation sollen Qualität sichern. Die Hochschulen sollen stärker um die besten Studierenden und die großen Drittmittelpakete konkurrieren, was eine starke vertikale Differenzierung zur Folge hat (Elitebildung). Die Modularisierung der Studieninhalte und die einheitliche Erfassung der studierten Inhalte in einem europäischen Kreditpunktesystem (ECTS) sollen die Strukturiertheit der Studien sichern und Mobilität fördern. Tatsächlich resultiert aus ihnen vor allem »Verschulung«. Die verstärkte Berufs- und Praxisorientierung sowie die Orientierung an Kompetenzen und Schlüsselqualifikationen sollen den Gebrauchswert des Studiums erhöhen. Tatsächlich wird vielfach alter Wein in neue Schläuche gefüllt. In den Akkreditierungsverfahren wird vielfach *window dressing* beobachtet und die inhaltlichen Strukturierungen orientieren sich an den Kapazitäten der jeweiligen Einrichtung und an den Kompetenzen der gerade Lehrenden.

Dass zwischen Anspruch und Wirklichkeit eine starke Differenz besteht, ist freilich nicht überraschend, und die mittelfristigen Veränderungen sind schwer überschaubar.

Um die Abstimmung der einzelnen Hochschulen, die als Steuerungsakteure ins Zentrum der Reform gerückt sind, untereinander zu ermöglichen, sind die disziplinären Koordinationsgremien aktiv geworden. So hat der Fachbereichstag Soziale Arbeit (Fachhochschulen) am 31. 5. 2006 einen »Qualifikationsrahmen Soziale Arbeit« verabschiedet. Solche »Rahmen« sind im Bologna-Prozess vorgesehen und bringen die fachliche Selbststeuerung der Disziplinen zum Ausdruck. Im Qualifikationsrahmen Soziale Arbeit werden unterschieden:

A   Wissen und Verstehen/Verständnis
B   Beschreibung, Analyse und Bewertung
C   Planung und Konzeption von Sozialer Arbeit
D   Recherche und Forschung in der Sozialen Arbeit
E   Organisation, Durchführung und Evaluation in der Sozialen Arbeit
F   Professionelle allgemeine Fähigkeiten und Haltungen in der Sozialen Arbeit
G   Persönlichkeit und Haltungen.

Innerhalb dieser Kompetenzdimensionen werden allgemein-übergreifende Anforderungen für alle Absolventen und Anforderungen auf Bachelor- und Master-Niveau unterschieden.

Bachelor- und Master-Niveau werden zwar ausdifferenziert, aber der innere Zusammenhang eines einheitlichen Qualifikations- und Professionskonzepts wird hervorgehoben. Wie sich dies unter der Bedingung, dass nur eine Minderheit nach dem Bachelor auch den Master studieren und abschließen kann, verhalten wird, ist ebenfalls eine gegenwärtig nicht beantwortbare Frage.

Während die Fachhochschulen bei der Umstellung auf das Bologna-System sich einerseits gut an dem Konzept des Diplomstudiengangs orientieren können und gleichzeitig durch den Master-Studiengang einen Zugewinn haben, sind die Veränderungen an den Universitäten tiefgreifender und komplexer. Die Diplomstudiengänge orientierten sich hier an einer starken Differenzierung von Grund- und Hauptstudium. Im Grundstudium wurden die *disziplinär* bestimmten allgemeinen Grundlagen vermittelt (Anthropologie, Sozialisation, Institution, Forschungsmethoden), im Hauptstudium ergab sich eine Mischung von disziplinär (Wissenschaftsgeschichte und –theorie beispielsweise) und professionsorientiert bestimmten Inhalten (Studienrichtungen Sozialpädagogik u. a. beispielsweise). Diese Ordnung muss jetzt auf den Kopf gestellt werden, wenn der Bachelor-Abschluss berufsqualifizierend sein soll. Zugleich wird eine Reduktion der Themen und eine Verdichtung vorgenommen. Der bisher schon fragile Zusammenhang von Forschung und Lehre wird dabei noch weiter gelöst. Für den Master-Studiengang stellen sich die Lehrenden eine Intensivierung dieses Zusammenhangs vor und wünschen sich kleine Studiengruppen (wie im früheren »Oberseminar« vor 50 Jahren).

Da die Funktionen: berufsorientierte Lehre, wissenschaftliche Lehre, Forschung als *normal science* und Forschung in Exzellenzprogrammen gleichzeitig kaum realisiert werden können, differenzieren sich die Universitäten als Organisationen und im Hinblick auf das Lehrpersonal weiter aus.

Die Sozialpädagogik als Fach wird einerseits in die allgemeinerziehungswissenschaftlich orientierten Bachelor-Studiengänge integriert werden, andererseits kann sie noch als eigene Disziplin – auch mit dieser Bezeichnung »Sozialpädagogik« – in den Master-Studiengängen erscheinen. Denn die Master-Studiengänge werden an Universitäten und Fachhochschulen mit einer Unzahl von Bezeichnungen, Spezialisierungen und Orientierungen entwickelt. Hier wird sich die ganze Breite der Berufsfelder wie auch der disziplinären Schwerpunkte sowie der Vorlieben der Lehrenden ausbreiten. Was dann am Ende oder auf Dauer Bestand hat, lässt sich, weil diese Studiengänge durch Gebühren zu finanzieren sind, besonders schlecht vorhersagen (vgl. Deutscher Berufsverband für Soziale Arbeit e. V. 2007 und Tippelt 2007).

7.3 Praktische Studiengestaltung

Auf die Studierenden kommen im Laufe des Studiums vielfältige Aufgaben zu. Sie brauchen sie nicht zu antizipieren, weil diese Aufgaben sich immer nur »im Vollzug« (performativ) bewältigen lassen. Und mit jedem Tag des Studiums vom ersten Semester an werden solche Anforderungen wahrnehmbar gestellt. Das permanente Rückfragen, bis man Klarheit gewonnen hat, ist die einzige Maßgabe für das Studium.

Die einzelnen Hochschulen haben ihre konkreten Anforderungen mehr oder weniger ausführlich dargelegt. Aus der Evaluation
des Diplomstudiengangs in Mainz ist beispielsweise ein »Wegweiser« durch das Studium entstanden, der die Prüfungs- und die Stu-
dienordnung erläutert und die praktischen Dinge erklärt (www.uni-
mainz.de/FB/Paedagogik).

Lern- und Arbeitstechniken werden umfassend bei Rost (Opladen 1999) vorgestellt; spezielle Fragen von Teamarbeit und Zeit-
management über Entwicklung von Konzepten und Durchführung
von Projekten bis hin zu Forschungsprojekten und Prüfungen werden bei Badry/Knapp/Stockinger (2002) ausgesprochen hilfreich
geklärt.

8 Abrundung und Ausblick

Aus Gründen der Konzentration sind in diesem Buch Themen und Aspekte nicht oder nur punktuell angesprochen worden, die im Prinzip im Rahmen einer »Einführung« behandelt werden sollten. Dazu im Folgenden einige die Darstellung ergänzende Anmerkungen.

1. Die *Geschichte* der Sozialpädagogik als Theorie und Praxis wurde nur gelegentlich erwähnt, etwa in Form von Hinweisen auf Theoretiker der Sozialpädagogik (z. B. Natorp) und auf Ereignisse und Epochen der Sozialgeschichte. Eine gründliche Darstellung wäre notwendig, um ein facettenreiches Konzept von Sozialpädagogik gewinnen zu können. Im Hinblick auf die Theoriegeschichte der Sozialpädagogik ist die Darstellung von Ernst Engelke (1998) umfassend angelegt, während das Jahrbuch der Sozialen Arbeit (2000) sich auf das 20. Jahrhundert konzentriert. Inzwischen sind auch die »KlassikerInnen« der Sozialpädagogik definiert (Thole/Galuske/Gängler 1998; Niemeyer 1998; Niemeyer/Schröer/Böhnisch 1997), was aber im Zusammenhang der Begründung einer neuen Sozialarbeitswissenschaft zu einem Definitionsstreit darüber führte, wer wessen Väter und Mütter sind. Nur Alice Salomon (Kuhlmann 2000) scheint bei allen Seiten unumstritten anerkannt zu sein. Die Geschichte der Sozialen Arbeit ist immer noch unübertroffen skizziert in den drei Bänden von Christoph Sachße und Florian Tennstedt (²1998, 1988, 1992) und bei Detlev Peukert (1986) für die Jugendhilfe. Die Geschichte der Sozialen Arbeit im Nationalsozialismus ist allerdings immer noch nicht wirklich untersucht; einen guten Überblick verschaffen Otto/Sünker 1989, Schnurr 1997, Schrapper 1993 und Kuhlmann 2002.

Auch die zweite Hälfte des 20. Jahrhunderts wird erst allmählich als geschichtliche Epoche begriffen und historisch betrachtet (Hering/Münchmeier 2002).

Die Geschichte der Sozialen Arbeit zeigt den engen Zusammenhang einer institutionalisierten Sozialarbeit mit der Herausbildung

des Sozialstaats und die schrittweise Einbeziehung von Lebenslagen und Krisensituationen in das System der personenbezogenen
sozialen Dienstleistungen. Die Theoriegeschichte offenbart die Heterogenität der grundbegrifflichen Definition von Sozialpädagogik
und macht damit auch klar, dass die aktuell geführte Debatte über
Umfang und kategoriale Bestimmung des Begriffs von Sozialpädagogik eine kontinuierliche Aufgabe der Theoriearbeit darstellt.

2. Auch der *internationale und interkulturelle Vergleich* wurde in
dieser Darstellung vernachlässigt. Die vergleichende Betrachtungsweise ist wie in allen Sozialwissenschaften eine grundlegende
gedankliche Option und wird dennoch nur punktuell gepflegt. Im
Vordergrund stand sie in der Sozialarbeitsdiskussion der 1920er
Jahre, als die Vereinigung der Europäischen Schulen für Sozialarbeit, wesentlich durch Alice Salomon inspiriert, ihre internationale
Kooperation entwickelte. Trotz der Marginalität von vergleichenden Studien und Länderberichten hat sich in der Gegenwart eine
gewisse Tradition mit eigener Schriftenreihe herausgebildet (Hamburger 1991 ff.; Puhl/Maas 1997; Treptow 2002). Bedeutsam ist
aber, dass Grundlagenforschung, wie sie beispielsweise für die Sozialpolitik (Schmid 2001) selbstverständlich ist und seit den Bismarck'schen Sozialgesetzen gepflegt wird (Hamburger 1992), dauerhaft nicht etabliert ist. Nach wie vor ist die Struktur vorherrschend, dass einzelne WissenschaftlerInnen sich da und dort mit
einem anderen Land als dem eigenen beschäftigen und dazu gelegentlich publizieren. Im Zusammenhang mit der europäischen Integration und der Globalisierung kommt aber dem *systematischen*
Vergleich eine zunehmend wichtige Funktion zu.

3. Die *Geschlechterverhältnisse* in der Sozialpädagogik wurden
ebenfalls nur punktuell angesprochen. Dabei sind die Sozialen Berufe Frauenberufe, und bei ihrer Entstehung haben geschlechtsspezifische Motivationen eine große Rolle gespielt (Sachße 1994). Die
Geschlechterverhältnisse sind auch als Ursachen für soziale Probleme und sozialpädagogische Konfliktlagen bedeutsam. Gewalt-
beziehungen sind häufig durch das Geschlechterverhältnis bestimmt; insbesondere sexuelle Gewalt ist in diesen Zusammenhang
eingebunden (Brückner 2002). Die gesamte Sozialpolitik ist ein ge-
schlechterbestimmtes Projekt, weil sie auf der Arbeitsteilung von
Mann und Frau im Hinblick auf die Produktions- und Reproduktionsfunktionen beruht. Deshalb ist ein diese Zusammenhänge auf-
deckendes »Projekt einer geschlechterbewussten Sozialpädagogik«

notwendig gewesen (Friebertshäuser/Jakob/Klees-Müller 1997). Die Reproduktion von Ungleichheit ist weiterhin ein Gegenstand der kritischen Analyse, die Diskussion differenztheoretischer Konzepte wird kontrovers geführt unter dem Gesichtspunkt, ob eine über situative Begründungen hinausgehende Legitimation beispielsweise für Jungen-/Mädchenarbeit möglich ist. Auch die Männerforschung bzw. Männerarbeit hat sich als Teil einer geschlechterbewussten Sozialpädagogik (Scherr 2002b) entwickelt. Sie ist aber quantitativ in Theorie und Praxis noch wenig verbreitet (vgl. Möller 1997; Böhnisch/Winter 1993).

4. Mit dem Stichwort *»Migration«*, das bisher keine explizite Rolle spielte, wird eine substanzielle »Abrundung« vorgenommen und zugleich der »Ausblick« eröffnet. Migration ist bei genauerer Betrachtung seit jeher ein Merkmal aller Gesellschaften gewesen. Die Wahrnehmung der Gegenwart, dass die ganze Welt in Bewegung geraten sei, müsste historisch belehrt werden – aber Tatsache ist auch, dass die Kommunikations- und Verkehrstechnologien die Geschwindigkeit weltweiter Mobilität objektiv erhöht haben. Auch sind mit den erleichterten Möglichkeiten der Ortsveränderung Migrationsbarrieren abgebaut worden. Die Errichtung von neuen Grenzen, die mit modernen Technologien und Stahlzäunen abgesichert werden, bringt die Gegenbewegung zum Ausdruck.

Migration ist eine der Mütter der Sozialen Arbeit. Arbeitskräfteanwerbung und Vertreibung/Flucht haben schon immer Situationen geschaffen, in denen organisierte Selbst- und Fremdhilfe erforderlich waren. Der Deutsche Caritasverband verdankt beispielsweise der Arbeiterwanderung aus Italien seinen historischen Beginn. Die Abwehr der Fremden und der Rassismus sind weitere Umstände, die Soziale Arbeit mit den Opfern, Solidarität und politische Aktion motiviert haben. Die Arbeit mit denjenigen, die ausländerfeindliche Gewalt praktizieren oder zumindest solche Einstellungen demonstrieren, ist in neuer Zeit zu einem Aspekt der Jugendarbeit geworden.

Konzeptionell hat sich die Interkulturelle Sozialarbeit – wie auch die Interkulturelle Pädagogik – durchgesetzt. Insoweit damit eine erhöhte Aufmerksamkeit für die Migranten und ihre Lebensbedingungen verbunden ist, kann dieses Konzept gerechtfertigt werden. Insofern sich damit aber ein kulturalistisches Deutungsmuster durchgesetzt hat, das mit der Aufdringlichkeit des fremden Blicks den Migranten nur nochmals als »den Anderen«, »den Fremden«

usw. wahrnimmt und etikettiert, ist die interkulturelle Sichtweise
äußerst verhängnisvoll. Sie vermischt differenz- und ungleichheits-
theoretische Aspekte und zementiert in der praktischen Anwendung Nicht-Zugehörigkeit – bis in die dritte Generation, wenn in
der Jugendhilfe nach »Kindern mit Migrationshintergrund« ge-
fahndet wird (vgl. Hamburger 2002a). Insbesondere durch die Forschung über die subjektive Perspektive der Migrantenjugendlichen
werden diese nichtintendierten Folgen eines gut gemeinten Ansat-
zes deutlich (Hummrich 2002; Badawia 2002).

Gut begründen lässt sich dagegen die Lebensweltorientierung in
der Arbeit mit Migranten, die nicht ein kulturalistisches und ethni-
sierendes Vorurteil verwendet, mit dem die Sozialpädagogen ihre
Angst und Unsicherheit bewältigen.

Solche konzeptionellen Auseinandersetzungen über Migranten-
arbeit sind auch deshalb erforderlich, weil Migration eines der be-
deutsamen Merkmale der nahen Zukunft sein wird. Die Verschär-
fung des Konflikts ist geradezu »klassisch« zu nennen. Der
Arbeitsmarkt braucht kurzfristig bestimmte Arbeitskräfte (z.B.
über die *Greencard*), für die der Kapitalismus keine Produktions-
kosten übernehmen will. In der Gesellschaft spitzen sich die politisch aufgeheizten Konflikte zu – *der Ausländer* ist inzwischen
nicht nur ein ökonomisches Gut, dessen Arbeitskraft man verwer-
ten kann, sondern ein politisches Gut, mit dem man Wahlkampf
führt –, Konflikte, die vor allem als Konkurrenz im Kampf um sozialstaatliche Ressourcen dargestellt werden.

Die Einbeziehung der Migranten in die sozialstaatlichen Sicherungssysteme wird abgebaut, auch im Falle der sozialversiche-
rungspflichtigen Erwerbstätigkeit. Die rechtliche und soziale Mar-
ginalisierung großer Migrantengruppen nimmt zu; weil (illegale)
Arbeit massenhaft angeboten wird, wird die Migration in großem
Volumen in Gang gehalten. In diese Konfliktlinien ist Soziale Arbeit eingebunden, wobei sie über ihr politisches Mandat nicht mehr
theoretisch streiten kann.

5. Die Migration und ihre Folgen legen eine Funktion der Sozialen Arbeit offen, die in den Hintergrund der Wahrnehmung geraten
war: ihre *nationalstaatliche Stabilisierungs- und Legitimations-
funktion.* Die Herstellung von »Fürsorglichkeit« hatten Thomas
Lau und Stefan Wolff (1982) als eine der Funktionen der Sozialarbeit auf kommunaler Ebene herausgearbeitet. Sie sorgt dafür,
dass der Eindruck entsteht, es sei für Probleme und Konflikte vor-

gesorgt, man kümmere sich um die Not, es werde das Nötige getan, um Problemfälle zu beseitigen. Fürsorglichkeit verspricht auch der moderne Sozialstaat. Er bezieht daraus eine starke Legitimation. Unter den Bedingungen einer fortschreitenden *europäischen Integration* wandelt sich das Staatsverständnis. Die Staaten sind die Akteure, die auf europäischer Ebene als Wettbewerbsstaaten miteinander um Investitionen konkurrieren. Das Mittel der Konkurrenz ist Standortpolitik, bei der die sozialen Kosten eine Belastung darstellen. Die Gegenwirkung zur Wirtschafts- und Währungsunion ist sozialpolitisch schwach, ebenso das Argument, dass soziale Stabilität einen Standortvorteil darstellt. Um sie zu sichern, scheinen polizeistaatliche Instrumente günstiger zu sein als sozialstaatliche. Sicherheit wird in dieser Weise umdefiniert, damit die Wettbewerbsstaaten handlungsfähiger werden.

Ob die demokratische und soziale Ausgestaltung der Europäischen Union angesichts forcierter Erweiterung zum Gegenspieler des Binnenmarktes werden kann, wird allenthalben bezweifelt. Also ist für soziale Sicherheit weiterhin ein eingeschränkter Nationalstaat zuständig, dessen Interesse aber im Abbau von Sozialleistungen besteht. Da er die Bürger weniger materiell-sozialstaatlich binden kann, ist er auf kulturelle und symbolische Praktiken angewiesen. Die Bemühung, die Loyalität der Bürger zu sichern, setzt also die Kräfte frei, die sich im Innern gegen die »Fremden«, die Nichtdazugehörigen, richten und nach außen gegen die anderen Staaten, die bei europaweiten Ausschreibungen beispielsweise mit den Lohnkosten der Peripherieländer operieren können.

Auch in diese Gemengelage ist die Sozialarbeit verwickelt, beschäftigt sie sich doch mit den Arbeitslosen, die ihr Schicksal fremden- und europafeindlich interpretieren. Sie haben nicht die Marktgesetze, sondern eher einen Sündenbock im Auge. Auch »Europa« ist also sozialpädagogisch hoch relevant und verlangt politisches Bewusstsein (Hamburger 1999a).

6. »Europäisierung« ist die kontinentale Version eines allgemeinen Prozesses, der mit dem Begriff der *»Globalisierung«* umschrieben wird. Die für Wirtschaft und Politik, Soziales und Kultur relevanten Einflussfaktoren konstituieren sich im Weltmaßstab und überlagern die regionalen, nationalen und kontinentalen Determinanten. Das flüssige Kapital der Börsenspekulation und die Direktiven der Weltbank haben die Ebene der globalen Beweglichkeit schon besetzt und üben von dieser Ebene her zunehmend Einfluss

auf die »darunter« liegenden Ebenen aus. Dies verstärkt das Modell der Wettbewerbsstaaten. Zweifellos gibt es auch Gegenbewegungen (global und regional) und Gegenkräfte; Globalisierung ist nicht total. Aber sie ist hegemonial und verdrängt mit modernen Technologien und Produktivitäten nicht nur ganze Länder, sondern auch in den modernen Gesellschaften zunehmend mehr Gruppen in den Status der Nicht-mehr-Ausbeutbarkeit. Globale Sozialpolitik und -arbeit, als internationale Katastrophenhilfe schon lange institutionalisiert, wird zu einer Aufgabe. Die Vereinten Nationen haben schon seit längerer Zeit die praktischen Aufgaben (z. B. FAO) wie auch die programmatische Politikformulierung übernommen. Im Gegenzug zur neoliberalen Globalisierung wird die Internationalisierung der NGOs – der Nichtregierungsorganisationen, die nicht auf Profit aus sind, sondern Hilfe organisieren – zu einem relevanten Prozess.

Man muss also festhalten: Gesellschaftliche Prozesse verlaufen nie eindimensional. Der Öffnung der Gesellschaft durch Europäisierung und Globalisierung stehen Vorgänge der Schließung gegenüber, der kulturellen Mobilmachung (gegen den Islam beispielsweise) und der Begrenzung der Solidaritätsbeziehungen. In beide Vorgänge ist die Sozialpädagogik involviert, praktisch in der Stadtteilarbeit mit Einheimischen und Zugewanderten oder in der internationalen Katastrophenhilfe, theoretisch in der Bearbeitung dieses neuen Rahmens der sozialpädagogischen Aufgaben.

7. Diese Hinweise verdeutlichen auch die Notwendigkeit der sozialpolitischen Reflexion und Analyse. Zwar lassen sich theoretisch und praktisch pädagogische Handlungen und politische Prozesse gut voneinander abgrenzen, aber die Bedingungen des sozialpädagogischen Handelns (Funktionen, Organisationen, Konzepte und Deutungsmuster der Handelnden) sind durch und durch sozialpolitisch bestimmt (vgl. Böhnisch/Schröer/Thiersch 2005). Diese Bestimmung ist ebenso eindeutig ambivalent: Im Sozialen Recht, in dem sich politische Entscheidungen materialisieren, sind sowohl die Rechte der Individuen auf soziale Teilhabe festgelegt wie ihre Limitierungen. Dies macht es heute zu einer Aufgabe der Sozialen Arbeit, die sozialen Rechte als Teil der Menschenrechte politisch zu verteidigen – auch gegen einen alles kontrollieren wollenden Staat, der dies unter dem Deckmantel der »Aktivierung« betreibt.

9 Service

Im Zeitalter des *Internet* ist die Informationsbeschaffung kein Problem mehr – aber die Auswahl. Angesichts der Fülle von hilfreichen Büchern, Zeitschriften, Adressen und Hinweisen ist eine Auswahl riskant und auch subjektiv. Dennoch sind hier einige Empfehlungen zusammengestellt.

1. Handbücher, Lexika

Bauer, R. (Hrsg.): Lexikon des Sozial- und Gesundheitswesens, Drei Bände. München/Wien 1992

Deutscher Verein für Öffentliche und Private Fürsorge (Hrsg.): Fachlexikon der Sozialen Arbeit. Frankfurt/M. ^{6}2007

Feuerhelm, W. (Hrsg.): Taschenlexikon der Sozialarbeit und Sozialpädagogik. Wiebelsheim ^{5}2007

Kreft, D./Mielenz, I.: Wörterbuch Soziale Arbeit. Weinheim ^{5}2005

Otto, H.-U./Thiersch, H. (Hrsg.): Handbuch der Sozialarbeit/Sozialpädagogik. München ^{3}2005

Stimmer, F. (Hrsg.): Lexikon der Sozialpädagogik und der Sozialarbeit. München ^{4}2000

Thole, W. (Hrsg.): Grundriss Soziale Arbeit. Wiesbaden ^{2}2005

Birtsch, V./Münstermann, K./Trede, W. (Hrsg.): Handbuch Erziehunghilfen. Leitfaden für Ausbildung, Praxis und Forschung. Münster 2001

Schröer, W./Struck, N./Wolff, M. (Hrsg.): Handbuch Kinder- und Jugendhilfe. Weinheim/München 2005 (Studienausgabe)

Fülbier, P./Münchmeier, R. (Hrsg.): Handbuch Jugendsozialarbeit. Geschichte, Grundlagen, Konzepte, Handlungsfelder, Organisation. Zwei Bände. Münster 2001

Kessl, F. u. a.: Handbuch Sozialraum. Wiesbaden 2005

Krüger, H.-H./Grunert, C. (Hrsg.): Handbuch Kindheits- und Jugendforschung. Opladen 2002

2. Zeitschriften

Neue Praxis – Zeitschrift für Sozialarbeit, Sozialpädagogik und Sozialpolitik. Verlag neue praxis, Lahnstein 37. Jg. 2007 zweimonatlich.
Die Neue Praxis (NP) ist – auch wenn der Name dies nicht signalisiert – eine »theoretische« der sozialpädagogischen Fachzeitschriften. Sie enthält ausführliche Beiträge, jeweils einen Essay, Diskussionsbeiträge, die Rubrik »Ausbildung – Studium – Beruf« sowie unter »NP-aktuell« Dokumentationen, Hinweise auf Materialien und Tagungen sowie Abstracts der Beiträge. Die Lektüre der »Neuen Praxis« ist unerlässlich, wenn man über die relevanten fachlichen Diskussionen und Entwicklungen in der Sozialpädagogik, Sozialarbeit und Sozialpolitik informiert sein will.
Sozial extra. VS-Verlag Wiesbaden, 31. Jg. 2007, zweimonatlich.
Das Journal des »kritischen Praktikers« befasst sich in jedem Heft mit einem Hauptthema, dem in der Regel mehrere Beiträge aus unterschiedlicher Perspektive gewidmet sind. Darüber hinaus werden vor allem für die berufliche Praxis und die Sozialpolitik bedeutsame Themen abgehandelt. Aktuelle Berichte, Rezensionen und Diskussionsbeiträge sowie Informationen (berufliche Fort- und Weiterbildung, Materialien) runden die jeweilige Ausgabe ab.
Sozialmagazin – Die Zeitschrift für Soziale Arbeit. Juventa-Verlag, Weinheim, 32. Jg. 2007, monatlich.
Neben einer »Titelgeschichte«, einem zentralen Heftthema mit mehreren Beiträgen unterschiedlicher Autoren, bietet die Fachzeitschrift Erörterungen aus der wissenschaftlichen Diskussion, neuere Entwicklungen in der Sozialpolitik und -planung, Entscheidungen und Kommentare zum Sozialrecht, die »Praxis« mit Erfahrungsberichten und Evaluationen sowie mehrere weitere kleine Rubriken.
Sozialwissenschaftliche Literatur Rundschau. Verlag neue praxis Lahnstein, 30. Jg. 2007, halbjährlich.
Die aus der »Neuen Praxis« hervorgegangene »SLR« bietet mit den Rubriken Literaturbericht, Rezensionsaufsätze, Sammelbesprechungen, Forschungsberichte, Essay, Trendbericht, Forum und Einzelbesprechungen eine zuverlässige und kritische Orientierung über wichtige Neuerscheinungen in den Bereichen Sozialarbeit, Sozialpädagogik, Sozialpolitik und Soziale Probleme. Außerdem ermöglicht sie den Zugang zur (z. B. für die Literatursichtung für

Referate oder Diplomarbeiten) nützlichen »Bibliographie zur Sozi-
alpädagogik/Sozialarbeit online«.
Zeitschrift für Sozialpädagogik. Juventa-Verlag. Weinheim, 5. Jg.
2007, vierteljährlich.
Diese Zeitschrift hat die Absicht, »ein integrierendes Lernforum
bereitzustellen, mit dessen Hilfe in dem Fach selbst innewohnendes
Gemeinsames gestiftet werden kann« (aus dem Editorial). Soweit
nach den ersten Heften etwas erkennbar ist, veröffentlicht die Zeitschrift sachhaltige Aufsätze in großer thematischer Breite und verfügt am Ende über einen schmalen Teil mit Buchbesprechungen.

3. Internet-Plattformen und -Adressen

Das Netz für Sozialwirtschaft (www.sozialnet.de)
Suchmaschine für den sozialen Stellenmarkt
    (www.sozialwesen.de)
INFO SOZIAL (www.sozialpaedagogik.com)
Deutscher Bildungsserver (www.bildungsserver.de)
Deutsche Gesellschaft für Erziehungswissenschaft (www.dgfe.de)
Deutsche Gesellschaft für Sozialarbeit
    (www.deutsche-gesellschaft-fuer-soziale-arbeit.de)
Deutscher Berufsverband für Soziale Arbeit e. V. (www.dbsh.de)
Treffpunkt Sozialarbeit (www.sozialarbeit.de)
Das Wissenschaftsportal Soziale Arbeit (www.wiposa.de)
Social Work & Society (www.socwork.net)
Sozialpädagogik in Österreich (www.sozpaed.net)
Meta-Sozialarbeit (www.meta-sozialarbeit.de)
Sozialarbeit/Systemtheorie (www.sozialarbeit.ch)
Rechtsfragen der Sozialen Arbeit (www.jugendhilfe-netz.de)
Arbeitsgemeinschaft für Jugendhilfe (www.agj.de)
Deutscher Verein für öffentliche und private Fürsorge
    (www.deutscherverein.de)
Internationale Gesellschaft für erzieherische Hilfen
    (www.igfh.de)
Gewerkschaft Erziehung und Wissenschaft (www.gew.de)
Vereinigte Dienstleistungsgewerkschaft Ver.di
    (Fachbereich Gesundheit, Soziale Dienste Wohlfahrt, Kirchen)
    (www.verdi.de/fb3)
Bundesarbeitsgemeinschaft der Freien Wohlfahrtspflege
    (www.bagfw.de)

4. Institute

- Deutsches Jugendinstitut (www.dji.de)
- Institut für Sozialpädagogische Forschung Mainz e. V. (www.ism-mainz.de)
- Institut für Sozialarbeit und Sozialpädagogik (www.iss-ffm.de)
- Institut für soziale Arbeit e. V. (www.isa-muenster.de)
- Institut für Soziale und Kulturelle Arbeit (ISKA) (www.iska-nuernberg.de)
- Institut für sozialpädagogische berufliche Bildung (ISBB) (www.isbb.de)
- Institut für Stadtteilbezogene Soziale Arbeit und Beratung (ISSAB) der Universität Essen (www.uni-essen.de/issab)
- Stiftung Sozialpädagogisches Institut Berlin (www.stiftung-spi.de)
- Sozialpädagogisches Institut im SOS-Kinderdorf e. V. (www.sos-kinderdorf.de/spi)
- Institut des Rauen Hauses für Soziale Praxis (www.soziale-praxis.de)
- Deutsches Zentrum für Altersfragen (www.dza.de)

10 Literaturverzeichnis

Ackermann, F./Seeck, D.: Der steinige Weg zur Fachlichkeit. Handlungskompetenz in der Sozialen Arbeit. Hildesheim u. a. 1999.

Albrecht, G./Groenemeyer, A./Stollberg, F. W. (Hrsg.): Handbuch soziale Probleme. Opladen/Wiesbaden 1999.

Allert, T. u. a.: Familie, Milieu und sozialpädagogische Intervention. Münster 1994.

Allmendinger, J./Ludwig-Mayerhofer, W. (Hrsg.): Soziologie des Sozialstaats. Gesellschaftliche Grundlagen, historische Zusammenhänge und aktuelle Entwicklungstendenzen. Weinheim/München 2000.

Aly, G.: Wofür wirst du eigentlich bezahlt? Berlin 1977.

Arbeitsgemeinschaft für Jugendhilfe e. V. (Hrsg.): Zwischen Ausbildungsreform und Jugendhilfepraxis. Fachlichkeit in der Jugendhilfe. Berlin 2001.

Aronson, E./Pines, A. M./Kafry, D.: Ausgebrannt. Vom Überdruß zur Selbstentfaltung. Stuttgart 1983.

Bach, H.: Sozialpädagogik und Sonderpädagogik. In: Eyferth, H./Otto, H.-U./Thiersch, H. (Hrsg.): Handbuch zur Sozialarbeit/Sozialpädagogik. Neuwied/Darmstadt 1984, S. 1016–1027.

Badawia, T.: ›Der dritte Stuhl‹. Eine Grounded Theory-Studie zum kreativen Umgang bildungserfolgreicher Immigrantenjugendlicher mit kultureller Differenz. Frankfurt a. M./London 2002.

Badry, E./Knapp, R./Stockinger, G.: Arbeitshilfen für Studium und Praxis der Sozialarbeit und Sozialpädagogik. Neuwied/Kriftel [4]2002.

Bäumer, G.: Wesen und Aufbau der öffentlichen Erziehungsfürsorge. In: Nohl, H./Pallat, L.: Handbuch der Pädagogik. Sozialpädagogik. Bd. 5. Langensalza/Berlin/Leipzig 1929, S. 3–26.

Barz, H.(Hrsg.): Pädagogische Dramatisierungsgewinne. Jugendgewalt, Analphabetismus, Sektengefahr (=Frankfurter Beiträge zur Erziehungswissenschaft, Reihe Kolloquien, Bd. 3). Frankfurt a. M. 2000.

Bauer, A./Gröning, K. (Hrsg.): Institutionsgeschichten, Institutionsanalysen. Sozialwissenschaftliche Einmischungen in Etagen und Schichten ihrer Regelwerke. Tübingen 1995.

Bauer, R.: Personenbezogene soziale Dienstleistungen. Begriff, Qualität und Zukunft. Wiesbaden 2001.

Beck, U.: Risikogesellschaft: Auf dem Weg in eine andere Moderne. Frankfurt a. M. 1996.

Beck, U./Bonß, W. (Hrsg.): Die Modernisierung der Moderne. Frankfurt a. M. 2001.

Beck, U./Giddens, A./Lash, S.: Reflexive Modernisierung: Eine Kontroverse. Frankfurt a. M. 1996.

Becker, G./Titus, S. (Hrsg.): Handbuch aufsuchende Jugend- und Sozialarbeit. Theoretische Grundlagen, Arbeitsfelder, Praxishilfen. Weinheim/ München 1995.

Becker, P./Schirp, J. (Hrsg.): Jugendhilfe und Schule. Zwei Handlungsrationalitäten auf dem Weg zu einer? Münster 2001.

Becker, S./Veelken, L./Wallraven, K. P. (Hrsg.): Handbuch Altenbildung. Theorien und Konzepte für Gegenwart und Zukunft. Opladen 2000.

Beher, K./Liebig, R./Rauschenbach, Th.: Strukturwandel des Ehrenamts. Gemeinwohlorientierung im Modernisierungsprozess. Weinheim/München 2000.

Beisenherz, H. G.: Kinderarmut in der Wohlfahrtsgesellschaft. Das Kainsmal der Globalisierung. Opladen 2002.

Belardi, N./Fisch, M.: Altenhilfe. Eine Einführung für Studium und Praxis. Weinheim/Basel 1999.

Benner, D.: Hauptströmungen der Erziehungswissenschaft. Eine Systematik traditioneller und moderner Theorien. München [2]1978.

Benner, D.: Grundstrukturen pädagogischen Denkens und Handelns. In: Enzyklopädie Erziehungswissenschaft. Band 1: Theorien und Grundbegriffe der Erziehung und Bildung, hrg. von D. Lenzen und K. Mollenhauer. Stuttgart/Dresden 1995, S. 283–300.

Bentner. A./Beck, Ch. (Hrsg.): Organisationskultur erforschen und verändern. Frankfurt a. M./New York 1997.

Berger, P./Luckmann, Th.: Die gesellschaftliche Konstruktion der Wirklichkeit. Eine Theorie der Wissenssoziologie. Frankfurt a. M. 1997.

Berger, R. (Hrsg.): Studienführer soziale Arbeit. Sozialarbeit – Sozialpädagogik – Sozialwesen. Münster 2001.

Berghaus, M.: Luhmann leicht gemacht. Eine Einführung in die Systemtheorie. Köln/Weimar/Wien 2003.

Berry, G./Pesch, L. (Hrsg.): Welche Horte brauchen Kinder? Ein Handbuch. Neuwied/Berlin [2]2000.

Bettelheim, B.: Liebe allein genügt nicht. Die Erziehung emotional gestörter Kinder. Stuttgart 1991.

Bettmer, F.: Abweichung und Normalität. In: Otto, H.-U./Thiersch, H. (Hrsg.): Handbuch der Sozialarbeit/Sozialpädagogik. Neuwied/Kriftel [2]2001, S. 1–6.

Bettmer, F./Prüß, F.: Schule und Jugendhilfe. In: Otto, H.-U./Thiersch, H. (Hrsg.): Handbuch der Sozialarbeit/Sozialpädagogik. Neuwied/Kriftel [2]2001, S. 1532–1539.

Birtsch, V./Münstermann, K./Trede, W. (Hrsg.): Handbuch Erziehungshilfen. Leitfaden für Ausbildung, Praxis und Forschung. Münster 2001.

Blanke, Th./Sachße, Ch.: Theorie der Sozialarbeit. In: Thole, W./Galuske, M./Gängler, H. (Hrsg.): KlassikerInnen der Sozialen Arbeit. Sozialpädagogische Texte aus zwei Jahrhunderten – ein Lesebuch. Neuwied/Kriftel 1998, S. 415–441.

Blinkert, B. u. a.: Berufskrisen in der Sozialarbeit. Eine empirische Untersuchung über Verunsicherung, Anpassung und Professionalisierung von Sozialarbeitern. Weinheim/Basel 1976.

Bock, K.: Erleidensprozesse im Berufsalltag eines Sozialbeamten. In: Schweppe, C. (Hrsg.): Qualitative Forschung in der Sozialpädagogik. Opladen 2003, S. 207–224.

Böhnisch, L.: »Sozialpädagogik« hat viele Gesichter. In: Betrifft: Erziehung 12 (1979), H. 9, S. 22–24.

Böhnisch, L.: Sozialpädagogik der Lebensalter. Eine Einführung. Weinheim/München [4]2005.

Böhnisch, L./Lenz, K. (Hrsg.): Familien. Eine interdisziplinäre Einführung. Weinheim/München [2]1999.

Böhnisch, L./Lösch, H.: Das Handlungsverständnis des Sozialarbeiters und seine institutionelle Determination. In: Otto, H.-U./Schneider, S. (Hrsg.): Gesellschaftliche Perspektiven der Sozialarbeit. Bd. 2. Neuwied/Berlin 1973, S. 21–40.

Böhnisch, L./Münchmeier, R.: Pädagogik des Jugendraums. Zur Begründung und Praxis einer sozialräumlichen Jugendpädagogik. Weinheim/München 1990.

Böhnisch, L./Winter, R.: Männliche Sozialisation. Bewältigungsprobleme männlicher Geschlechtsidentität im Lebenslauf. Weinheim/München 1993.

Böhnisch, L./Arnold, H./Schröer, W.: Sozialpolitik. Eine sozialwissenschaftliche Einführung. Weinheim/München 1999.

Böhnisch, L./Gängler, H./Rauschenbach, Th. (Hrsg.): Handbuch Jugendverbände. Eine Ortsbestimmung der Jugendverbandsarbeit in Analysen und Selbstdarstellungen. Weinheim 1991.

Böhnisch, L./Schröer, W./Thiersch, H.: Sozialpädagogisches Denken. Wege zu einer Neubestimmung. Weinheim/München 2005.

Böllert, K.: Gemeinschaft. In: Otto, H.-U./Thiersch, H. (Hrsg.): Handbuch der Sozialarbeit/Sozialpädagogik. Neuwied/Kriftel [2]2001, S. 644–652.

Böttcher, W./Klemm, K./Rauschenbach, Th. (Hrsg.): Bildung und Soziales in Zahlen. Statistisches Handbuch zu Daten und Trends im Bildungsbereich. Weinheim/München 2001.

Bollnow, O. F.: Krise und neuer Anfang. Beiträge zur pädagogischen Anthropologie. Heidelberg 1966.

Bommes, M./Scherr, A.: Soziologie der Sozialen Arbeit. Eine Einführung in Formen und Funktionen organisierter Hilfe. Weinheim/München 2000.

Bossard, M./Ebert, U./Lazarus, H.: Sozialarbeit und Sozialpädagogik in der Psychiatrie. Lehrbuch. Bonn 1999.

Bourdieu, P.: Ökonomisches Kapital, kulturelles Kapital, soziales Kapital. In: Kreckel, R. (Hrsg.): Soziale Ungleichheiten (=Soziale Welt, Sonderband 2). Göttingen 1983, S. 183–198.

Bourdieu, P. u. a.: Das Elend der Welt. Zeugnisse und Diagnosen alltäglichen Leidens an der Gesellschaft. Konstanz 1997.

Braun, K.-H./Wetzel, K.: Soziale Arbeit in der Schule. München 2006.

Bronfenbrenner, U.: Ökologische Sozialisationsforschung. Stuttgart 1976.

Bronfenbrenner, U.: Die Ökologie der menschlichen Entwicklung. Stuttgart 1989.

Brückner, M.: Grundlagen und Entwicklungslinien der Frauenhausarbeit. In: Chassé, K. A./Wensierski, H.-J. v.: Praxisfelder der sozialen Arbeit. Eine Einführung. Weinheim/München [2]2002, S. 259–270.

Brumlik, M.: Reflexionsgewinn durch Theoriesubstitution? Was kann die Systemtheorie der Sozialpädagogik anbieten? In: Oelkers, J./Tenorth, H.-E. (Hrsg.): Pädagogik, Erziehungswissenschaft und Systemtheorie. Weinheim/Basel 1987, S. 232–258.

Brumlik, M.: Advokatorische Ethik. Zur Legitimation pädagogischer Eingriffe. Bielefeld 1992.

Brumlik, M.: Die betreute Gesellschaft. Grenzen oder Entgrenzung der Pädagogik? In: Otto, H.-U./Rauschenbach, Th./Vogel, P. (Hrsg.): Erziehungswissenschaft: Politik und Gesellschaft. Opladen 2002, S. 99–109.

Brumlik, M./Keckeisen, W.: Etwas fehlt. Zur Kritik und Bestimmung von Hilfsbedürftigkeit für die Sozialpädagogik. In: Kriminologisches Journal 8 (1976), S. 241–262.

Buchkremer, H.: Handbuch Sozialpädagogik. Dimensionen sozialer und gesellschaftlicher Entwicklungen durch Erziehung. Darmstadt [2]1995.

Bundeskonferenz für Erziehungsberatung e. V. (Hrsg.): Jahrbuch für Erziehungsberatung. Bd. 1–3. Weinheim/München 1994, 1996, 1999.

Bundeskonferenz für Erziehungsberatung e. V. (Hrsg.): Grundlagen der Beratung. Fürth 2000.

Bundesministerium für Familie und Senioren (Hrsg.): 5. Familienbericht: Familien und Familienpolitik im geeinten Deutschland – Zukunft des Humanvermögens. Bonn 1995.

Bundesministerium für Familie, Senioren, Frauen und Jugend (Hrsg.): Zehnter Kinder- und Jugendbericht. Bericht über die Lebenssituation von Kindern und die Leistungen der Kinderhilfen in Deutschland. Bonn 1998.

Bundesministerium für Jugend, Familie, Frauen, und Gesundheit (Hrsg.): Achter Jugendbericht. Bonn 1990.

Bürger, U.: Ambulante Erziehungshilfen und Heimerziehung. Empirische Befunde und Erfahrungen von Betroffenen mit ambulanten Hilfen vor einer Heimunterbringung. Frankfurt a. M. 1998.

Burghardt, H./Enggruber, R. (Hrsg.).: Soziale Dienstleistungen am Arbeitsmarkt. Soziale Arbeit zwischen Arbeitsmarkt- und Sozialpolitik. Weinheim 2005.

Burich, M.: Das Burnout-Syndrom. Theorie der inneren Erschöpfung. Berlin 1989.

Butterwegge, Ch. (Hrsg.): Kinderarmut in Deutschland. Ursachen, Erscheinungsformen und Gegenmaßnahmen. Frankfurt a. M. u. a. [2]2000.

Chassé, K. A./Wensierski, H.-J. v.: Praxisfelder der sozialen Arbeit. Eine Einführung. Weinheim/München [3]2004.

Cherniss, C.: Jenseits von Burnout und Praxisschock. Hilfen für Menschen in lehrenden, helfenden und beratenden Berufen. Weinheim/Basel 1999.

Clausen, J./Dresler, K.-D./Eichenbrenner, I.: Soziale Arbeit im Arbeitsfeld Psychiatrie. Eine Einführung. Freiburg i.Br. 1996.

Cleppien, G.: Die Soziale Arbeit und ihre moderne Gesellschaft. In: Neue Praxis 32 (2002), S. 473–482.

Colla, H. u. a. (Hrsg.): Handbuch Heimerziehung und Pflegekinderwesen in Europa. Neuwied/Kriftel 1999.

Combe, A./Helsper, W. (Hrsg.): Pädagogische Professionalität. Untersuchungen zum Typus pädagogischen Handelns. Frankfurt a. M. [2]1997.

Daheim, H.: Zum Stand der Professionssoziologie. Rekonstruktion machttheoretischer Modelle der Profession. In: Dewe, B./Ferchhoff, W./Radtke, F.-O. (Hrsg.): Erziehen als Profession. Opladen 1992, S. 21–35.

Deinet, U.: Sozialräumliche Jugendarbeit. Eine praxisbezogene Anleitung zur Konzeptentwicklung in der Offenen Kinder- und Jugendarbeit. Opladen 1999.

Deinet, U./Sturzenhecker, B.: Handbuch offene Jugendarbeit. Münster [3]2000.

Deutsche Shell (Hrsg.): Jugend 2000. 2 Bände. Opladen 2000.

Deutsche Shell (Hrsg.): Jugend 2002. Zwischen pragmatischem Idealismus und robustem Materialismus. Frankfurt a. M. 2002.

Deutsches Jugendinstitut (Hrsg.): Arbeitsweltbezogene Jugendsozialarbeit. München 1998.

Deutsches Jugendinstitut (Hrsg.): Das Forschungsjahr 2000. München 2001.

Deutscher Berufsverband für Soziale Arbeit e.V. (DBSA) (Hrsg.): Masterstudiengänge für die Soziale Arbeit. München 2007.

Dießenbacher, H.: Nehmen – Verteilen – Geben. Die Geburt des modernen Sozialarbeiters aus dem Geist der Heuchelei. In: Neue Praxis 14 (1984), S. 374–380.

Du Bois, R./Ide-Schwarz, H.: Psychiatrie und Jugendhilfe. In: Handbuch der Sozialarbeit/Sozialpädagogik. Neuwied/Kriftel [2]2001, S. 1424–1433.

Eberhart, C.: Jane Addams (1860–1935); Sozialarbeit, Sozialpädagogik und Reformpolitik. Studien zur Vergleichenden Sozialpädagogik und Internationalen Sozialarbeit. Bd. 9. Rheinfelden/Berlin 1995.

Ecarius, J. (Hrsg.): Handbuch Familie. Wiesbaden 2007.

Ebli, H.: Professionelles Soziales Handeln in der Schuldnerberatung? Frankfurt a. M. 1995.

Ebli, H.: Die Institutionalisierung des Arbeitsfeldes ›Schuldnerberatung‹. Pädagogisierung, Entpolitisierung und Verwaltung eines gesellschaftlichen Problems. Dissertation: Universität Frankfurt 2002.

Eckert, D./Bathem, R. (Hrsg.): Jugendhilfe und akzeptierende Drogenarbeit. Freiburg i.Br. 1995.

Engelke, E.: Soziale Arbeit als Wissenschaft. Eine Orientierung. Freiburg i.Br. [2]1993.

Engelke, E.: Theorien der Sozialen Arbeit. Eine Einführung. Freiburg i.Br. 1998.

Erler, M.: Soziale Arbeit. Ein Lehr- und Arbeitsbuch zu Geschichte, Aufgaben und Theorie. Weinheim/München 1993.

Erler, M.: Systematische Familienarbeit. Eine Einführung. Grundlagentexte Sozialer Berufe. Weinheim 2003.

Fegert, J. M. u. a.: Umgang mit sexuellem Missbrauch. Institutionelle und individuelle Reaktionen. Münster 2001.

Fegert, J. M./Schrapper, C (Hrsg.): Handbuch Jugendhilfe – Jugendpsychiatrie. Interdisziplinäre Kooperation. Weinheim 2004.

Forschungsprojekt JULE: Leistungen und Grenzen der Heimerziehung. Stuttgart 1998.

Foucault, M.: Die Ordnung des Diskurses. München 1974.

Foucault, M.: Wahnsinn und Gesellschaft. Eine Geschichte des Wahns im Zeitalter der Vernunft. Frankfurt a. M. [10]1993.

Foucault, M.: Überwachen und Strafen. Die Geburt des Gefängnisses. Frankfurt a. M. [12]1998.

Friebertshäuser, B./Jakob, G.: Forschungsmethoden: qualitative. In: Otto, H.-U./Thiersch, H. (Hrsg.): Handbuch der Sozialarbeit/Sozialpädagogik. Neuwied/Kriftel [2]2001, S. 576–591.

Friebertshäuser, B./Jakob, G./Klees-Möller, R. (Hrsg.): Sozialpädagogik im Blick der Frauenforschung. Weinheim 1997.

Fülbier, P./Münchmeier, R. (Hrsg.): Handbuch Jugendsozialarbeit. Geschichte, Grundlagen, Konzepte, Handlungsfelder, Organisation. 2 Bände. Münster 2001.

Füssenhäuser, C./Thiersch, H.: Theorien der Sozialen Arbeit. In: Otto, H.-U./Thiersch, H. (Hrsg.): Handbuch der Sozialarbeit/Sozialpädagogik. Neuwied/Kriftel [2]2001, S. 1876–1900.

Galuske, M.: Methoden der Sozialen Arbeit. Eine Einführung. Weinheim/ München [7]2007.

Galuske, M.: Jugendsozialarbeit und Jugendberufshilfe. In: Chassé, K. A./ Wensierski, H.-J. v. (Hrsg.): Praxisfelder der sozialen Arbeit. Eine Einführung. Weinheim/München [2]2002, S. 63–77.

Gängler, H./Rauschenbach, Th.: Hilfe als Kolonialisierung? Analysen zur Sozialen Arbeit in der Moderne. In: Rauschenbach, Th.: Das sozialpädagogische Jahrhundert. Analysen zur Entwicklung sozialer Arbeit in der Moderne. Weinheim/München 1999, S. 123–156.

Geißler, K. A./Hege, M.: Konzepte sozialpädagogischen Handelns. Ein Leitfaden für soziale Berufe. Weinheim/München [11]2007.

Gerling, V./Naegele, G.: Alter, alte Menschen. In: Otto, H.-U./Thiersch, H. (Hrsg.): Handbuch der Sozialarbeit/Sozialpädagogik. Neuwied/Kriftel [2]2001, S. 30–40.

Giddens, A.: Die Konstitution der Gesellschaft. Grundzüge einer Theorie der Strukturierung. Frankfurt a. M./New York [3]1997.

Goffman, E.: Stigma. Über Techniken der Bewältigung beschädigter Identität. Frankfurt a. M. [15]2001.

Groth, U./Schulz-Rackoll, R.: Schuldnerberatung. In: Chassé, K. A./Wensierski, H.-J. v. (Hrsg.): Praxisfelder der sozialen Arbeit. Eine Einführung. Weinheim/München [2]2002, S. 300–310.

Grunwald, K.: Organisationsentwicklung/-beratung. In: Otto, H.-U./ Thiersch, H. (Hrsg.): Handbuch der Sozialarbeit/Sozialpädagogik. Neuwied/Kriftel [2]2001, S. 1312–1329.

Habermas, J.: Theorie des kommunikativen Handelns. 2 Bände. Frankfurt a. M. 1981.

Hamburger, F. (Hrsg.): Studien zur Vergleichenden Sozialpädagogik und Internationalen Sozialarbeit. Rheinfelden/Berlin 1991 ff.

Hamburger, F.: Vergleichende Sozialpädagogik. In: Bauer, R. (Hrsg.): Lexikon des Sozial- und Gesundheitswesens. Bd. 3. München/Wien 1992, S. 2087–2089.

Hamburger, F.: Politik und Pädagogik des Sozialen im Prozeß der europäischen Integration. In: Zeitschrift für Pädagogik 39 (1999a), Beiheft, S. 339–362.

Hamburger, F.: Sozialpädagogische Praxis im Licht der Medien. In: Hamburger, F./Otto, H.-U. (Hrsg.): Sozialpädagogik und Öffentlichkeit. Systematisierungen zwischen marktorientierter Publizität und sozialer Dienstleistung. Weinheim/München 1999b, S. 79–95.

Hamburger, F.: Sozialpädagogik. In: Bernhard, A./Rothermel, L. (Hrsg.): Handbuch Kritische Pädagogik. Weinheim [2]2001, S. 245–256.

Hamburger, F.: Migration und Jugendhilfe. In: Migrantenkinder in der Jugendhilfe (= Autorenband 6 der SPI-Schriftenreihe). München 2002a, S. 6–46.

Hamburger, F.: Soziale Arbeit und Öffentlichkeit. In: Thole, W. (Hrsg.): Grundriss Soziale Arbeit. Ein einführendes Handbuch. Opladen 2002b, S. 755–777.

Hamburger, F.: Vorbereitung auf Praxis durch Theorie? In: Elsen, S./Friesenhahn, G. F./Lorenz, W. (Hrsg.): Für ein soziales Europa. Ausbilden – Lernen – Handeln in den sozialen Professionen (= Band 18 der European Community Studies, Schriftenreihe des Pädagogischen Instituts der Universität Mainz). Mainz 2002c, S. 153–163.

Hammerschmidt, P./Tennstedt, F.: Der Weg zur Sozialarbeit: Von der Armenpflege bis zur Konstituierung des Wohlfahrtsstaates in der Weimarer Republik. In: Thole, W. (Hrsg.): Grundriss Soziale Arbeit. Ein einführendes Handbuch. Opladen 2002, S. 63–76.

Hansbauer, P.: Traditionsbrüche in der Heimerziehung. Analysen zur Durchsetzung der ambulanten Einzelbetreuung. Münster 1999.

Haupt, B.: Situation, Situationsdefinition, soziale Situation. Zum Wandel des Verständnisses einer sozialwissenschaftlichen Kategorie und ihrer erziehungswissenschaftlichen Bedeutung. Frankfurt a. M. 1984.

Heiner, M. (Hrsg.): Experimentierende Evaluation. Ansätze zur Entwicklung lernender Organisationen. Weinheim/München 1998.

Helming, E./Schattner, H./Blüml, H.: Handbuch Sozialpädagogische Familienhilfe; hrg. vom Bundesministerium für Familie, Senioren, Frauen und Jugend. Stuttgart/Berlin/Köln [3]1999.

Herbart, J. F.: Zwei Vorlesungen über Pädagogik. In: Herbart, J. F. (1802): Sämtliche Werke. Bd. 1. Aalen 1802/1889, S. 278–299.

Hering, S./Münchmeier, R. (Hrsg.): Geschichte der sozialen Arbeit. Eine Einführung. Weinheim/München 2000

Herriger, N.: Empowerment in der Sozialen Arbeit. Eine Einführung. Stuttgart [2]2002.

Hillebrandt, F.: Hilfe als Funktionssystem für Soziale Arbeit. In: Thole, W. (Hrsg.): Grundriss Soziale Arbeit. Ein einführendes Handbuch. Opladen 2002, S. 215–226.

Hinte, W.: Von der Gemeinwesenarbeit über die Stadtteilarbeit zur Initiierung bürgerschaftlichen Engagements. In: Thole, W. (Hrsg.): Grundriss Soziale Arbeit. Ein einführendes Handbuch. Opladen 2002, S. 535–548.

Hollstein-Brinkmann, H.: Soziale Arbeit und Systemtheorien. Freiburg i.Br. 1993.

Hollstein-Brinkmann, H./Staub-Bernasconi, S. (Hrsg.): Systemtheorien im Vergleich. Was leisten Systemtheorien für die Soziale Arbeit? Opladen 2003.

Homfeldt, H. G.: Soziale Arbeit im Gesundheitswesen und in der Gesundheitsförderung. In: Thole, W. (Hrsg.): Grundriss Soziale Arbeit. Ein einführendes Handbuch. Opladen 2002, S. 317–330.

Homfeldt, H. G./Hünersdorf, B. (Hrsg.): Soziale Arbeit und Gesundheit. Neuwied 1997.

Hondrich, K. O.: »Grenzen der Gemeinschaft«, Grenzen der Gesellschaft – heute. In: Eßbach, W./Fischer, J./Lethen, H. (Hrsg.): Plessners »Grenzen der Gemeinschaft«. Eine Debatte. Frankfurt a. M. 2002, S. 294–321.

Honig, M.-S.: Entwurf einer Theorie der Kindheit. Frankfurt a. M. 1999.

Hörster, R.: Kritik alltagsorientierter Pädagogik. Weinheim/Basel 1984.

Hörster, R.: Kasuistik/Fallverstehen. In: Otto, H.-U./Thiersch, H. (Hrsg.): Handbuch der Sozialarbeit/Sozialpädagogik. Neuwied/Kriftel [2]2001, S. 916–926.

Hörster, R.: Sozialpädagogische Kasuistik. In: Thole, W. (Hrsg.): Grundriss Soziale Arbeit. Ein einführendes Handbuch. Opladen 2002a, S. 549–558.

Hörster, R.: Sozialpsychiatrie und Soziale Arbeit. In: Chassé, K. A./Wensierski, H.-J. v.: Praxisfelder der sozialen Arbeit. Eine Einführung. Weinheim/München [2]2002b, S. 370–384.

Hörster, R./Müller, B. (Hrsg.): Jugend, Erziehung und Psychoanalyse. Zur Sozialpädagogik Siegfried Bernfelds. Neuwied/Kriftel/Berlin 1992.

Hradil, St.: Soziale Ungleichheit in Deutschland. Opladen [8]2001.

Hummrich, M.: Bildungserfolg und Migration. Biographien junger Frauen in der Einwanderungsgesellschaft. Opladen 2002.

Hundsalz, A.: Die Erziehungsberatung. Grundlagen, Organisation, Konzepte und Methoden. Weinheim/München 1995.

Hurrelmann, K.: Lebensphase Jugend. Eine Einführung in die sozialwissenschaftliche Jugendforschung. Weinheim/München [5]1997.

Iben, G.: Sozialarbeit – Armut und Randgruppen. In: Chassé, K. A./Wensierski, H.-J. v.: Praxisfelder der sozialen Arbeit. Eine Einführung. Weinheim/München [2]2002, S. 273–287.

Institut für Sozialforschung: Soziologische Exkurse. Nach Vorträgen und Diskussionen. Frankfurt a. M. 1956.

Jakob, G./Wensierski, H.-J. v. (Hrsg.): Rekonstruktive Sozialpädagogik. Konzepte und Methoden sozialpädagogischen Verstehens in Forschung und Praxis. Weinheim/München 1997.

Janssen, P.: Lebenswelt. In: Historisches Wörterbuch der Philosophie, Bd. 5, 1980, S. 151–155.

Jordan, E.: Kinder- und Jugendhilfe. Weinheim/München ²2005 (Neuausgabe).

Just, W. u. a.: Sozialberatung für SchuldnerInnen. Methodische, psychodynamische und rechtliche Aspekte. Eine Orientierung für die Praxis. Freiburg i.Br. ²1994.

Kade, J.: Erwachsene. In: Otto, H.-U./Thiersch, H. (Hrsg.): Handbuch der Sozialarbeit/Sozialpädagogik. Neuwied/Kriftel ²2001, S. 403–410.

Kähler, H.: Soziale Arbeit in Zwangskontexten. Wie unerwünschte Hilfe erfolgreich sein kann. München 2005.

Kamlah, W./Lorenzen, P.: Logische Propädeutik. Vorschule des vernünftigen Redens. Stuttgart u. a. ³1996.

Kamper, D.: Geschichte und menschliche Natur. Die Tragweite gegenwärtiger Anthropologie-Kritik. München 1973.

Kardorff, E. v.: Soziale Arbeit und Soziale Dienste im Gesundheitswesen. In: Chassé, K. A./Wensierski, H.-J. v.: Praxisfelder der sozialen Arbeit. Eine Einführung. Weinheim/München ²2002, S. 352–369.

Karstedt, S.: Grundbegriffe für die Organisationsanalyse pädagogischer Institutionen. Tübingen 1974.

Karsten, M.-E.: Sozialmanagement. In: Otto, H.-U./Thiersch, H. (Hrsg.): Handbuch der Sozialarbeit/Sozialpädagogik. Neuwied/Kriftel ²2001, S. 1757–1762.

Kaufmann, F.-X.: Zukunft der Familie. Stabilität, Stabilitätsrisiken und Wandel der familialen Lebensformen sowie ihre gesellschaftlichen und politischen Bedingungen. München 1990.

Kessl, F.: Der Gebrauch der eigenen Kräfte. Eine Gouvernementalität Sozialer Arbeit. Weinheim/München 2005.

Kieser, A. (Hrsg.): Organisationstheorien. Stuttgart u. a. ⁴2001.

Kievel, W.: Ausgewählte sozialrechtliche Bestimmungen. In: Thole, W. (Hrsg.): Grundriss Soziale Arbeit. Ein einführendes Handbuch. Opladen 2002, S. 681–700.

Kleve, H.: Soziale Arbeit und Ambivalenz. In: Neue Praxis 29 (1999), S. 368–382.

Kneer, G./Nassehi, A.: Niklas Luhmanns Theorie sozialer Systeme. Eine Einführung. München ³1997.

Koch-Straube, U.: Fremde Welt Pflegeheim. Eine ethnologische Studie. Bern u.a 1997.

König, E./Volmer, G.: Systemische Organisationsberatung. Grundlagen und Methoden. Weinheim ⁷2000.

Kreft, D./Mielenz, I. (Hrsg.): Wörterbuch Soziale Arbeit. Aufgaben, Praxisfelder, Begriffe und Methoden der Sozialarbeit und Sozialpädagogik. Weinheim/München ⁵2005.

Kron, F. W.: Wissenschaftstheorie für Pädagogen. München/Basel 1999.

Kronen, H.: Das Auftauchen des Terminus ›Sozialpädagogik‹. In: Kanz, H. (Hrsg.): Bildungsgeschichte als Sozialgeschichte. Festschrift zum 60. Geburtstag von Franz Pöggeler. Frankfurt/Bern/New York 1986, S. 125–138.

Krüger,H.-H./Grunert, C. (Hrsg.): Handbuch Kindheits- und Jugendforschung. Opladen 2002.

Kruse, A./Wahl, H.-W. (Hrsg.): Altern und Wohnen im Heim: Endstation oder Lebensort? Bern u. a. 1994.

Kübler-Ross, E.: Interviews mit Sterbenden. Gütersloh [16]1992.

Kuhlmann, C.: Alice Salomon. Ihr Lebenswerk als Beitrag zur Entwicklung der Theorie und Praxis Sozialer Arbeit. Weinheim 2000.

Kuhlmann, C.: Soziale Arbeit im nationalsozialistischen Herrschaftssystem. In: Thole, W. (Hrsg.): Grundriss Soziale Arbeit. Ein einführendes Handbuch. Opladen 2002, S. 77–96.

Kunneman, H.: Der Wahrheitstrichter. Habermas und die Postmoderne. Frankfurt a. M./New York 1991.

Kunstreich, T./Lindenberg, M.: Die Tantalus-Situation – Soziale Arbeit mit Ausgegrenzten. In: Chassé, K. A./Wensierski, H.-J. v.: Praxisfelder der sozialen Arbeit. Eine Einführung. Weinheim/München [2]2002, S. 349–366.

Künzel-Schön, M.: Bewältigungsstrategien älterer Menschen. Grundlagen und Handlungsorientierungen für die ambulante Arbeit. Weinheim/München 2000.

Lamnek, S.: Theorien abweichenden Verhaltens. München [5]1993.

Lampert, H.: Lehrbuch der Sozialpolitik. Berlin u. a. [6]2001.

Lash, S.: Reflexivität und ihre Doppelungen: Struktur, Ästhetik und Gemeinschaft. In: Beck, U./Giddens, A./Lash, S.: Reflexive Modernisierung: Eine Kontroverse. Frankfurt a. M. 1996, S. 195–286.

Lau, T./Wolff, St.: Wer bestimmt hier eigentlich, wer kompetent ist? In: Müller, S. u. a. (Hrsg.): Handlungskompetenz in der Sozialarbeit/Sozialpädagogik. Bd. 1. Bielefeld 1982, S. 261–302.

Lautermann, E. D.: Interaktionen. Person, Situation und Handlung. München 1980.

Lenzen, D.: Professionelle Lebensbegleitung – Erziehungswissenschaft auf dem Weg zur Wissenschaft des Lebenslaufs und der Humanontogenese. In: Erziehungswissenschaft, 8 (1997) Heft 15, S. 5–22.

Liegle, L.: Familiale Lebensformen. In: Otto, H.-U./Thiersch, H. (Hrsg.): Handbuch der Sozialarbeit/Sozialpädagogik. Neuwied/Kriftel [2]2001, S. 508–520.

Loviscach, P.: Soziale Arbeit im Arbeitsfeld Sucht. Eine Einführung. Freiburg i.Br. 1996.

Lüders, Ch./Rauschenbach, Th.: Forschung: sozialpädagogische. In: Otto, H.-U./Thiersch, H. (Hrsg.): Handbuch der Sozialarbeit/Sozialpädagogik. Neuwied/Kriftel [2]2001, S. 562–575.

Luhmann, N.: Formen des Helfens im Wandel gesellschaftlicher Bedingungen. In: Otto, H.-U./Schneider, S. (Hrsg.): Gesellschaftliche Perspektiven der Sozialarbeit. Bd. 1. Neuwied/Berlin 1973, S. 21–43.

Luhmann, N.: Organisation. In: Historisches Wörterbuch der Philosophie, Bd. 6, 1984, S. 1326–1327.

Luhmann, N.: Soziale Systeme. Grundriß einer allgemeinen Theorie. Frankfurt a. M. [2]1988.

Maelicke, St.: Straffälligenhilfe für Jugendliche, Heranwachsende und Erwachsene. In: Chassé, K. A./Wensierski, H.-J. v.: Praxisfelder der sozialen Arbeit. Eine Einführung. Weinheim/München [2]2002, S. 399–415.

Marburger, H.: Entwicklung und Konzepte der Sozialpädagogik. München [2]1981.

Markefka, M./Nave-Herz, R.: Handbuch der Familien- und Jugendforschung. Bd. 2: Jugendforschung. Neuwied 1989.

Markowitz, J.: Die soziale Situation. Entwurf eines Modells zur Analyse des Verhältnisses zwischen personalen Systemen und ihrer Umwelt. Frankfurt a. M. 1979.

Marzahn, C.: Arbeit und Ausbildung. In: Betrifft: Erziehung 12 (1979), H. 9, S. 28–30.

Mead, G. H.: Die objektive Realität von Perspektiven. In: Ders: Philosophie der Sozialität. Frankfurt a. M. 1969, S. 213–228.

Menne, K.: Erziehungs-, Ehe- und Familienberatung. In: Chassé, K. A./Wensierski, H.-J. v.: Praxisfelder der sozialen Arbeit. Eine Einführung. Weinheim/München [2]2002, S. 134–150.

Mennemann, H.: Sterben lernen heißt leben lernen. Sterbebegleitung aus sozialpädagogischer Perspektive. Münster 1998.

Mennemann, H.: Sterbebegleitung. In: Otto, H.-U./Thiersch, H. (Hrsg.): Handbuch der Sozialarbeit/Sozialpädagogik. Neuwied/Kriftel [2]2001, S. 1834–1841.

Merchel, J.: Beratung im »Sozialraum«. In: Neue Praxis 31 (2001), S. 369–387.

Merten, R.: Autonomie der sozialen Arbeit. Zur Funktionsbestimmung als Disziplin und Profession. Weinheim/München 1997.

Merten, R. (Hrsg.): Systemtheorie sozialer Arbeit. Neue Ansätze und veränderte Perspektiven. Opladen 2000.

Merten, R./Scherr, A. (Hrsg.): Inklusion und Exklusion in der Sozialen Arbeit. Opladen 2003.

Meueler, E.: Die Türen des Käfigs. Wege zum Subjekt in der Erwachsenenbildung. Stuttgart [2]1998a.

Meueler, E.: Erwachsene lernen. Beschreibung, Erfahrung, Anstöße. Stuttgart [5]1998b.

Mollenhauer, K.: Die Ursprünge der Sozialpädagogik in der industriellen Gesellschaft. Weinheim 1959.

Mollenhauer, K.: Theorien zum Erziehungsprozeß. Zur Einführung in erziehungswissenschaftliche Fragen. München [3]1976.

Mollenhauer, K.: Kinder- und Jugendhilfe. Theorie der Sozialpädagogik – ein thematisch-kritischer Grundriß. In: Zeitschrift für Pädagogik 42 (1996), S. 869–886.

Mollenhauer, K.: Einführung in die Sozialpädagogik. Probleme und Begriffe der Jugendhilfe. Weinheim/Basel [10]2001.

Mollenhauer, K./Uhlendorff, U.: Sozialpädagogische Diagnosen I. Über Jugendliche in schwierigen Lebenslagen. Weinheim/München [3]1999.

Mollenhauer, K./Uhlendorff, U.: Sozialpädagogische Diagnosen II. Selbst-deutungen verhaltensschwieriger Jugendlicher als empirische Grundlage für Erziehungspläne. Weinheim/München [2]2000.

Möller, K. (Hrsg.): Nur Macher oder Macho? Geschlechtsreflektierende Jungen- und Männerarbeit. Weinheim/München 1997.

Mühlum, A.: Sozialarbeitswissenschaft. Notwendig, möglich und in Umrissen schon vorhanden. In: Puhl, R. (Hrsg.): Sozialarbeitswissenschaft. Neue Chancen für theoriegeleitete Soziale Arbeit. Weinheim/München 1996, S. 25–40.

Mühlum, A./Bartholomeyczik, S./Göpel, E.: Sozialarbeitswissenschaft, Pflegewissenschaft, Gesundheitswissenschaft. Freiburg i.Br. 1997.

Müller, B.: Probleme bei der Entwicklung einer Handlungslehre sozialer Arbeit am Beispiel der Heimerziehung. In: Müller, S./Otto, H.-U./Peter, H./Sünker, H. (Hrsg.): Handlungskompetenz in der Sozialarbeit/Sozialpädagogik. Bd. 1: Interventionsmuster und Praxisanalysen. Bielefeld 1982, S. 135–150.

Müller, B.: Kraft zum Handeln. Was bedeutet der Anspruch, daß zum sozialpädagogischen Handeln auch Liebe gehöre? In: Neue Praxis 14 (1984a), S. 114–124.

Müller, B.: Sozialpädagogisches Handeln. In: Eyferth, H./Otto, H.-U./Thiersch, H. (Hrsg.): Handbuch Sozialarbeit/Sozialpädagogik. Neuwied/Darmstadt 1984b, S. 1045–1059.

Müller, B.: Die Last der großen Hoffnungen. Methodisches Handeln und Selbstkontrolle in sozialen Berufen. Weinheim/München [2]1991.

Müller, B.: Soziale Arbeit und die sieben Schwestern. In: Otto, H.-U./Hirschauer, P./Thiersch, H. (Hrsg.): Zeit- Zeichen sozialer Arbeit. Entwürfe einer neuen Praxis. Neuwied/Berlin/Kriftel 1992, S. 101–110.

Müller, B.: Sozialpädagogisches Können. Ein Lehrbuch zur multiperspektivischen Fallarbeit. Freiburg i.Br. [2]1994.

Müller, C. W.: Wie Helfen zum Beruf wurde. Bd. 2: 1945–1995. Weinheim [3]1997.

Müller, C. W.: Wie Helfen zum Beruf wurde. Bd. 1: Eine Methodengeschichte der Sozialarbeit 1883–1945. Weinheim [7]1999.

Müller, K. D./Gehrmann, G.: Wider die »Kolonialisierung« durch Fremddisziplinen. In: Puhl, R. (Hrsg.): Sozialarbeitswissenschaft. Neue Chancen für theoriegeleitete Soziale Arbeit. Weinheim/München 1996, S. 101–111.

Müller, S./Otto, H.-U. (Hrsg.): Damit Erziehung nicht zur Strafe wird. Bielefeld 1986.

Müller, S./Trenszek, Th.: Jugendgerichtshilfe – Jugendhilfe und Strafjustiz. In: Otto, H.-U./Thiersch, H. (Hrsg.): Handbuch der Sozialarbeit/Sozialpädagogik. Neuwied/Kriftel [2]2001, S. 857–873.

Müller, S./Olk, Th./Otto, H.-U. (Hrsg.): Sozialarbeit als soziale Kommunalpolitik (=Sonderheft 6 der Neuen Praxis). Neuwied/Darmstadt 1981.

Münchmeier, R./Hering, S.: Restauration und Reform – Die Soziale Arbeit nach 1945. In: Thole, W. (Hrsg.): Grundriss Soziale Arbeit. Ein einführendes Handbuch. Opladen 2002, S. 97–118.

Münder, J. u.a.: Frankfurter Kommentar zum SGB VIII. Weinheim/München [5]2006.

Münder, J. u.a.: Schuldnerberatung in der Sozialen Arbeit. Münster [4]1999.

Münder, J./Mutke, B./Schone, R.: Kindeswohl zwischen Jugendhilfe und Justiz. Professionelles Handeln in Kindeswohlverfahren. Münster 2000.

Nagel, U.: Engagierte Rollendistanz. Professionalität in biographischer Perspektive. Opladen 1997.

Natorp, P.: Erziehung und Gemeinschaft. Sozialpädagogik. In: Röhrs, H. (Hrsg.): Die Sozialpädagogik und ihre Theorie. Frankfurt a.M. 1968, S. 1–10.

Nave-Herz, R./Nauck, B. (Hrsg.): Handbuch der Familien- und Jugendforschung. Bd. 1: Familienforschung. Neuwied 1989.

Nielsen, H.: Sozialpädagogische Familienhilfe. In: Chassé, K.A./Wensierski, H.-J. v.: Praxisfelder der sozialen Arbeit. Eine Einführung. Weinheim/München [2]2002, S. 161–171.

Niemeyer, Ch.: Klassiker der Sozialpädagogik. Einführung in die Theoriegeschichte einer Wissenschaft. Weinheim/München [2]2005.

Niemeyer, Ch./Schröer, W./Böhnisch, L. (Hrsg.): Grundlinien Historischer Sozialpädagogik. Traditionsbezüge, Reflexionen und übergangene Sozialdiskurse. Weinheim/München 1997.

Nienstedt, M./Westermann, A.: Pflegekinder. Psychologische Beiträge zur Sozialisation von Kindern in Ersatzfamilie. Münster [5]1998.

Noack, W.: Sozialpädagogik: Ein Lehrbuch. Freiburg i.Br. 2001.

Ochsmann, R. (Hrsg.): Lebens-Ende. Über Tod und Sterben in Kultur und Gesellschaft. Heidelberg 1991.

Oelkers, J.: Einführung in die Theorie der Erziehung. Weinheim/Basel 2001.

Oelschlägel, D.: Gemeinwesenarbeit. In: Otto, H.-U./Thiersch, H. (Hrsg.): Handbuch der Sozialarbeit/Sozialpädagogik. Neuwied/Kriftel [2]2001, S. 653–659.

Oevermann, U.: Theoretische Skizze einer revidierten Theorie professionalisierten Handelns. In: Combe, A./Helsper, W. (Hrsg.): Pädagogische Professionalität. Untersuchungen zum Typus pädagogischen Handelns. Frankfurt a.M. [2]1997, S. 70–182.

Olk, Th.: Abschied vom Experten. Sozialarbeit auf dem Weg zu einer alternativen Professionalität. Weinheim/München 1986.

Oser, F.: Die Gerechte Gemeinschaft und die Demokratisierung der Schulwelt. Der Kohlbergansatz, eine Herausforderung für die Erziehung (=Berichte zur Erziehungswissenschaft des Pädagogischen Instituts der Universität Freiburg. Nr. 68). Freiburg (Schweiz) 1988.

Ostendorf, H.: Jugendgerichtsgesetz. Kommentar. Köln [4]1997.

Otto, H.-U./Rauschenbach, Th./Vogel, P. (Hrsg.): Erziehungswissenschaft in Studium und Beruf. 4 Bände. Opladen 2002.

Otto, H.-U./Sünker, H. (Hrsg.): Soziale Arbeit und Faschismus. Volkspflege und Pädagogik im Nationalsozialismus. Frankfurt a.M. [2]1989.

Peters, F./Trede, W./Winkler, M. (Hrsg.): Integrierte Erziehungshilfen. Qualifizierung der Jugendhilfe durch Flexibilisierung und Integration? Frankfurt a.M. 1998.

Peters, H.: Devianz und soziale Kontrolle. Eine Einführung in die Soziologie abweichenden Verhaltens. Weinheim/München [2]1995.

Peukert, D. J. K.: Grenzen der Sozialdisziplinierung. Aufstieg und Krise der deutschen Jugendfürsorge von 1878–1932. Köln 1986.

Plewig, H.-J.: Delinquenz. In: Otto, H.-U./Thiersch, H. (Hrsg.): Handbuch der Sozialarbeit/Sozialpädagogik. Neuwied/Kriftel [2]2001, S. 243–252.

Pluto, L./Gragert, N./Van Santen, E./Seckinger, M.: Kinder- und Jugendhilfe im Wandel. Eine empirische Strukturanalyse. München 2007.

Pott, A.: Ethnizität und Raum im Aufstiegsprozeß. Eine Untersuchung zum Bildungsaufstieg in der zweiten türkischen Migrantengeneration. Opladen 2002.

Preußer, N.: ObDach. Eine Einführung in die Politik und Praxis sozialer Ausgrenzung. Weinheim/München 1993.

Puhl, R./Maas, U. (Hrsg.): Soziale Arbeit in Europa. Organisationsstrukturen, Arbeitsfelder und Methoden im Vergleich. Weinheim/München 1997.

Rauschenbach, Th./Thole, W. (Hrsg.): Sozialpädagogische Forschung. Weinheim/München 1998.

Rauschenbach, Th./Treptow, R.: Soziale Arbeit zwischen System und Lebenswelt. Zur gesellschaftstheoretischen Verortung sozialpädagogischen Handelns. In: Rauschenbach, Th.: Das sozialpädagogische Jahrhundert. Analysen zur Entwicklung sozialer Arbeit in der Moderne. Weinheim/München 1999, S. 75–122.

Rauschenbach, Th./Züchner, I.: Soziale Berufe. In: Otto, H.-U./Thiersch, H. (Hrsg.): Handbuch der Sozialarbeit/Sozialpädagogik. Neuwied/Kriftel [2]2001, S. 1649–1667.

Rauschenbach, Th./Züchner, I.: Theorie der Sozialen Arbeit. In: Thole, W. (Hrsg.): Grundriss Soziale Arbeit. Ein einführendes Handbuch. Opladen 2002, S. 139–160.

Rauschenbach, Th./Ortmann, F./Karsten, M. E. (Hrsg.): Der sozialpädagogische Blick. Lebensweltorientierte Methoden in der Sozialen Arbeit. Weinheim/München 1993.

Richter, H.: Sozialpädagogik – Pädagogik des Sozialen: Grundlegungen – Institutionen – Perspektiven der Jugendbildung. Frankfurt a. M. u. a. 1998.

Richter, H./Coelen, Th. (Hrsg.): Jugendberichterstattung. Politik, Forschung, Praxis. Weinheim/München 1997.

Riemann, G.: Die Arbeit in der sozialpädagogischen Familienberatung. Interaktionsprozess in einem Handlungsfeld der sozialen Arbeit. Weinheim/München 2000.

Rolle, J./Kesberg, E.: Der Hort. Handbuch für die Praxis. Köln [2]1989.

Romeike, G./Imelmann, H. (Hrsg.): Hilfen für Kinder. Konzepte und Praxiserfahrungen für Prävention, Beratung und Therapie. Weinheim/München 1999.

Rost, F.: Lern- und Arbeitstechniken für pädagogische Studiengänge. Mit zahlreichen Abbildungen sowie Informationen zu Auskunftsmitteln und (Internet-) Adressen. Opladen [2]1999.

Roth, H.: Pädagogische Anthropologie. 2 Bände. Hannover [4]1984.

Rothe, M.: Sozialpädagogische Familien- und Erziehungshilfe. Eine Handlungsanleitung. Stuttgart/Berlin/Köln [4]1999.

Sachße, Ch.: Mütterlichkeit als Beruf. Sozialarbeit, Sozialreform und Frauenbewegung 1871–1929. Opladen [2]1994.

Sachße, Ch./Tennstedt, F.: Geschichte der Armenfürsorge in Deutschland. 3 Bände. Stuttgart [2]1998, 1988, 1992.

Schaarschuch, A.: Theoretische Grundelemente Sozialer Arbeit als Dienstleistung. Ein analytischer Zugang zur Neuorientierung Sozialer Arbeit. In: Neue Praxis 29 (1999), S. 543–560.

Schefold, W.: Sozialpädagogische Forschung. Stand und Perspektiven. In: Thole, W. (Hrsg.): Grundriss Soziale Arbeit. Ein einführendes Handbuch. Opladen 2002, S. 875–896.

Schelsky, H.: Der selbständige und der betreute Mensch. Politische Schriften und Kommentare. Stuttgart 1976.

Scherer, A. G.: Kritik der Organisation oder Organisation der Kritik? – Wissenschaftstheoretische Bemerkungen zum kritischen Umgang mit Organisationstheorien. In: Kieser, A. (Hrsg.): Organisationstheorien. Stuttgart u. a. [4]2001, S. 1–37.

Scherr, A.: Wissensaneignung als Bildungsprozess? In: Dewe, B./Kurtz, Th. (Hrsg.): Reflexionsbedarf und Forschungsperspektiven moderner Pädagogik. Fallstudien zur Relation zwischen Disziplin und Profession. Opladen 2000, S. 187–202.

Scherr, A.: Das Studium der Sozialen Arbeit als biographisch artikulierte Aneignung eines diffusen Wissensangebots. In: Kraul, M./Marotzki, W./ Schweppe, C. (Hrsg.): Biographie und Profession. Bad Heilbrunn 2002a, S. 225–250.

Scherr, A.: ›Männer‹ als Adressatengruppe und Berufsgruppe in der Sozialen Arbeit. In: Thole, W. (Hrsg.): Grundriss Soziale Arbeit. Ein einführendes Handbuch. Opladen 2002b, S. 377–385.

Scherr, A.: Sozialarbeitswissenschaft. Anmerkungen zu den Grundzügen eines theoretischen Programms. In: Thole, W. (Hrsg.): Grundriss Soziale Arbeit. Ein einführendes Handbuch. Opladen 2002c, S. 259–271.

Schmid, J.: Wohlfahrtsstaaten im Vergleich. Soziale Sicherung in Europa. Organisation, Finanzierung, Leistungen und Probleme. Opladen [2]2002.

Schmidbauer, W.: Hilflose Helfer. Über die seelische Problematik der helfenden Berufe. Reinbek bei Hamburg 1999 (vollst. überarb. u. erw. Neuauflage).

Schnurr, St.: Sozialpädagogen im Nationalsozialismus. Eine Fallstudie zur sozialpädagogischen Bewegung im Übergang zum NS-Staat. Weinheim/ München 1997.

Schone, R. u. a.: Kinder in Not. Vernachlässigung im frühen Kindesalter und Perspektiven sozialer Arbeit. Münster 1997.

Schrapper, Ch.: Hans Muthesius (1885–1977). Ein deutscher Fürsorgejurist und Sozialpolitiker zwischen Kaiserreich und Bundesrepublik. Münster 1993.

Schreyögg, A.: Organisationskulturen von Human Service Organizations. In: Organisationsberatung Supervision Clinical Management (1995), H. 1, S. 15–34.

Schröer, W./Struck, N./Wolff, M. (Hrsg.): Handbuch Kinder- und Jugendhilfe. Weinheim/München 2002.

Schulze-Krüdener, J./Homfeld, H. G. (Hrsg.): Praktikum – eine Brücke schlagen zwischen Wissenschaft und Beruf. Neuwied/Kriftel 2001.

Schütz, A.: Der sinnhafte Aufbau der sozialen Welt. Eine Einleitung in die verstehende Soziologie. Frankfurt a. M. [6]1993.

Schütz, A./Luckmann, Th.: Strukturen der Lebenswelt. Frankfurt a. M. 1975.

Schütze, F.: Sozialarbeit als ›bescheidene‹ Profession. In: Dewe, B./Ferchhoff, W./Radtke, F.-O. (Hrsg.): Erziehen als Profession. Opladen 1992, S. 132–170.

Schütze, F.: Organisationszwänge und hoheitsstaatliche Rahmenbedingungen im Sozialwesen: Ihre Auswirkung auf die Paradoxien des professionellen Handelns. In: Combe, A./Helsper, W. (Hrsg.): Pädagogische Professionalität. Untersuchungen zum Typus pädagogischen Handelns. Frankfurt a. M. [2]1997, S. 183–275.

Schweppe, C. (Hrsg.): Soziale Altenarbeit. Pädagogische Arbeitsansätze und die Gestaltung von Lebensentwürfen im Alter. Weinheim/München 1996.

Schweppe, C.: Biographie und Studium. In: Homfeldt, H.-G./Schulze-Krüdener, J. (Hrsg.): Wissen und Nichtwissen. Herausforderungen für Soziale Arbeit in der Wissensgesellschaft. Weinheim/München 2000, S. 111–125.

Schweppe, C.: Biographie, Studium und Professionalisierung – das Beispiel Sozialpädagogik. In: Kraul, M./Marotzki, W./Schweppe, C. (Hrsg.): Biographie und Profession. Bad Heilbrunn 2002a, S. 197–224.

Schweppe, C.: Soziale Altenarbeit. In: Thole, W. (Hrsg.): Grundriss Soziale Arbeit. Ein einführendes Handbuch. Opladen 2002b, S. 331–348.

Schweppe, C. (Hrsg.): Qualitative Forschung in der Sozialpädagogik. Opladen 2003a.

Schweppe, C.: Wie handeln SozialpädagogInnen? In: Schweppe, C. (Hrsg.): Qualitative Forschung in der Sozialpädagogik. Opladen 2003b, S. 145–165.

Seithe, M.: Schulsozialarbeit. In: Chassé, K. A./Wensierski, H.-J. v.: Praxisfelder der sozialen Arbeit. Eine Einführung. Weinheim/München [2]2002, S. 78–88.

Sickendiek, U./Engel, F./Nestmann, F.: Beratung. Eine Einführung in sozialpädagogische und psychosoziale Beratungsansätze. Weinheim/München 1999.

Simsa, R.: Gesellschaftliche Funktionen und Einflußformen von Nonprofit-Organisationen. Eine Systemtheoretische Analyse. Frankfurt a. M. u. a. 2001.

Skiba, E.-G.: Zum Fremdbild des Sozialarbeiters. In: Otto, H.-U./Schneider, S.: Gesellschaftliche Perspektiven der Sozialarbeit. Bd. 2. Neuwied/Berlin 1973, S. 223–246.

Sofsky, W.: Die Ordnung sozialer Situationen. Opladen 1983.

Sommerfeld, P.: Forschung und Entwicklung als Schnittstelle zwischen Disziplin und Profession. Neue Formen der Wissensproduktion und des Wissenstransfers. In: Homfeldt, H.-G./Schulze-Krüdener, J. (Hrsg.): Wissen und Nichtwissen. Herausforderungen für Soziale Arbeit in der Wissensgesellschaft. Weinheim/München 2000, S. 221–236.

Staub-Bernasconi, S.: Systemtheorie, soziale Probleme und Soziale Arbeit: lokal, national, international oder: vom Ende der Bescheidenheit. Bern/Stuttgart/Wien 1995a.

Staub-Bernasconi, S.: Systemtheorie und Soziale Arbeit (Sozialarbeit/Sozialpädagogik) – Grundlagen einer wissenschaftsbasierten Sozialen Arbeit. In: Diess.: Systemtheorie, soziale Probleme und Soziale Arbeit: lokal, national, international oder: vom Ende der Bescheidenheit. Bern/Stuttgart/Wien 1995b, S. 117–140.

Stimmer, F.: Grundlagen des Methodischen Handelns in der Sozialen Arbeit. Stuttgart/Berlin/Köln ²2006.

Sting, St./Zurhorst, G. (Hrsg.): Gesundheit und Soziale Arbeit. Gesundheit und Gesundheitsförderung in den Praxisfeldern Sozialer Arbeit. Weinheim/München 2000.

Sünker, H.: Bildung, Alltag und Subjektivität. Elemente zu einer Theorie der Sozialpädagogik. Weinheim 1989.

Sünker, H. (Hrsg.): Theorie, Politik und Praxis Sozialer Arbeit. Bielefeld 1995.

Sünker, H.: Bildung, Emanzipation und Reflexivität beim Übergang von der Arbeits- zur Wissensgesellschaft. In: Homfeldt, H. G./Schulze-Krüdener, J. (Hrsg.): Wissen und Nichtwissen. Herausforderungen für Soziale Arbeit in der Wissensgesellschaft. Weinheim/München 2000, S. 41–51.

Sünker, H.: Soziale Arbeit und Bildung. In: Thole, W. (Hrsg.): Grundriss Soziale Arbeit. Ein einführendes Handbuch. Opladen 2002, S. 227–243.

Sutter, H./Baader, M./Weyers, St.: Die »Demokratische Gemeinschaft« als Ort sozialen und moralischen Lernens. In: Neue Praxis 28 (1998), S. 383–400.

Swientek, Ch.: Wer sagt mir, wessen Kind ich bin? Freiburg i.Br. 1993.

Textor, M. R. (Hrsg.): Hilfe für Familien. Weinheim/Basel 1998.

Textor, M. R.: Ehe- und Familienbildung. In: Chassé, K. A./Wensierski, H.-J. v.: Praxisfelder der sozialen Arbeit. Eine Einführung. Weinheim/München ²2002, S. 151–160.

Thesing, T.: Förderung und Erziehung in der Familie. In: Thesing, T. u. a.: Sozialpädagogische Praxisfelder. Ein Handbuch zur Berufs- und Institutionskunde für sozialpädagogische Berufe. Freiburg i.Br. 2001, S. 12–19.

Thiersch, H.: Die Erfahrung der Wirklichkeit. Perspektiven einer alltagsorientierten Sozialpädagogik. Weinheim/München 1986.

Thiersch, H.: Lebensweltorientierte soziale Arbeit. Aufgaben der Praxis im sozialen Wandel. Weinheim/München 1992.

Thiersch, H.: Strukturierte Offenheit. Zur Methodenfrage einer lebensweltorientierten Sozialen Arbeit. In: Rauschenbach, Th./Ortmann, F./Karsten, M.-E. (Hrsg.): Der sozialpädagogische Blick. Lebensweltorientierte Methoden in der Sozialen Arbeit. Weinheim/München 1993, S. 11–28.

Thiersch, H.: Alltagshandeln und Sozialpädagogik. In: Neue Praxis 8 (1978), S. 6–25; wieder in: Neue Praxis 25 (1995), S. 215–234.

Thiersch, H./Rauschenbach, Th.: Sozialpädagogik/Sozialarbeit: Theorie und Entwicklung. In: Eyferth, H./Otto, H.-U./Thiersch, H. (Hrsg.): Handbuch zur Sozialarbeit/Sozialpädagogik. Neuwied/Darmstadt 1984, S. 984–1016.

Thiersch, H./Grunwald, K./Köngeter, St.: Lebensweltorientierte Soziale Arbeit. In: Thole, W. (Hrsg.): Grundriss Soziale Arbeit. Ein einführendes Handbuch. Opladen 2002, S. 161–178.

Thimmel, A.: Pädagogik der Internationalen Jugendarbeit. Geschichte, Praxis und Konzepte des interkulturellen Lernens. Schwalbach i.Ts. 2001.

Thole, W.: Kinder- und Jugendarbeit. Eine Einführung. Weinheim/München 2000.

Thole, W.: Soziale Arbeit als Profession und Disziplin. Das sozialpädagogische Projekt in Praxis, Theorie, Forschung und Ausbildung – Versuch einer Standortbestimmung. In: Thole, W. (Hrsg.): Grundriss Soziale Arbeit. Ein einführendes Handbuch. Opladen 2002, S. 13–59.

Thole, W./Küster-Schapfl, E.-U.: Sozialpädagogische Profis. Beruflicher Habitus, Wissen und Können von PädagogInnen in der außerschulischen Kinder- und Jugendarbeit. Opladen 1997.

Thole, W./Galuske, M./Gängler, H. (Hrsg.): KlassikerInnen der Sozialen Arbeit. Sozialpädagogische Texte aus zwei Jahrhunderten – ein Lesebuch. Neuwied/Kriftel 1998.

Tillmann, I.: Gefühl, Komplexität und Ethik. In: Pfaffenberger, H./Scherr, A./Sorg, R. (Hrsg.): Von der Wissenschaft des Sozialwesens. Rostock 2000, S. 107–111.

Tippelt, R. (Hrsg.): Erziehungswissenschaft in der BA/MA-Struktur. Leverkusen/Farmington Hills 2007

Trenczek, Th.: Strafe, Erziehung oder Hilfe? Neue ambulante Maßnahmen und Hilfen zur Erziehung. Sozialpädagogische Hilfeangebote für straffällige junge Menschen im Spannungsfeld von Jugendhilferecht und Strafrecht. Bonn 1996.

Treptow, R.: Raub der Utopie. Zukunftskonzepte bei Schütz und Bloch. Kritik der Alltagspädagogik. Bielefeld 1985.

Treptow, R.: International vergleichende Sozialpädagogik. Eine Aufgabe zwischen Projektkooperation und Grundlagenforschung. In: Thole, W. (Hrsg.): Grundriss Soziale Arbeit. Ein einführendes Handbuch. Opladen 2002, S. 897–910.

Uhlendorff, U.: Sozialpädagogische Diagnosen III. Ein sozialpädagogisch-hermeneutisches Diagnoseverfahren für die Hilfeplanung. Weinheim/München [2]2001.

Uhlendorff, U.: Sozialpädagogisch-hermeneutische Diagnosen in der Jugendhilfe. In: Thole, W. (Hrsg.): Grundriss Soziale Arbeit. Ein einführendes Handbuch. Opladen 2002, S. 577–588.

Uhlendorff, U./Cinkl, S./Marthaler, T.: Sozialpädagogische Familiendiagnosen. Deutungsmuster familiärer Belastungssituationen und erzieherische Notlagen in der Jugendhilfe. Weinheim 2006.

Velthaus, G.: Bildung als ästhetische Erziehung. Bad Heilbrunn 2002.

Von Spiegel, H.: Methodisches Handeln in der Sozialen Arbeit. Grundlagen und Arbeitshilfen für die Praxis. München [2]2006.

Wagner, W.: Die nützliche Armut. Eine Einführung in Sozialpolitik. Berlin 1982.

Wagner, W.: Angst vor der Armut. Berlin 1991.

Walgenbach, P.: Giddens Theorie der Strukturierung. In: Kieser, A. (Hrsg.): Organisationstheorien. Stuttgart u. a. [4]2001, S. 355–375.

Wendt, W.-R.: Ökologie. In: Otto, H.-U./Thiersch, H. (Hrsg.): Handbuch der Sozialarbeit/Sozialpädagogik. Neuwied/Kriftel [2]2001, S. 1308–1311.

Winkler, M.: Eine Theorie der Sozialpädagogik. Über Erziehung als Rekonstruktion der Subjektivität. Stuttgart 1988.

Winkler, M.: Die Gesellschaft der Moderne und ihre Sozialpädagogik. In: Thiersch, H./Grunwald, K. (Hrsg.): Zeitdiagnose Sozialer Arbeit. Weinheim/München 1995, S. 155–184.

Winkler, M.: Die Last der guten Worte. In: Hamburger, F./Otto, H.-U. (Hrsg.): Sozialpädagogik und Öffentlichkeit. Systematisierungen zwischen marktorientierter Publizität und sozialer Dienstleistung. Weinheim/München 1999, S. 61–77.

Wolf, A.: Obdachlosigkeit. In: Otto, H.-U./Thiersch, H. (Hrsg.): Handbuch der Sozialarbeit/Sozialpädagogik. Neuwied/Kriftel [2]2001, S. 1292–1300.

Wolski-Prenger, F.: Arbeitslosigkeit im Zwiespalt. Soziale Arbeit versus soziale Bewegung? In: Chassé, K. A./Wensierski, H.-J. v.: Praxisfelder der sozialen Arbeit. Eine Einführung. Weinheim/München [2]2002, S. 311–324.

Woog, A.: Soziale Arbeit in Familien. Theoretische und empirische Ansätze zur Entwicklung einer pädagogischen Handlungslehre. Weinheim/München 1998.

Züchner, I./Cloos, P.: Das Personal der Sozialen Arbeit. Größe und Zusammensetzung eines schwer zu vermessenden Feldes. In: Thole, W. (Hrsg.): Grundriss Soziale Arbeit. Ein einführendes Handbuch. Opladen 2002, S. 705–724.